U0685639

上市公司财务分析

（第二版）

刘李胜　刘东辉　主编

经 济 科 学 出 版 社

图书在版编目（CIP）数据

上市公司财务分析／刘李胜，刘东辉主编．—2版
—北京：经济科学出版社，2011.7（2015.4重印）
ISBN 978－7－5141－0868－2

Ⅰ．①上…　Ⅱ．①刘…　②刘…　Ⅲ．①上市公司－会计报表－会计分析－教材　Ⅳ．①F276.6

中国版本图书馆CIP数据核字（2011）第141282号

责任编辑：刁其武　侯加恒
责任校对：杨晓莹　韩　宇
技术编辑：李　鹏

上市公司财务分析（第二版）
刘李胜　刘东辉　主编
经济科学出版社出版、发行　新华书店经销
社址：北京市海淀区阜成路甲28号　邮编：100142
教材分社：88191343　发行部电话：88191540
网址：www.esp.com.cn
电子邮件：espbj3@esp.com.cm
北京密兴印刷有限公司印装
787×1092　16开　15.75印张　380000字
2011年8月第1版　2015年4月第2次印刷
ISBN 978－7－5141－0868－2　定价：29.00元
（图书出现印装问题，本社负责调换）
（版权所有　翻印必究）

前　言

通过分析公司的财务报告，能对公司的财务状况及整个经营情况有个基本的了解；通过与其他公司的情况进行比较、分析，对公司的内在价值做出基本评价，从而有利于报告使用者做出正确的判断。随着市场经济的不断发展，投资主体的多元化和证券市场的不断扩大，不仅政府、税务、银行关心企业的财务报告，投资者、债权人、企业管理层关注企业的会计信息，而且潜在的投资者也十分关心企业的财务状况、经营成果和现金流量以及发展趋势。

2006 年 2 月财政部颁布了新的企业会计准则，包括 1 项基本准则和 38 项具体准则。随着新准则的公布实施，我国会计行业经历了又一次变革，进一步实现了与国际会计准则接轨，这对于全面规范、具体指导企业财务会计报告编制和分析具有重要意义。作者依据新的企业会计准则，针对上市公司财会特点，结合多年证券管理工作实际和财会教学经验，编写了本教材，主要目的是为使用者提供分析上市公司财务状况的使用方法，并能够在实际操作中合理运用这些方法，尽量做到理论联系实际，注重实用性。本教材供高等学校经济管理类专业使用，也可作为上市公司管理者以及基金管理公司、证券公司、银行、信用评级机构的从业人员的业务学习资料，还可为证券市场的投资者理解使用上市公司财务报告提供参考。

本书由刘李胜、刘东辉担任主编，由刘靖君、汤国明担任副主编，徐伟川、严蓉参加编写，最后由刘东辉总纂定稿。刘李胜编写第一章、第九章和第十章，刘东辉编写第五章、第六章和第八章，刘靖君编写第二章、第三章，徐伟川编写第四章，严蓉编写第七章。

需要说明的是，本教材是在由刘李胜主编的《上市公司财务分析》（中国金融出版社，2001 年版）中央广播电视大学教材的基础上形成的。对没能参加此次编写工作的原《上市公司财务分析》副主编丘创、孔新宇以及参加编写的赖朝晖、王利琨、许隆伟、杨霞、申庆、刘秋芳，表示真诚的感谢，感谢他们对本教材所做的贡献。由于编者水平有限，书中难免有疏漏和不妥之处，敬请广大读者提出宝贵意见。

编　者

2011 年 7 月

目　录

目　录

目　录

第一章　上市公司财务分析基础

第一节　上市公司财务报告概述

一、财务报告的含义

财务报告也称财务会计报告，是指企业对外提供的反映企业某一特定日期的财务状况和某一会计期间的经营成果、现金流量等会计信息的文件。

财务报告最早出现于14世纪，当时由于生产技术快速发展、企业规模迅速扩张，企业除了对经济业务记录外，对企业的资产和负债进行了汇总，出现了资产负债表的雏形。到了16世纪，出现了复式记账法，人们将企业收入和支出的余额同时计入了利润表。而后，随着企业规模的扩大和业务的增加，出现了更多的会计信息汇总表，以供投资者了解企业的经营状况和财务状况，如现金流量表和股东权益变动表等。

一般国际或区域会计准则都对财务报告有专门的独立准则。“财务报告”从国际范围来看是较通用的术语，但是在我国现行有关法律行政法规中使用的是“财务会计报告”术语。为了保持法规体系一致性，基本准则仍然没用“财务会计报告”术语，但同时又引入了“财务报告”术语，并指出“财务会计报告”又称“财务报告”，从而较好解决了立足国情与国际趋同的问题。

上市公司的所有权和经营权分离，股东从由自己经营财产逐步转向委托经营者经营财产，这样在经营者和股东之间就存在一种委托代理关系，股东享有其财产的所有权和经营成果的分配权，经营者则具体负责财产的经营运作，并定期向股东汇报财产保值增值状况，财务报告是体现双方权利与义务的主要媒介。当然，除股东和经营者之外，上市公司的相关利害人还有许多，如债权人、政府相关部门、银行、供应商等，他们都或多或少要求了解企业的情况，特别是有关财务方面的信息；而经营者为了显示自己完成的义务，也会向有关部门披露财务信息。这样一来就产生了财务信息的需求与供给。政府的有关部门（如我国财政部）或一些民间组织（如美国财务会计准则委员会）则对财务信息的供给与需求加以规范，从而形成了一套有基本固定格式和内在逻辑关系的报表与文字说明的综合体系，这就是我们所说的财务报告。

二、上市公司财务报告的使用者及其信息需求

上市公司财务报告的使用者主要有：上市公司的股东（包括机构投资者和个人投资

者），上市公司债权人如银行，商品或劳务供应商，公司管理团队，公司的顾客，公司的雇员，政府管理部门如税务局、工商局和证监会，中介机构和竞争对手等。这些人和机构构成了公司的所谓利害关系集团，由于这些财务报告的使用者与企业经济关系的程度不同，他们对公司财务信息的需求也就不同。

（一）公司投资者

上市公司投资者包括现有的投资者或者潜在投资者，他们要做的决策往往在于是否向某一企业进行投资或是否保留其在某一企业的投资。为了做出这类决策，股东需要了解企业的管理、经营、发展前景和应变能力等，估计企业的未来收益与风险水平。投资者只有通过企业财务报告提供的信息，来评价企业的偿债能力、盈利能力和抵抗风险的能力，以此来做出正确的投资决策。

对于上市公司的股东而言，他们还会关心自己持有的公司股票的市场价值。公司的现金（货币资金）流入和流出方面的信息也会吸引他们的注意力，因为良好的现金流量状况既可以使公司能顺利地维持其经营活动，还可以使公司在分红时能考虑分发适度的现金股利。

（二）公司贷款提供者

公司贷款提供者可以分为短期贷款者和长期贷款者，其中，短期贷款者提供的贷款期限在 12 个月以内，他们对公司资产的流动性的关心甚于对其获利能力的关心；长期贷款者则关心其利息和本金是否能按期清偿。对企业而言，能按期清偿到期长期贷款及利息，应以具有长期获利能力及良好的现金流动性为基础。

（三）商品和劳务供应商

商品和劳务供应商与公司的贷款提供者的情况类似，他们在向公司赊销时提供商品或劳务后，即成为公司的债权人。因而他们必须判断企业能否支付所需商品或劳务的价款，从这一点来说，大多数商品和劳务供应商对公司的短期偿债能力感兴趣。他们需要通过财务报告信息来确定企业的资金充足程度和流动性，以此来确定企业的信用额度，以及判断企业按时支付赊购款的能力。另一方面，某些供应商可能与企业存在着较为持久的稳固的经济联系，在这种情况下，他们又对企业的长期偿债能力感兴趣。

（四）公司的管理团队

公司的管理团队受公司股东的委托，对公司股东投入公司资本的保值和增值负有责任。他们负责公司的日常经营活动，必须确保公司支付给股东与风险相适应的收益，及时偿还到期的银行债务和供应商的货款，并能使公司的各种经济资源得到有效利用。因此，公司的管理团队对企业财务状况的各个方面均感兴趣。他们需要包括会计报表在内的各种财务信息，对企业的财务状况进行分析，并且据此对企业的经营、投资和筹资活动做出及时正确的决策。

（五）公司的顾客

在许多情况下，公司可能成为某个客户重要的商品或劳务供应商。此时，顾客关心的是公司连续提供商品或劳务的能力，因此顾客需要根据财务报告信息，通过财务分析来判断企业的长期生存能力，分析企业的长期发展前景及有助于对此做出预计的获利能力指标和财务杠杆指标等，并据此做出是否与企业合作的决策。

（六）公司的雇员

公司雇员通常与公司存在着长久、持续的关系。他们关心工作岗位的稳定性、工作环境的安全性以及获取报酬的前景。因而，他们对公司的获利能力和偿债能力比较感兴趣。公司雇员需要通过对企业的财务信息以及他们掌握的其他内部信息进行分析，来判断企业目前和将来潜在的获利能力和偿债能力。

（七）政府管理部门

政府部门的报表阅读者包括财政、税务、国有资产管理和企业主管部门等。一般来讲，政府部门作为企业的宏观调控者和协调人，需要阅读财务报告对企业进行综合分析，以了解企业发展状况；税务部门则侧重确定企业生产经营成果和税源，了解企业纳税状况；国有资产管理部门则侧重掌握、监控企业国有资产保值增值情况。

（八）公众

社会公众对特定企业的关心也是多方面的。一般而言，他们关心企业的就业政策、环境政策、产品政策等方面。对这些方面，往往可以通过分析财务报告了解企业获利能力而获得明确的印象。

（九）竞争对手

竞争对手希望获取关于公司财务状况的会计信息及其他信息，借以判断公司间的相对效率，并借以调整和完善自己的战略决策。同时，还可为未来可能出现的公司兼并提供信息。因此，他们对企业财务状况的各个方面均感兴趣，如毛利率、提供给客户的信用期限、销售增长的速度等。

三、财务报告的作用

在财务报告的体系中，不同的会计报告表达着不同的内容，其目的不同，所能发挥的作用各有所侧重。综合起来看，财务报告的作用有以下方面。

（一）有助于所有者和债权人进行合理投资决策

企业的经济资源来源于两种：一是由所有者提供的永久性资本，另一是债权人提供的信贷资金。从而也就形成了对一个企业所拥有经济资源（资产）的两种要求权或主张权，在会计上分别称其为所有者权益和债权人权益。财务报告应该提供有关企业经济资源的来源和对这些资源要求权的状况，以及与此种状况变动的有关信息。所有者和债权人所面对的问题即为投资决策和信贷决策，这两种决策均会求助于企业的财务报告。企业的所有者在出资前需决定对哪一家企业提供永久性资本或购买哪一家公司的股票，控股比例为多少，收购股权或购买股票的价格为多少才比较合理。债权人在决策时需要决定是否向信贷资金申请人提供贷款，是否购买其发行的债券，贷款时是否需要债务人以资产作抵押等。

（二）有助于企业管理当局明确管理责任，不断提高经营管理水平

财务报告信息概括了企业经营活动的实绩。企业的经营管理人员通过将本期的报表资料与本期计划相对比，可以了解本期计划的执行情况，为进一步分析和制定新的经营计划服务；通过将本期报表资料与历史资料对比，可以了解企业发展趋势和发展速度；通过分析财务报告，可以揭示企业当前的财务状况和本期经营业绩，为改善企业的财务状况和进一步扩大财务成果提供帮助。企业管理人员不仅要重视企业当前的财务状况，保持一定的偿债能力，也要注重企业未来的盈利能力，保持企业财务状况的良好发展势头，树立良好的企业形象，以增强投资者、债权人、政府机构、社会公众等各方面关系人对企业的信心。因此，企业管理人员需要合理安排企业的资产结构，如货币资产、应收账款、存货、固定资产等项目的比例，以及合理安排所有者权益、短期负债和长期负债的资本结构。同样，企业管理人员也需要处理好企业的短期偿债能力与盈利能力之间的关系。企业的短期偿债能力，表现为资产的变现能力，即资产的流动性。变现能力与盈利能力是相互矛盾的，变现能力最强的资产，如现金、银行存款和短期投资的有价证券，是盈利最低的资产。企业管理人员的主要责任，是增强企业的盈利能力，使企业盈利。但如果企业的短期偿债能力不足，就不能使企业去追求最大的利润或最大限度地发挥企业的盈利能力，因为企业即使盈利，但短期内无钱还债，也会很快陷入财务困境，甚至走向破产。

（三）有助于政府宏观管理部门作出合理的宏观经济调控决策

在我国，国家的宏观管理部门包括国有资产管理部门、财政部门、税务部门和企业的主管部门。

国有资产管理部门通过财务报告考核国有资产的保值和增值情况。由于国有企业在各类企业中占主导地位，而国有资产又是国有企业投资的主要部分，作为国有企业，有义务执行国家所制定的各项国有资产管理制度，严格费用开支，防止国有资产流失，保证国有资产的保值增值。

财政部门通过对企业财务报告来了解国民经济发展趋势、产业结构及地区分布状况，以指导国家宏观经济的调控。在市场经济中，国家对经济的调控已不再通过指令性计划来实现，更主要的是运用经济杠杆来调节。因此，财政部门在制定其本年度财政政策时，必须全面了解企业整体经济发展情况，掌握固定资产投资规模、投资方向、经济发展速度及其变化情况，并制定适当的经济政策，使国民经济走上健康运行的轨道。

税务部门通过分析财务报告，检查该单位是否按照税法规定及时和足额地上缴各项税款。企业应该向中央和地方税务机关缴纳各项税款，包括增值税、营业税、资源税、消费税、城市维护建设税、所得税和房产税等，纳税是企业应承担的义务。税收是国家的重要财政收入同时，税收作为调节经济的杠杆，是引导企业合法经营的重要手段。

企业的主管部门通过阅读财务报告，分析企业计划的执行情况，并通过逐级汇总，为国家宏观经济计划的制订和进行宏观调控提供信息。为了保证社会主义市场经济的有序运行，国家需要适时地对市场进行宏观调控，而国家对经济进行宏观调控的主要依据就是各行业主管部门对各类企业所提供的会计报告资料的汇总情况。

第二节　上市公司财务报告的构成

一、上市公司财务报告的基本构成

财务报告包括资产负债表、利润表、现金流量表、所有者权益（或股东权益）变动表、附表及会计报表附注和财务情况说明书。其中，财务报表是财务报告的主要部分，不包括董事报告、管理分析及财务情况说明书等列入财务报告或年度报告的资料。

财务报表亦称对外会计报表，是会计主体对外提供的反映会计主体财务状况和经营情况的会计报表，包括资产负债表、损益表、现金流量表或财务状况变动表、附表和附注。对外报表即指财务报表，是对内报表的对称，是以会计准则为规范编制的，向所有者、债权人、政府及其他有关各方及社会公众等外部使用者披露的会计报表。

根据2006年财政部颁布的《企业会计准则第30号——财务报表列报》，财务报表是对企业财务状况、经营成果和现金流量的结构性表述。财务报表至少应当包括下列组成部分：

（1）资产负债表；

（2）利润表；

（3）现金流量表；

（4）所有者权益（或股东权益，下同）变动表；

（5）附注。

二、财务报表编制的基本要求

1. 企业应当以持续经营为基础，根据实际发生的交易和事项，按照《企业会计准则——基本准则》和其他各项会计准则的规定进行确认和计量，在此基础上编制财务报表。

企业不应以附注披露代替确认和计量。以持续经营为基础编制财务报表不再合理的，企业应当采用其他基础编制财务报表，并在附注中披露这一事实。

2. 财务报表项目的列报应当在各个会计期间保持一致，不得随意变更，但下列情况除外：

（1）会计准则要求改变财务报表项目的列报。

（2）企业经营业务的性质发生重大变化后，变更财务报表项目的列报能够提供更可靠、更相关的会计信息。

3. 性质或功能不同的项目，应当在财务报表中单独列报，但不具有重要性的项目除外。性质或功能类似的项目，其所属类别具有重要性的，应当按其类别在财务报表中单独列报。重要性，是指财务报表某项目的省略或错报会影响使用者据此作出经济决策，该项目就具有重要性。重要性应当根据企业所处的环境，从项目的性质和金额大小两方面予以判断。

4. 财务报表中的资产项目和负债项目的金额、收入项目和费用项目的金额不得相互抵销，但其他会计准则另有规定的除外。资产项目按扣除减值准备后的净额列示，不属于抵销。非日常活动产生的损益，以收入扣减费用后的净额列示，不属于抵销。

5. 当期财务报表的列报，至少应当提供所有列报项目上一可比会计期间的比较数据，以及与理解当期财务报表相关的说明，但其他会计准则另有规定的除外。

财务报表项目的列报发生变更的，应当对上期比较数据按照当期的列报要求进行调整，并在附注中披露调整的原因和性质以及调整的各项目金额。对上期比较数据进行调整不切实可行的，应当在附注中披露不能调整的原因。

6. 企业应当在财务报表的显著位置至少披露下列各项：

（1）编报企业的名称。

（2）资产负债表日或财务报表涵盖的会计期间。

（3）人民币金额单位。

（4）财务报表是合并财务报表的，应当予以标明。

7. 企业至少应当按年编制财务报表。年度财务报表涵盖的期间短于一年的，应当披露年度财务报表的涵盖期间以及短于一年的原因。

对外提供中期财务报告的，还应遵循《企业会计准则第 32 号——中期财务报告》的规定。

8.《企业会计准则第 30 号——财务报表列报》规定在财务报表中单独列报的项目，应当单独列报。其他会计准则规定单独列报的项目，应当增加单独列报项目。

第三节　上市公司财务报告的法规环境

企业编制财务报表，如果没有一定的法规制约，将会对报表信息质量产生严重的影响。世界各国（地区）大都对企业财务报表的编制与报告内容制定了一些法规，使报表信息的提供者在编制报表时操纵报表信息的可能性受到了限制。

在我国，制约企业编制财务报表的法规体系包括会计制度体系以及约束上市公司信息披露的法规体系。从目前的情况来看，制约我国企业编制财务报表法规体系中的会计制度体系主要由《中华人民共和国会计法》（简称《会计法》）、《企业会计准则》、《企业会计制度》构成。简要介绍如下。

一、《会计法》

《会计法》是调整我国经济活动中会计关系的法律总规范，是会计法律规范体系的最高层次，是制定其他会计法规的基本依据，也是指导会计工作的最高准则。《会计法》由全国人大常委会制定发布。

中华人民共和国成立后的第一部《会计法》是于 1985 年 1 月 21 日在第六届全国人民代表大会常务委员会第九次会议通过的，并从 1985 年 5 月 1 日开始实施。为适应社会主义市场经济发展的需要，1993 年 12 月 29 日，第八届全国人民代表大会常务委员会第五次会议通过了《关于修改〈中华人民共和国会计法〉的决定》，并以中华人民共和国主席令的形式予以颁布，自颁布之日起施行。

1999 年 10 月 31 日，《会计法》又一次被修订，并于 2000 年 7 月 1 日起施行。修改后的《会计法》，由第一章“总则”、第二章“会计核算”、第三章“公司、企业会计核算的特别规定”、第四章“会计监督”、第五章“会计机构和会计人员”、第六章“法律责任”和第七章“附则”等组成。修改后的《会计法》引人注目的变化是，强调“单位负责人对本单位会计工作和会计资料的真实性、完整性负责”。

二、《企业会计准则》

企业会计准则是有关财务会计核算的规则，是企业会计部门从事诸如价值确认、计量、记录和报告等会计活动所应遵循的标准。

我国会计准则体系由基本准则、具体准则、会计准则应用指南和解释等组成。

（一）基本会计准则

根据《国务院关于〈企业财务通则〉、〈企业会计准则〉的批复》（国函［1992］178 号）的规定，财政部对《企业会计准则》财政部令第 5 号）进行了修订，修订后的《企业会计准则——基本准则》已经自 2007 年 1 月 1 日起施行。该基本会计准则对会计核算的一般要求以及会计核算的主要方面作出了原则性的规定。同时，基本会计准则也为具体会计准则以及会计制度的制定提供了基本框架。我们在本章前面部分所讨论的会计的基本假设、一般原则等均为基本会计准则的主要内容。

（二）具体会计准则

具体会计准则是根据基本会计准则的要求而制定的。具体会计准则就经济业务的会计处理以及报表披露等方面作出具体规定。截止到 2010 年 1 月，我国已经发布了 38 项具体会计准则。具体会计准则名称见表 1 – 1。

表 1 – 1　　　　　　　　　　　具体会计准则

2006 年 2 月 15 日颁布的具体准则名称	原准则/制度名称
《企业会计准则第 1 号——存货》	《企业会计准则——存货》
《企业会计准则第 2 号——长期股权投资》	《企业会计准则——投资》
《企业会计准则第 3 号——投资性房地产》	
《企业会计准则第 4 号——固定资产》	《企业会计准则——固定资产》
《企业会计准则第 5 号——生物资产》	《农业企业会计核算办法——生物资产和农产品》、《农业企业会计核算办法——社会性收支》
《企业会计准则第 6 号——无形资产》	《企业会计准则——无形资产》
《企业会计准则第 7 号——非货币性资产交换》	《企业会计准则——非货币性交易》
《企业会计准则第 8 号——资产减值》	
《企业会计准则第 9 号——职工薪酬》	

续表

2006 年 2 月 15 日颁布的具体准则名称	原准则/制度名称
《企业会计准则第 10 号——企业年金基金》	
《企业会计准则第 11 号——股份支付》	
《企业会计准则第 12 号——债务重组》	《企业会计准则——债务重组》
《企业会计准则第 13 号——或有事项》	《企业会计准则——或有事项》
《企业会计准则第 14 号——收入》	《企业会计准则——收入》
《企业会计准则第 15 号——建造合同》	《企业会计准则——建造合同》
《企业会计准则第 16 号——政府补助》	
《企业会计准则第 17 号——借款费用》	《企业会计准则——借款费用》
《企业会计准则第 18 号——所得税》	《企业所得税会计处理的暂行规定》
《企业会计准则第 19 号——外币折算》	
《企业会计准则第 20 号——企业合并》	《企业兼并有关财务问题的暂行规定》
《企业会计准则第 21 号——租赁》	《企业会计准则——租赁》
《企业会计准则第 22 号——金融工具确认和计量》	《金融企业会计制度》
《企业会计准则第 23 号——金融资产转移》	
《企业会计准则第 24 号——套期保值》	《企业商品期货业务会计处理暂行规定》
《企业会计准则第 25 号——原保险合同》	《金融企业会计制度》
《企业会计准则第 26 号——再保险合同》	
《企业会计准则第 27 号——石油天然气开采》	
《企业会计准则第 28 号——会计政策、会计估计变更和差错更正》	《企业会计准则——会计政策、会计估计变更和差错更正》
《企业会计准则第 29 号——资产负债表日后事项》	《企业会计准则——资产负债表日后事项》
《企业会计准则第 30 号——财务报表列报》	《企业财务会计报告条例》
《企业会计准则第 31 号——现金流量表》	《企业会计准则——现金流量表》
《企业会计准则第 32 号——中期财务报告》	《企业会计准则——中期财务报告》
《企业会计准则第 33 号——合并财务报表》	《合并会计报表暂行规定》
《企业会计准则第 34 号——每股收益》	
《企业会计准则第 35 号——分部报告》	
《企业会计准则第 36 号——关联方披露》	《企业会计准则——关联方关系及其交易的披露》
《企业会计准则第 37 号——金融工具列报》	
《企业会计准则第 38 号——首次执行企业会计准则》	

（三）会计准则应用指南和解释

2006 年 10 月 30 日，财政部颁布了《企业会计准则应用指南》。该《应用指南》是对具体准则的重点和难点问题做出的操作性规定，对于全面贯彻执行新准则具有重要的指导作用，对于为投资者提供更加有价值的信息具有全面的保障作用，对于建设与国际趋同的新准则具有划时代的重要意义。从 2007 年 11 月 16 日财政部陆续颁布《企业会计准则解释》。《解释》是随着企业贯彻实施会计准则，对实务中遇到的实施问题而对准则做出的具体解释。截至 2010 年 7 月 14 日，财政部已发布了 4 号企业会计准则解释。

三、《企业会计制度》

为了解决企业会计核算与财务信息披露的具体操作问题，财政部曾经根据企业会计准则的要求，结合各行业生产经营的不同特点与信息披露的具体要求，将国民经济划分为若干个行业，分行业制定了 13 个行业会计制度。此外，由于股份有限公司的特殊性，财政部又专门制定了《股份有限公司会计制度》。从 2001 年 1 月 1 日起，行业会计制度和《股份有限公司会计制度》废止，取而代之的是全国统一的《企业会计制度》。

我国现阶段执行的企业会计准则、企业会计制度和小企业会计制度，分别适用于不同类型的企业。我国上市公司必须使用会计准则，其他企业适用企业会计制度，也可以自愿选择使用会计准则。小企业会计制度主要用于那些不对外筹集资金，企业规模比较小的企业。相对于会计准则来说，现阶段企业会计制度比较适用于我国实际情况，符合大多数会计从业人员的操作习惯。会计准则与会计制度并存，也是当前我国的经济发展水平与经营管理水平匹配的要求。运用会计制度进行核算形成的会计信息更容易理解、接受。

第四节　上市公司信息披露制度

一、上市公司信息披露相关法规

上市公司信息披露制度，是指上市公司在证券发行上市前和后，依法将其经营和财务信息予以充分、完整、准确，及时地披露，以供证券投资者作投资价值判断的制度。这一制度最早始于 1845 年英国的《公司法》，旨在通过完全公开公司信息，防止公司经营不当或财务制度混乱，以维护股东和债权人的合法权益。英国公司法的公司信息披露制度为美国 20 世纪 30 年代证券立法所采纳。战后的日本为重建其经济而借鉴国外先进法律制度时，也将信息披露制度作为其《证券交易法》的核心内容。如今，信息披露制度在各国（地区）上市公司和证券立法中均占有重要地位。

随着我国资本市场上市公司数量不断增加，上市公司的信息披露制度也逐渐规范。从上市公司信息披露法规级别来看，主要有全国人大颁布施行的《证券法》、《公司法》和证券监管机构制定的部门规章；从上市公司信息披露的内容来看，主要有投资者评估上市公司状况需要的信息和对股价运行有重要影响的信息；从上市公司信息披露的时段来看，主要有上市前信息披露和上市后持续信息披露。到目前为止，中国证监会先后发布了《上市公司信息披露管理办法》(2007)、《公开发行股票公司信息披露的内容与格式准则》、《年度报告的内容与格式》(2007)、《公开发行证券的公司信息披露内容与格式准则第3号——半年度报告的内容与格式》(2007年修订)、《公开发行证券的公司信息披露内容与格式准则第11号——上市公司公开发行证券募集说明书》(2006)、《公开发行证券的公司信息披露内容与格式准则第5号——公司股份变动报告的内容与格式》(2007年修订)、《公开发行证券公司信息披露的编报规则第12号——公开发行证券的法律意见书和律师工作报告》(2001)等规章，形成了一套规范上市公司信息披露的制度体系。

按照《公开发行股票公司信息披露实施细则（试行)》（下称《细则》）的规定，股份有限公司公开发行股票并将其股票在证券交易场所交易，必须公开披露的信息包括（但不限于)：

（1）招股说明书；

（2）上市公告书；

（3）定期报告，包括：年度报告和中期报告；

（4）临时报告，包括：重大事件公告和收购与合并公告；

（5）配股信息披露。

除上述信息外，中国证监会还对企业配股说明书、股份变动公告，以及一些法律文书的内容与格式作了约束。

二、上市公司信息披露的主要内容

下面我们介绍上市公司信息披露的有关规定。

（一）招股说明书

招股说明书的内容与格式包括：

1. 招股说明书封面；

2. 招股说明书目录；

3. 招股说明书正文：包括（1）主要资料，（2）释义，（3）绪言，（4）发售新股的有关当事人，（5）风险因素与对策，（6）募集资金的运用，（7）股利分配政策，（8）验资证明，（9）承销，（10）发行人情况，（11）发行人公司章程摘录，（12）董事、监事、高级管理人员及重要职员，（13）经营业绩，（14）股本，（15）债项，（16）主要固定资产，（17）资产评估，（18）财务会计资料，（19）盈利预测，（20）重要合同及重大诉讼事项，（21）公司发展规划；等等；

4. 招股说明书附录；

5. 招股说明书备查文件。

（二）上市公告书

上市公告书的编制和披露依发行人招股说明书的效力情况不同而分成简要上市公告书和上市公告书。

1. 简要上市公告书。自发行结束日到挂牌交易的首日不超过90日，或者招股说明书尚未失效的，发行人可以仅编制简要上市公告书。根据《细则》的规定，简要上市公告书必须记载的事项至少应包括：

（1）发行人股票获准在证券交易所上市的日期和批准文号；

（2）股票发行情况、股权结构和最大的10名股东的名单及持股数额；

（3）公司创立大会或者股东大会同意公司股票在证券交易所交易的决议；

（4）发行人披露的目前仍然有效的招股说明书所刊登的报刊、刊登时间与刊登版面；

（5）发行人和上市推荐人对于因编制简要上市公告书而省略的事项中，如果自招股说明书披露以来发生重大变化的，应当作出详细说明；

（6）发行人董事会的上市承诺与责任声明；

（7）证券交易所要求载明的其他事项。

2. 上市公告书。自发行结束日到挂牌交易首日超过90日，并且招股说明书已失效的，发行人应当编制完整内容的上市公告书。上市公告书的内容主要有：

（1）股票获准在证券交易所上市的日期和批准文号；

（2）股票发行情况、股权结构和最大的10名股东的名单及持股数额；

（3）公司创立大会或者股东大会同意公司股票在证券交易所上市交易的决议；

（4）董事、监事和高级管理人员简历及其持有本公司股票的情况；

（5）公司近3年或者成立以来经会计师审计的经营业绩和财务状况以及下一年的盈利预测文件；

（6）公司的名称、住所；

（7）发起人、发行人简况；

（8）本次发行前每股净资产值和发行结束后每股净资产值；

（9）募集资金的运用计划及收益、风险预测；

（10）重要合同、重大诉讼和其他重大事项；

（11）发行人董事会的上市承诺与责任声明；

（12）证券监管部门和证券交易所要求载明的其他事项。

根据证券交易所有关业务规则的要求，简要上市公告书与上市公告书的编写格式并无差别，其基本部分均包括封面、正文、附录与备查文件：

（1）封面。其内容应当包括重要提示（说明）、上市日期、上市地、总股本、上市推荐人、股权登记机构等。

（2）正文。根据上海证券交易所有关业务规则的要求，正文部分通常包括：绪言；公司概况；公司组织状况；股本结构及主要股东持股情况；公司近3年经营业绩；公司财务状况；财务指标分析；重要事项指示；投资环境，风险对策和发展计划；盈利预测等。深圳证券交易所有关规则的要求与前述略有不同，其正文部分包括：释义；绪言；公司概况；股本结构及股东持股情况；董事、监事及高级管理人员；主要财务会计资料；董事会承诺；特别事项说明；咨询机构等。

（3）附录。此部分通常包括财务报表摘要和简要的财务分析。

（4）备查文件。通常包括上市通知书，验资报告，本次发行后的创立大会或股东大会决议上市协议，招股说明书和上市推荐书等。备查文件应当备置于公司营业处，以供查询。

（三）定期报告

按照《细则》的规定，公司应当在每个会计年度中不少于两次向公众提供公司的定期报告。定期报告包括中期报告和年度报告。

1. 中期报告。根据中国证监会发布的《中期报告的内容与格式（试行）》的规定，企业中期报告的内容与格式包括：

（1）中期报告正文。

①财务报告；②经营情况的回顾与展望；③重大事件揭示；④发行在外股票的变动和股权结构的变化；⑤临时股东大会简介。

（2）备查文件。

2. 年度报告。按照中国证监会发布的《年度报告的内容与格式（试行）》，年度报告的内容与格式包括：

（1）封面及目录。

（2）年度报告正文。

①公司简介；②会计数据和业务数据摘要；③董事长或总经理的业务报告；④董事会报告；⑤财务报告；⑥公司在报告年度内发生的重大事件及其披露情况要览；⑦关联企业；⑧有关本公司的参考信息。

（3）备查文件。

（四）临时报告

上市公司的临时报告，主要包括重大事件公告、公司收购公告和其他临时公告。

1. 重大事件公告。上市公司的重大事件是指可能对公司的股票价格产生重大影响的事件。包括（但不限于）以下情况：

（1）公司订立有重要合同，而该合同可能对公司的资产、负债、权益和经营成果中的一项或者多项产生显著影响；

（2）公司的经营政策或者经营项目发生重大变化；

（3）公司发生了重大投资行为或者购置金额较大的长期资产的行为；

（4）公司发生重大债务；

（5）公司未能归还到期重大债务的违约情况；

（6）公司发生重大经营性或者非经营性亏损；

（7）公司资产遭受重大损失；

（8）公司生产经营环境发生重要变化；

（9）新颁布的法律、法规、政策、规章等，可能对公司的经营有显著影响；

（10）董事长、30%以上的董事或者总经理发生变动；

（11）持有公司5%以上的发行在外的普通股的股东，其持有该种股票的增减变化每达到该种股票发行在外总额的2%以上的事实；

（12）涉及公司的重大诉讼事项；

（13）公司进入清算、破产状态；

（14）公司章程的变更，注册资金和注册地址的变更；

（15）发生大额银行退票；

（16）公司更换为其审计的会计师事务所；

（17）公司公开发行的债券或者已发行债券的数额的变更或增减；

（18）公司增资发行股票，或者其可转换公司债券依规定转为股份；

（19）公司营业用主要资产的抵押、出售或者报废一次超过其资产的30%；

（20）发起人或者董事的行为可能依法负有重大损害赔偿责任；

（21）股东大会或监事会议的决定被法院依法撤消；

（22）法院作出裁定禁止对公司有控股权的大股东转让其股份；

（23）公司发生合并或者分立事件。

除上述列举外，其他任何可能对公司股票价格产生重大影响的事件均应视为重大事件。

按照《细则》的规定，公司在发生无法事先预测的重大事件后1个工作日内，应当向证监会作出报告；同时应当按其挂牌的证券交易场所的规定及时报告该交易场所。公司在重大事件通告书编制完成后，应当立即报送证监会10份供备案，并备置于公司所在地、挂牌交易的证券交易场所、有关证券经营机构及其网点供公众查阅。

公司认为有必要通过新闻媒介披露某一重大事件时，应当在公开该重大事件前向证监会报告其披露方式和内容。如果证监会认为有必要时可对披露时机、方式与内容提出要求，公司应当按照证监会的要求进行披露。

2. 公司收购公告。按照有关规定，发起人以外的任何法人直接或者间接地持有一个上市公司发行在外的普通股达到30%时，应当自该事实发生之日起的45个工作日内，向该上市公司的所有股东发出收购公告书，该公告书除具有事实披露意义外，还具有收购要约的法律意义。收购公告书的披露同样应当采取复杂披露方式，即收购人应当将不超过5000字的收购公告书概要刊登在至少1种证监会指定的全国性报刊上；同时应当将收购公告书正本向中国证监会报送10份供备案，并将其备置于公司所在地、挂牌交易的证券交易所、有关的证券经营机构及其网点以供公众查阅。

收购公告书的内容应当包括（但不限于）以下事项：

（1）收购人名称、所在地、所有制性质及收购代理人；

（2）收购人的董事、监事、高级管理人员名单及简要情况；收购人为非股份有限公司者，应说明其主管机构、主要经营管理人员及主要从属和所属机构的情况；

（3）收购人的董事、监事、高级管理人员及其关联公司持有收购人和被收购人股份数量；

（4）持有收购人5%以上股份的股东和最大的10名股东名单及简要情况；

（5）收购价格、支付方式、日程安排（不得少于20个工作日）及说明；

（6）收购人欲收购股票数量（欲收购量加已持有量）不得低于被收购人在外发行普通股的50%；

（7）收购人和被收购人的股东的权利与义务；

（8）收购人前3年的资产负债、盈亏概况及股权结构；

（9）收购人在过去12个月中的其他收购情况；

（10）收购人对被收购人继续经营的计划；

（11）收购人对被收购人资产的重整计划；

（12）收购人对被收购人员工的安排计划；

（13）被收购人资产重估及说明；

（14）收购后，收购人或收购人与被收购人组成的新公司的章程及有关内部规则；

（15）收购后，收购人或收购人与被收购人组成的新公司对其关联公司的贷款、抵押及债务担保等负债情况；

（16）收购人、被收购人各自现有的重大合同及说明；

（17）收购后，收购人或收购人与被收购人组成的新公司的发展规划和未来 1 个会计年度的盈利预测；

（18）证监会要求载明的其他事项。

3. 其他临时公告。除重大事件公告和公司收购公告外，上市公司还对其他某些事实情况也有信息披露和公告的责任。

（五）配股信息披露

中国证监会对上市公司在配股方面的信息披露作了明确规定。按照证监会发布的《上市公司办理配股申请和信息披露的具体规定》，对实行配股的企业在信息披露方面的主要内容有以下几方面。

1. 关于配股信息披露的基本要求。上市公司向股东配股，应当按照下列要求披露有关信息：

（1）董事会有关本次配股的方案表决通过后，应当在 2 个工作日内通知证券交易所，7 个工作日内公布该次董事会决议和召开股东大会的通知；其内容应当包括配股方案的具体事项，并载明“该项决定尚须经股东大会表决后，报政府有关部门审批，并经中国证券监督管理委员会复审”字样；召开股东大会的通知应当提前 30 天公布，并至少应当连续刊登 2 次。

（2）配股方案经股东大会表决通过后，上市公司在有关的公告中应当载明“该方案须报政府有关部门审批，并报中国证券监督管理委员会复审”。股东大会对董事会的配股方案有修改的，该公告中应公布修改后的方案。

（3）上市公司接到证监会出具的配股复审意见书后，应当在证券交易所规定的期间内公布配股说明书。配股说明书刊登后，上市公司应当就该说明书至少再刊登 1 次提示性公告。公布的配股说明书内容应当与报送证监会复审时的该说明书内容一致；确有必要修改的，应当在公布前取得证监会的书面认可。

（4）配股说明书公布后，上市公司应当在 7 个工作日内将经证券交易所确认的配股说明书文本一式二份报送证监会。

（5）上市公司应当在配股缴款结束后，按照证券交易所的要求及时报送有关本次股份变动的报告，并应当予以公布。

2. 关于配股说明书。配股说明书是公司配股时须向政府有关部门、证券主管部门、证券交易所报送及公布的详尽说明配股事项的法律文件，公司配股时须在中国证监会指定的全国性报刊上发布配股说明书，并同时公布配股说明书附录和备查文件中的全部文件的索引。配股说明书的编制须遵循中国证监会公布的《配股说明书的内容与格式（试行）》。公司配股时如对规定的内容作出修改，需予以说明。配股说明书包括封面、正文、附录和备查文件4个部分。

3. 关于公司股份变动报告。按照中国证监会发布的《公司股份变动报告的内容与格式》（2007年修订）的规定，公司因发行新股、派发股份股利、实施股权激励计划、将股份奖励给本公司职工、可转换公司债券转股、股份限售期满等事项导致股份总额、股份结构（指各类股份的数量和比例）、股票面值发生变化，按照有关法律、法规、规章、规则需编制并披露股份变动报告，或在定期报告中披露股份变动情况。

在公司股份变动报告标题下必须特别载明：公司董事会全体成员确信本报告中不存在任何重大遗漏或者误导，并对其内容的真实性、准确性、完整性负个别和连带的责任。

股份变动报告和定期报告披露股份变动情况应包括以下内容：

（1）股份变动的原因。

（2）股份变动的批准情况（如适用）。

（3）股份总额、股份结构变动情况。

未完成股权分置改革的公司应按表1（略）的格式披露，已完成股权分置改革的公司应按表2（略）、表3（略）和表4（略）的格式披露。

（4）股份变动的过户情况。

（5）股份变动后股东持股情况或报告期末股东持股情况。

未完成股权分置改革的公司应按表5（略）的格式披露前10名股东和前10名流通股股东的持股情况，已完成股权分置改革的公司应按表6（略）的格式披露前10名股东和前10名无限售条件股东的持股情况。

（6）股份变动对最近一年和最近一期基本每股收益和稀释每股收益、归属于公司普通股股东的每股净资产等财务指标的影响（如有）。

（7）公司认为必要或证券监管机构要求披露的其他内容。

（8）备查文件。

第五节　财务分析的基本方法

财务报告的分析方法很多，常用的方法有比较分析法、比率分析法、趋势分析法、结构分析法和因素分析法等。在进行财务报告分析之前，应充分了解被分析企业的性质、规模及其他情况，然后将上述方法综合运用，最后得出分析结论，从总体上评价企业财务状况和经营成果。

一、比较分析法

比较分析法又称对比分析法，它是通过经济指标在数量上的比较，来揭示经济指标的数量关系和数量差异的一种方法。财务报告分析者将会计事项存在两个或两个以上有内在联系的相关指标进行相互对比。通过比较，财务报告分析者可了解会计事项中的各种情况，发现问题，找出差异，并研究差异发生的原因及其影响程度，得出初步结论，提出解决问题的建议。

比较分析法的主要作用在于揭示财务活动中的数量关系和存在的差距，从中发现问题，为进一步分析原因、挖掘潜力指明方向。比较分析法是最基本的分析方法，没有比较就没有分析，比较分析法不仅在财务分析中被广泛应用，而且其他分析方法也是建立在比较分析法基础上的。

1. 比较分析法的形式。根据分析的目的和要求的不同，比较分析法有以下三种形式。

（1）实际指标同预算比较。实际指标同预算（计划或定额）比较，可以揭示实际与预算（计划或定额）之间的差异，了解该项指标的完成情况。

（2）本期指标同上期指标或历史最好水平比较。本期指标同上期指标或历史最好水平比较，可确定前后不同时期有关指标的变动情况，了解企业生产经营活动的发展趋势和管理工作的改进情况。

（3）本企业指标与国内外同行业先进指标比较。本企业指标与国内外同行业先进指标比较，可以找出与先进企业之间的差异，推动本企业改善经营管理方法，赶超先进水平。

2. 比较分析法应注意的问题。进行比较时采用的指标应在时期、范围、内容、项目、计算方法上大致一样，若口径不一致或环境条件不同，应按规范的方法换算后再作比较，否则得出的结论没有可比性。

二、比率分析法

比率是相对数，是指报告分析者在分析过程中，利用报表中一个指标对另一个指标的比例关系，进行比率数值分析的一种方法。比率分析法是通过对财务相对数指标的比较、分析，得出评价结论。采用这种方法，要把分析对比的数值变成相对数，计算出各种比率指标，然后进行比较，从确定的比率差异中发现问题。采用这种分析方法，能够把在某些条件下的不同比指标变为可以比较的指标，以利于进行分析。

1. 比率指标的主要形式。比率指标主要有以下三种形式。

（1）构成比率。构成比率又称结构比率，用以计算某项经济指标的各个组成部分占总体的比重，反映部分与总体的关系。其典型计算公式为：

构成比率 = 某个组成部分数额/总体数额

如流动资产占总资产的比重、流动负债占总负债的比重、收不回来的应收账款占全部应收账款的比重等，都属于构成比率指标。利用构成比率指标，可以考察总体中某个部分的形成和安排是否合理，以便协调各项财务活动。

（2）效率比率。效率比率用以计算某经济活动中所费与所得的比例，反映投入与产出的关系。如成本费用与销售收入的比率、成本费用与利润的比率、投资额与收益额的比率、资金占用额与利润的比率等。利用效率比率指标，可以进行得失的比较，考察经营成果，评价经济效益的水平。

（3）相关比率。相关比率用以计算在部分与总体关系、投入与产出关系之外具有相关关系指标的比率，反映有关经济活动的联系。如流动资产与流动负债的比率、现金净流量与净利润的比率等。利用相关比率指标，可以考察有联系的相关业务安排得是否合理，以保障生产经营活动能够顺畅运行。相关比率指标在财务分析中应用得十分广泛。

2. 比率分析法应该注意的问题。

（1）比率指标中的对比指标要有相关性。比率指标从根本上说都是相关比率指标。对比的指标必须有关联性，把不相关的指标进行对比是没有意义的。在构成比率指标中，部分指标必须是总体指标这个大系统中的一个小系统，小系统只能处在这个大系统中而且必须全部处在这个大系统中，才有比较的可能。在效率比率指标中，投入与产出必须有因果关系，费用应是为取得某项收入而花费的费用，收入必须是花费相应的耗资而实现的收入。没有因果关系的得失比较不能说明经济效益水平。相关指标中的两个对比指标也要有内在联系，才能评价有关经济活动之间是否协调均衡，安排是否合理。

（2）比率指标中对比指标的计算口径要一致。同比较分析法一样，在同一比率中的两个对比指标在计算时间、计算方法、计算标准上应当口径一致。特别要注意的是，如果比率指标中的对比指标是两个含义不同的指标，由于取得的资料来源不同，可能所包括的范围有一定差异，使用时必须使其口径一致，便于对比。有些容易混淆的概念，如主营业务收入和其他业务收入、现销收入和赊销收入、营业利润和主营业务利润等，使用时也必须注意划清界限。

（3）采用的比率指标要有对比的标准。财务比率能从指标的联系中，揭露企业财务活动的内在关系，但它所提供的只是企业某一时点或某一时期的实际情况。为了说明问题，还需要选用一定的标准与之对比，以便对企业的财务状况作出评价。通常用作对比的标准有以下几种。

① 预定目标。指企业自身制定的、要求财务工作在某个方面应该达到的目标。将实际完成的比率与预定的经营目标比较，可以确定差异，发现问题，为进一步分析差异产生的原因提供线索。

② 历史标准。指本企业在过去经营中实际完成的数据，它是企业已经达到的实际水平。将企业本期的比率与历史上已达到的比率对比，可以分析和考察企业财务状况和整个经营活动的改进情况，并预测企业财务活动的发展趋势。

③ 行业标准。指本行业内同类企业已经达到的水平。行业内同类企业的标准有两种：一种是先进水平，另一种是平均水平。将本企业的财务比率与先进水平对比，可以了解同先进企业的差距，挖掘本企业潜力，提高经济效益；将本企业的财务比率与平均水平对比，可以了解本企业在行业中所处的地位，明确努力的方向，处于平均水平以下者要追赶平均水平，达到平均水平者应追赶先进水平。

④ 公认标准。指经过长期实践经验的总结，为人们共同接受，达到约定俗成程度的某些标准。例如，反映流动资产与流动负债关系的流动比率，一般公认标准为2∶1，速动比率一般公认标准为1∶1。企业分析时可以此为标准，借以评价企业的流动比率是否恰当及偿债风险的大小。

3. 比率分析法的局限性。尽管对企业的报表进行比率分析可以使信息使用者获得许多关于企业财务状况的信息，但是对企业报表的比率分析仍不足以对企业的财务状况整体作出全面评价。主要原因有以下几个方面。

（1）报表信息并未完全反映企业可以利用的经济资源。列入报表的仅是可以利用的、可以用货币计量的经济资源。实际上，企业有许多经济资源受客观条件制约或者受会计惯例的制约并未在报表中得到体现。例如，企业的人力资源，历史悠久的企业账外存在的大量无形资产，均不可能在报表中予以反映。因此，可以说，报表仅反映了企业经济资源的一部分。

（2）受历史成本原则的制约，企业的报表资料对未来决策的准确性受到限制。会计信息处理中广泛坚持的历史成本原则，使会计信息在通货膨胀面前的信任度大大降低。坚持历史成本原则，将不同时点的货币数据简单相加，在严重通货膨胀时期会使信息使用者不知道他所面对的会计信息的实际含义，这样的会计信息对其现在和未来的经济决策准确性受到限制。

（3）会计政策运用上的差异使企业难以做到自身的历史与未来对比、企业与企业间的对比。由于存在会计政策的差异问题，企业在不同会计年度间采用不同会计方法以及不同企业以不同会计方法为基础形成的信息具有极大的不可比性。

（4）企业对会计信息的人为操纵可能会误导信息使用者。由于存在信息传递过程的不对称，在企业对外形成其财务报告之前，信息提供者往往对信息使用者所关注的财务状况、经营成果进行粉饰，并尽力满足信息使用者对企业财务状况的期望。这就难免形成"你想看什么，我尽力提供什么"，"你希望我的业绩如何，我就编出什么样的业绩让你看"的思维与实践。其结果极有可能使信息使用者所看到的财务报告信息与企业实际状况相距甚远，从而误导信息使用者做出错误决策。因此，对企业财务状况的全面分析与评价，除考虑货币因素外，还应注意非货币性因素，并加强信息使用者对误导信息的抵御与防范。

三、趋势分析法

趋势分析法是将两期或两期以上连续数期财务报告中的相同指标或比率进行对比，分析它们增减变动的方向、数额和幅度的一种方法。采用这种方法可以揭示企业财务状况、经营成果和现金流量的变化，分析引起变化的主要原因、变动的性质，并预测企业未来的发展前景。

趋势分析法是研究上市公司成长性的方法，通过分析上市公司历年的销售、净利润、加权平均每股收益等财务指标的变化，来发现它们的发展趋势。

1. 销售增长率。历年销售增长率的一般计算公式：

$$r = \sqrt[n]{\frac{S_n}{S_0}} - 1$$

式中：

r 为 n 年的销售增长率；

S_0 为初始年份的销售额；

S_n 为 n 年后的销售额。

常见的是 n 为奇数，比如 3、5。这样算出的增长率也叫销售的复利增长率或环比增长率。

【例 1－1】 以××公司 2006～2009 年的销售变化为例，其 2006 年的主营业务收入净额为 2 204 454 415.56 元，2009 年的主营业务收入净额为 3 953 640 138.96 元。因此，$n=3$

年；2 204 454 415. 56 元是初始年份的销售额，即 S_0；3 953 640 138. 96 元是 3 年后的销售额，即 S_n。套用前述公式计算 3 年年均销售增长率如下：

$$r=\sqrt[3]{\frac{3\ 953\ 640\ 138.96}{2\ 204\ 454\ 415.56}}-1=12.5\%$$

所以，该公司 3 年的年均销售增长率为 21. 5%，而同业均值仅为 6. 78%，前者高出后者 14. 72 个百分点。

【例 1 -2】如果我们考虑上述公司 2004 ~2009 年的销售年均增长率，由于其 2004 年主营业务收入净额为 914 703 675. 36 元，经过 5 年的增长达到 3 953 640 138. 96 元。那么根据上述公司计算 5 年年均销售增长率如下：

$$r=\sqrt[5]{\frac{3\ 953\ 640\ 138.96}{914\ 703\ 675.36}}-1=34.01\%$$

可见，该公司 5 年的年均销售增长率为 34. 01%，而同业均值仅为 14. 02%，前者高出后者 19. 99 个百分点。

2. 净利润增长率。历年净利润增长率的一般计算公式：

$$r=\sqrt[n]{\frac{P_n}{P_0}}-1$$

式中：

r 为 n 年的净利润增长率；

P_0 为初始年份的净利润额；

P_n 为 n 年后的净利润额。

常见的是 n 为奇数，比如 3、5。这样算出的增长率也叫净利润的复利增长率或环比增长率。

【例 1 -3】上述公司 2006 年和 2009 年的净利润分别为 341 298 375. 86 元和 768 112 120. 07 元。因此，$n=3$ 年；341 298 375. 86 元是初始年份的净利润，即 P_0；768 112 120. 07 元是 3 年后的净利润，即 P_n。应用前述公式计算 3 年年均净利润增长率如下：

$$r=\sqrt[3]{\frac{768\ 112\ 120.07}{341\ 298\ 375.86}}-1=31.05\%$$

所以，该公司 3 年的年均净利润增长率为 31. 05%，而同业均值仅为 1. 4%，前者高出后者 29. 65 个百分点。

【例 1 -4】上述公司 2004 年和 2009 年的净利润分别为 216 927 477. 38 元和 768 112 120. 07 元。此处，$n=5$ 年；216 927 477. 38 元是初始年份的净利润，即 P_0；768 112 120. 07 元是 5 年后的净利润，即 P_n。应用前述公式计算 5 年年均净利润增长率如下：

$$r=\sqrt[5]{\frac{768\ 112\ 120.07}{216\ 927\ 477.38}}-1=28.77\%$$

所以，该公司 5 年的年均净利润增长率为 28. 77%，而同业均值仅为 10. 37%，前者高出后者 18. 40 个百分点。

3. 加权平均每股收益增长率。历年加权平均每股收益增长率的一般计算公式为：

$$r = \sqrt[n]{\frac{EPS_n}{EPS_0}} - 1$$

式中：

r 为加权平均每股收益的年均复利增长率；

n 为年份；

EPS_0 为加权平均每股收益的初始值，EPS_n 为 n 年后加权平均每股收益。

【例 1－5】 上述公司 2006 年和 2009 年的加权每股收益分别是 0.8587 元和 1.6002 元，应用前述公式计算 3 年年均加权平均每股收益增长率如下：

$$r = \sqrt[3]{\frac{1.6002}{0.8587}} - 1 = 23.06\%$$

3 年年均加权平均每股收益增长率为 23.06%，而上市同业平均为－6.55%。

【例 1－6】 上述公司 2004 年和 2009 年的加权每股收益分别是 0.64 元和 1.6002 元，应用前述公式计算 5 年年均加权平均每股收益增长率如下：

$$r = \sqrt[5]{\frac{1.6002}{0.64}} - 1 = 20.12\%$$

5 年年均加权平均每股收益增长率为 20.12%，而上市同业平均为－1.65%。

运用趋势分析法应当注意以下问题：

（1）计算口径上必须一致。同其他分析方法一样，用以进行对比的各个时期的指标，在计算口径上必须一致。由于经济政策、财务制度发生重大变化而影响指标内容时，应将指标调整为同一口径。

（2）偶然因素产生特殊影响时，分析时应加以剔除。由于天灾人祸等偶然因素对财务活动产生特殊影响时，分析时应加以剔除，必要时对价格变动因素也要加以调整。

（3）财务指标有显著变动应重点研究。分析中如发现某项财务指标在一定时期内有显著变动，应作为分析重点研究其产生的原因，以便采取对策，趋利避害。

四、结构分析法

结构分析法也叫共同比报表分析法，顾名思义是将三张财务报表每张表中的某一账户的“总额”设定为 100%，而将同一报表的其他账户余额与前述“总额”相比，并将结果以百分比的形式表示，这样得到的报表中的每一项都是以百分数表示的。资产负债表的“总额”是“资产总计”；利润表的“总额”是主营业务收入净额；现金流量表“总额”是“现金流入合计”和“现金流出合计”。我们可以在结构分析中引入趋势分析，即将不同期间的报表中的同一账户的百分比数进行比较，以便发现企业在资本、资产结构，现金流量结构和利润结构方面的变化趋势。

【例 1－7】 ××公司共同比利润表分析。该公司 2010 年和 2009 年共同比利润表列示如下（见表 1－2）：

表 1-2 ××公司共同比利润表

项目	2010 年	2009 年	差异
一、营业收入	100.00	100.00	0.00
减：营业成本	48.84	47.65	1.19
营业税金及附加	5.43	7.09	-1.66
销售费用	14.86	13.59	1.27
管理费用	5.88	8.42	-2.54
财务费用	-0.36	-0.46	0.1
资产减值损失	1.2	1.3	-0.1
加：公允价值变动损益	0.77	0.65	0.12
投资收益			
其中：对联营企业和合营企业的投资收益			
二、营业利润	24.92	23.06	1.86
加：营业外收入	0.01	0.01	0.00
减：营业外支出	0.03	0.01	0.02
其中：非流动资产处置损失			
三、利润总额	24.9	23.06	1.84
减：所得税	6.04	4.17	1.87
四、净利润	18.86	18.89	-0.03
五、每股收益			
（一）基本每股收益			
（二）稀释每股收益			

我们对表 1-2 中的××公司 2010 年和 2009 年共同比报表相比可以发现，该公司的利润表结构相当稳定：2010 年和 2009 年的营业利润率（每 100 元销售产生的主营业务利润）基本相等；2010 年销售费用率与 2009 年相比增加了 1.27 个百分点，而 2010 年管理费用率与 2009 年的相比却下降了 2.54 个百分点；2010 年利润总额率虽然与 2009 年的相比增加了 1.84 个百分点，但是由于每 100 元销售所负担的所得税 2010 年比 2009 年增加了 1.87 个百分点，故导致销售净利润率 2010 年比 2009 年略微下降了 0.03 个百分点。

五、因素分析法

一个经济指标的完成往往是由多种因素造成的，只有把这种综合性的指标分解为它的各种构成要素，才能了解指标完成好坏的真正原因。这种把综合性指标分解为各因素的方法称为因素分析法，各种因素之间相互关系的复杂性不同，因素分析法又有多种具体方法，通常的因素分析法主要用连环替代法进行分析。连环替代法是用来分析引起某个经济指标变动的各个因素影响程度的一种方法。在几个相互联系的因素共同影响着某一经济指标的情况下，可应用这一方法来计算各个因素对经济指标发生变动的影响程度。计算步骤是先衡量某一因素对一个经济指标的影响时，假定只有这一因素在变动，而其余因素都不变；其次，确定各个因素的替代顺序，一般而言，实物量指标在前，货币量指标在后，数量指标在前，质量指标在后，大范围指标在前，小范围指标在后，按照排列顺序依次替代计算；最后把几个指标与该因素替代前指标相比较，确定因素变动所造成的影响。

第六节　财务分析和市场效率理论之间的关系

一、证券市场的效率

从经济学的角度来看，股市的效率是股票的价格所反映的与该只股票有关的所有公开或内幕信息的程度的计量，一般可以将股市的效率划分为以下三种形态。

（一）弱有效的市场

弱有效市场是指股票当前价格仅仅反映了该股票历史价格的变动信息，而未反映与该股票有关的所有公开信息。以某高新科技股份有限公司为例，该公司股票在2009年6月20日的某交易时刻的价格为17.8元/股，在股市是弱效率形态的前提下，我们可以认为该公司股票的价格之所以走到6月20日17.8元的价位，仅仅是6月20日之前股票价格连续变动至6月20日收盘时刻的结果，而并未反映与该公司股票有关的所有公开信息，例如该公司的年报、中报、重大信息披露等。

（二）半强有效的市场

如果股票的当前价格不仅反映了该股票历史价格的变动信息，而且反映了与该股票有关的所有公开信息，那么我们把这样的一个股市称之为半强形态效率的股市。还是以上述公司为例，在股市是半强效率形态的前提下，我们可以认为该公司股票的价格之所以走到6月20日17.8元的价位，是因为所有与该公司股票有关的公开信息已反映到了当前价格上。

（三）强有效的市场

如果股票的当前价格不仅反映了与该股票有关的所有公开信息，而且反映了与该股票有关的内幕信息，那么我们把这样的一个股市称之为强形态效率的股市。仍以上述公司为例，在股市是强形态效率的前提下，我们可以认为该公司股票的价格之所以走到6月20日17.8元的价位，是因为所有与该公司股票有关的公开信息和内幕信息已反映到了当前价格上。

遗憾的是，在人类生活的这个星球上，目前还找不到一个股票市场是强形态的市场。这是因为，在全球股市上，仍然有人可以通过内幕信息（未反映在股票的当前价格上）获取暴利。

目前西方发达国家如美国和英国、德国的股市比较成熟，对这些股市的实证研究表明它们基本上是半强形态的市场，也就是说股价在大多数情况下反映了与该只股票有关的所有公开信息。然而，国内一些研究者对中国股市的看法是，中国的股市目前基本上是一个弱形态的市场，即股价往往未能反映与其有关的所有公开信息。

二、市场效率和财务分析之间的关系

（一）市场效率的极端拥护者的观点

在西方，认为市场十分有效率的人们争辩道：既然市场十分有效率，任何市场公布的关于某只股票的信息将被市场的分析师、投资者迅速高效地分析，并做出买卖决策，从而这些公开信息将瞬间反映在股票的价格上。因此，投资者对财务报表的分析并不导致在股市上超越他人的优势。

（二）沃伦·巴菲特关于市场效率的观点

世界级“天才理财家”沃伦·巴菲特先生认为，市场效率论的拥护者关于市场是有效率的观点是对的。但是，他同时又说：“市场通常是有效率的，但并不总是有效率的。”他认为，分析者的能力是有差异的，不同的人对同一财务报表会得出不同的见解，通过超越他人的分析能力可获取超越他人的股票投资业绩。

巴菲特除了阅读大量的上市公司年度财务报告，注重财务数字分析外，还专注于金融新闻和专业杂志。他根据上市公司所在行业的前景、产品和企业经理人员使用资金的能力，对企业进行分析，判断企业的内在价值，然后估计企业将来可以赚多少钱，来确定企业股价应该为多少。巴菲特从1956年开始的35年内股票投资达到29%的投资收益率，远远超过华尔街的平均回报。他以其伟大的投资实践证明了其上述的观点。

（三）中国股市的市场效率和上市公司的财务分析

从上述西方国家关于市场效率和财务报表分析之间关系讨论中，我们可以引申出这样的一个结论：市场效率越低，报表分析对于投资者的价值越大。中国股市是一个弱形态效率的市场，这就给具有超越他人能力的报表分析者提供了通过分析指导股票投资，并获取超过市场平均回报的投资收益率更多和更大的机会。当然，细心的读者马上会提问：中国的股市并不十分规范，上市公司操控利润的事情时有发生，这将影响分析者对上市公司真实财务情况的了解，这又如何解决？我们将在后面如何剔除上市公司财务报表的“泡沫”中，作进一步深入的探讨。

复习思考题

1. 财务报告的含义和作用是什么？
2. 上市公司财务报告的使用者有哪些？
3. 上市公司财务报告由哪几部分构成？
4. 我国上市公司财务报告的法规环境如何？
5. 上市公司信息披露的主要内容有哪些？
6. 财务分析的基本方法有哪些？
7. 市场效率和财务分析之间的关系如何？

第二章　资产负债表及其分析

资产负债表是上市公司的基本财务报表之一，它反映上市公司在某一特定时点的财务状况。对资产负债表的解读和分析历来是上市公司财务报告分析的重点，尤其是对债权人和投资者进行偿债能力分析和资本保值分析有着重要意义。另外，对资产结构的分析也有助于判断企业的盈利能力。

第一节　资产负债表的作用和结构

一、资产负债表的性质和作用

（一）资产负债表的性质

资产负债表是反映企业在某一特定日期财务状况的财务报表。

资产负债表是以“资产＝负债＋股东权益”这一会计等式为理论依据，按照一定的分类标准和一定的次序，把企业在一定日期的资产、负债和股东权益予以适当排列，按照一定的编制要求而成的。它表明企业在某一特定日期所拥有或控制的经济资源、所承担的现有义务和所有者对净资产的要求权。

（二）资产负债表的作用

1. 能够帮助报表使用者了解企业所掌握的各种经济资源，以及这些资源的分布与结构。资产负债表把企业所拥有或控制的资产按经济性质、用途等分类成流动资产、长期投资、无形资产等，各项目之下又具体分成明细项目，如流动资产项下又分为货币资金、存货等。这样，报表使用者就可以一目了然地从资产负债表上了解到企业在某一特定时日所拥有的资产问题及其结构。

2. 能够反映企业资金的来源构成，即债权人和股东各自的权益。资产负债表的资产方反映了企业拥有的经济资源及其结构，即企业资金的占用情况。企业资金的来源，一是债权人提供，二是所有者投资及其积累。资产负债表把债权人权益和股东权益分类列示，并根据不同性质将负债又分为流动负债和非流动负债，把股东权益又分为股本、资本公积、盈余公积、未分配利润，这样企业的资金来源及其构成情况便可在资产负债表中得到充分反映。

3. 能够了解企业的实力和财务状况的变动趋势。通过对资产负债表的对比和分析，可以了解企业的财务实力、偿债能力和支付能力，也可以预测企业未来的盈利能力和财务状况的变动趋势。

4. 能够衡量企业的财务弹性。财务弹性是指企业面对未预期的现金需求或投资机会时，能采取有效策略以改变现金流量的金额与时间的能力，也就是企业使用财务资源以适应生存环境变迁的能力。我们可以通过资产负债表来评估企业在不影响正常运营下变卖非流动资产取得现金的能力。

通过了解企业资产项目的构成，可以分析企业资产的流动性和财务弹性，进而判断企业的偿债能力和支付能力。通过对企业资产结构和权益结构的分析，可以了解企业筹集资金和使用资金的能力，即企业的财务实力。另外，资产是未来收益的源泉，也会在将来转化为费用，因而通过了解企业资产项目的构成，还可以对企业未来的盈利能力作出初步判断。

二、资产负债表的格式和结构

（一）资产负债表的格式

资产负债表的格式，目前国际上流行的主要有报告式（垂直式）和账户式（平衡式）两种。

1. 报告式资产负债表。报告式资产负债表又称垂直式资产负债表。这种格式的资产负债表将资产、负债和股东权益项目采用垂直分列的形式反映。其格式如表 2－1 所示。

表 2－1　　资产负债表（报告式）

项　　目	金　　额
流动资产	
长期投资	
固定资产	
无形资产及其他资产	
资产总计	
流动负债	
长期负债	
负债合计	
股东权益	
股东权益合计	
负债及股东权益总计	

2. 账户式资产负债表。又称平衡式资产负债表，这种格式的资产负债表将报表划分为左右两方，左方列示资产项目，右方列示负债和股东权益项目，使资产、负债和股东权益之间的恒等关系一目了然。目前我国的资产负债表即采用这种格式。其格式如表 2－2 所示。

表 2－2　　资产负债表（账户式）

资产	金额	负债及股东权益	金额
流动资产		流动负债	
长期投资		长期负债	
固定资产		负债合计	
无形资产及其他资产		股东权益	
		股东权益合计	
资产总计		负债及股东者权益总计	

（二）资产负债表的结构

我国企业的资产负债表采用账户式结构，由表头和基本内容部分构成。

1. 表头部分。表头部分包括报表名称、编制单位、报表编号、报表日期和货币计量单位等。

2. 基本内容部分。资产负债表采用账户式左右对称格式排列，依据“资产＝负债＋股东权益”会计恒等式原理，资产负债表左方项目金额总计与右方项目金额总计必须相等，始终保持平衡。

（1）资产负债表左方项目。左方为资产项目，按照流动性的强弱排列，即流动资产、非流动资产。

（2）资产负债表右方项目。右方为负债和股东权益项目，按照负债在前，股东权益在后的顺序排列，即流动负债、非流动负债和股东权益。

三、资产负债表的局限性

（一）资产负债表多数项目采用历史成本计价，不能真正反映企业的财务状况

按照会计准则的规定，企业大部分资产在入账时是按取得时的实际成本入账（仅有部分项目按公允价值反映，如交易性金融资产、投资性房地产等），因此资产负债表中的大部分项目也都是以历史成本列示的。而在通货膨胀的环境下如果依然采用历史成本原则编制会计报表，则会影响到会计报表项目的真实性，并且会使得某些个别资产的历史成本明显地脱离现行市价，从而影响到报表在表述企业财务状况时的可靠性。

资产负债表中还有一些项目是按照公允价值计量的，运用得当的公允价值会提高会计信息的有用性；但是运用不恰当的话，则会导致会计信息成为“数字游戏”，从而违背公允价值的精神和目标。

（二）资产负债表遗漏了很多无法用货币表示的重要经济资源和义务的信息

货币计量是重要的会计假设，它本身含有两重意义：一是会计信息是能用货币表述的信息，二是货币的币值稳定。而企业有一些重要的经济资源和义务因无法用货币计量，而会计工作就不会将其纳入资产负债表中，如企业的人力资源，以及非交易事项数据，如自创商誉等，

如未能将这些项目在资产负债表中进行反映，则报表对企业财务状况的反映就不够全面。

此外，货币的币值稳定这一假设本身在现实生活中也受到了持续通货膨胀的冲击。由于通货膨胀的存在，资产负债表所提供的财务信息就不能反映企业现实的财务状况，从而导致报表本身信息的失真。

（三）资产负债表的信息有会计估计，存在被美化的可能

在资产负债表中，有许多项目无法精确计量，而必须加以估计，如各项资产减值准备、固定资产折旧年限、无形资产的摊销年限等。企业在会计核算过程中，会计估计是不可避免的，企业也根据当时的情形进行了合理的估计，但随着时间的推移、环境的变化，进行会计估计的基础可能发生变化，从而导致资产负债表所提供的信息缺乏真实与可靠性。如果企业人为操纵了相关数据，报表就存在被美化的可能。

（四）资产负债表的解读还需依赖报表使用者的判断

资产负债表提供了企业某一时点的财务状况，是进行财务报表分析的基础，但有些企业出于种种考虑，可能对一些偿债能力和经营效率等方面的信息不予直接披露，甚至含糊其辞。为了做出正确判断，报表使用者必须利用各种知识去判断，甚至需要收集企业在媒体上发表的其他相关的非会计信息，从而正确理解会计信息。

第二节　资产类项目及其分析

一、资产类项目分析概述

资产是指企业过去的交易或事项形成的，由企业拥有或控制的、预期会给企业带来经济利益的资源。资产是企业的一项重要资源，是资产负债表中的一个基本要素，企业通过对资产的有效运用，才能达成其经济目的。对资产项目的分析，主要关注以下几个方面：

一是对资产总额进行分析。一般来说，企业的资产总额越大，则表明其生产经营规模越大，经济实力越强。

二是对资产的流动性进行分析。资产的流动性是衡量资产质量的一把重要尺子，也为分析企业的偿债能力提供了基础。同时，对资产流动性的分析也有助于企业做出恰当的筹资决策。

三是对资产的质量及获得能力进行分析。不同资产对企业的获利能力的影响是不同的，资产的获得能力往往与流动性成反向关系。因此，合理的资产结构应当是既保证流动性和正常偿债的前提下，尽量提高资产的获利性。

二、流动资产项目分析

（一）货币资金

货币资金是指企业在生产经营过程中处于货币形态的流动资产，包括库存现金、银行存

款和其他货币资金。

对货币资金的分析，最主要的是分析其持有量是否合理。企业持有货币资金，可以满足交易性需要、预防性需要和投机性需要。但是由于货币资金的盈利能力较差，企业不能持有太多现金，以保证企业的整体盈利能力。在判断企业的货币持有量是否合理时，应考虑以下因素。

1. 企业的资产规模、业务收支规模。一般而言，企业的资产总额越大，相应的货币资金规模也越大；企业收支频繁且绝对数额较大，则处于货币资金形态的资产也就越多。

2. 企业和行业特点。不同行业的企业，其合理的货币资金结构也会有所差异，有时甚至差异很大，如金融业、保险业与生产企业相比，在相同资产规模条件下，所需的货币资金量却不尽相同。

3. 企业的筹资能力。如果企业资信状况较好且有优良的业绩做为支撑，在资本市场上就能较容易筹到资金，向金融机构负债也比较容易，因此企业没必要持有大量现金。

4. 企业对货币资金的应用能力。货币资金如果停留在货币形态，则只能用于支付而无法创造收益，如果企业的财务人员能够妥善地利用货币资金，进行投资活动，则就会提高企业的获利水平。

（二）交易性金融资产

交易性金融资产是指企业为了近期内出售而持有的金融资产，如企业以差价为目的从二级市场购入的股票、债券、基金等。

1. 交易性金融资产的交易目的和流动性分析。企业投资交易性金融资产的目的是为了利用暂时闲置的资金，购入能够随时变现的有价证券，以获得高于银行存款利率的收益。因此，交易性金融资产具有容易变现、持有时间较短、盈利与亏损难以把握等特点。报表分析时，就着重考察交易性金融资产的交易目的和变现能力。

2. 交易性金融资产的计价。交易性金融资产的计量是以公允价值为基本计量属性，无论是在其取得时的初始计量还是在资产负债表日的后续计量，交易性金融资产均以公允价值计量。企业在持有交易性金融资产期间，其公允价值变动在利润表上以“公允价值变动损益”计入当期损益；出售交易性金融资产时，不仅要确认出售损益，还要将原计入“公允价值变动损益”的金额转入“投资收益”。

3. 交易性金融资产的规模与质量分析。企业投资交易性金融资产，是为了将暂时闲置的货币资金进行动作，获得额外收益。

若企业的交易性金融资产规模过大，必然影响企业的正常生产经营。一般来说，拥有一定量的交易性金融资产，表明企业除了自身的生产经营活动以外，具有多方出击的理财思路。

企业理财的效果如何，需要通过对交易性金融资产投资进行质量评价作出准确的判断。一是关注同期利润表中的“公允价值变动损益”及其在会计报表附注中对该项目的详细说明，看因交易性金融资产投资而产生的公允价值变动损益为正还是为负；二是关注同期利润表中的“投资收益”及其在会计报表附注中对该项目的详细说明，看因交易性金融资产而产生的投资收益为正还是为负，收益率是否高于同期银行存款利率。

（三）应收票据

应收票据是指企业因销售商品、提供劳务等收到的商业汇票，包括商业承兑汇票和银行承兑汇票。对于应收票据的质量分析，主要考虑商业承兑汇票和银行承兑汇票的比例，因为商业承兑汇票存在票据到期时付款人无法支付款项的风险。

企业持有的应收票据在到期前可以进行贴现，但票据贴现实际上是企业融通资金的一种形式，对企业而言，票据贴现是一项或有负债，若已贴现的票据金额过大，则可能会对企业的财务状况产生较大影响。

（四）应收账款

应收账款是指企业因销售商品、提供劳务等经营活动应收取的款项，作为一种商业信用形式，赊销以及由此产生的应收账款具有发生坏账的风险。资产负债表中的“应收账款”项目，反映企业因销售商品、提供劳务等，应由向购货单位或接受劳务单位收取的款项，减去已计提的坏账准备后的净额。

1. 应收账款规模的分析。应收账款的规模受众多因素的影响，应结合企业的经营方式及所处行业的特点、企业的信用政策来分析。对大部分工业企业来说，往往采用赊销方式，因而应收账款比较多；对于商业行业的零售企业，大部分业务是现金销售业务，其应收款项相对较少。企业所采用的信用政策，对应收账款的规模大小也有直接的影响。如果企业放松信用政策，会刺激销售，增加应收账款，发生坏账的可能性就越大；紧缩信用政策，则会制约销售，减少应收账款，发生坏账的可能性就越小。

2. 应收账款质量的分析。应收账款的质量，是指债权转化为货币的能力。对于应收账款的质量分析，主要是通过对债权的账龄进行分析。一般来说，未过信用期或已过信用期但过期时间较短的债权出现坏账的可能性比已过信用期且过期时间较长的债权出现坏账的可能性要小。过期时间越长，发生坏账的可能性越大。结合报表附注中的账龄资料，通过对账龄资料的分析，同时结合债务人的信誉情况，可以获得债权质量好坏的信息。

3. 坏账准备政策的影响。坏账准备的计提比例客观地反映了企业对应收账款风险程度的认识。采用备抵法计提坏账准备的企业，要特别关注坏账准备计提的合理性。根据一致性原则，企业计提坏账准备的方法和比例一经确定，不得随意变更。对于企业随意变更坏账准备计提方法和比例的情况要予以分析。首先应查明企业是否在报表附注中对变更计提方法予以说明；其次应分析这种变更是否合理，是正常的会计变更还是为了调节利润。

例如，普华永道会计师事务所在对上市公司大冶特钢（000708）2004 年年报审计中发现了该公司以前年度存在的重大会计差错，通过追溯调整，公司 2003 年末净资产由 16.2 亿元降为 7.7 亿元，每股净资产由 3.612 元降至 1.719 元，净资产缩水 8.5 亿元；2002、2003 年度的净利润也分别由 0.46 亿元和 0.25 亿元调整为 -2.62 亿元和 -0.43 亿元。2004 年公司的会计差错主要表现：应收账款账龄资料与实际情况严重不符，少提坏账准备 4.35 亿元；错误的成本差异分摊方法使得存货少转成本、少提减值准备 2.08 亿元；账龄与实际情况不符，其他应收款少提坏账准备 0.94 亿元；不按会计政策正确计提折旧、记录固定资产报废，少提固定资产折旧及报废 0.58 亿元；没有对法律诉讼损失包括本金、违约金、利息及诉讼费用等入账，少计损失 0.54 亿元。

（五）预付款项

预付账款是指企业按照合同规定预付的款项。在资产负债表上，预付账款是一种特殊的流动负债，因为除了一些特殊情况，预付账款是不会引致现金流入，即这种债权在收回时，只是存货的流入而不是现金的流入。

判断预付账款的规模是否合适，主要应考虑采购特定存货的市场供求状况。一般而言，预付账款不构成企业流动资产的主体部分，若企业预付账款金额过高或时间较长，则可能预示着企业有非法转移资金、非法向有关单位提供贷款等不法行为。

（六）应收股利

应收股利是企业应收到的现金股利和应收取的其他单位分配的利润。企业在取得交易性金融资产、可供出售的金融资产和长期股权投资时，按支付的价款中所包含的、已宣告但尚未发放的现金股利，以及持有期间被投资单位宣告发放现金股利或利润的，按应享有的份额通过应收股利来反映。应收股利的变现能力很强，属于质量较高的流动资产。

（七）其他应收款

其他应收款是指企业除应收票据、应收账款、预付账款、应收股利等以外的其他各种应收、暂付款项。包括各种赔款、罚金、存出保证金、应向职工个人收取的各种垫付款项等。其他应收款与主营业务产生的债权相比较，其数额不应过大。此外，其他应收款也有可能隐藏企业的违规行为，如非法拆借资金。给个人的销售回扣等，因而应警惕企业将该项目作为企业成本费用和利润的调节器。

（八）存货

存货是指企业在生产经营过程中为销售或耗用储备的各种物资，如各种原材料、燃料、周转材料、在产品、自制半产品、库存商品等。存货的具体内容对处在不同行业的上市公司是有区别的，如工业企业和商品流通企业的存货就大相径庭。

1. 存货规模的分析。从资金占用角度分析，若存货数量过多，资金占用较大，会影响企业的资金周转，最终会导致企业生产中断，使经营难以为继；若存货过少，也会影响企业正常的生产经营，使企业坐失销售良机。所以必须使存货规模与企业生产经营活动保持平衡。企业应关注存货总量与资金占用的关系、存货规模与存货结构的分析。

2. 存货发出计价方法的分析。存货在发出时，应采用先进先出法、加权平均法或个别计价法来确定发出存货的实际成本。发出存货的计价方法作为一项会计政策，企业应结合自身的生产经营特点、存货实物流转特点合理地确定，一经确定不得随意变更。分析时应注意结合会计报表附注，查明企业是否对存货计价方法变更予以说明，并分析变更是否合理，是正常的会计政策调整还是为了调节利润。

例如，福日公司是一家家电生产上市企业，已被上交所实行“退市风险警示”特别处理。2002 - 2003 年间，国内彩电企业经历了一场持续的价格战，彩电整机价格下滑的同时，彩电零部件价格也大幅下跌，该公司在当时主业不景气的同时，公司的委托理财业务也出现巨额亏损，由于担心无法向投资者交代，公司通过存货的计价方法变更等手段进行利润操纵。该公司将存货的计价方法由先进先出法改为当时的后进先出法，在彩电零部件销售价格下跌的情况下，公司的产品销售成本降低，销售环节依然可以保持盈利，而存货成本高估，大量已经减值的存货依然保持原价，使公司的盈利能力高估，同时又低估了存货的跌价风险。很快，公司的真实财务状况显现，从而面临巨额亏损。

三、非流动资产项目分析

非流动资产是指企业不能在一年内或超过一年的一个营业周期内转化为货币的资产，主要包括可供出售的金融资产、持有至到期投资、长期应收款、长期股权投资、投资性房地产、固定资产、在建工程、固定资产清理、无形资产、商誉、长期待摊费用、递延所得税资产、其他非流动资产等。

（一）可供出售的金融资产

可供出售的金融资产通常有两种情况：一是基于风险管理、战略投资的需要直接指定的可供出售的非衍生金融资产；二是不能分类为交易性金融资产、持有至到期投资及贷款和应收款项项目的投资，包括在活跃市场上有报价的债券投资、股票投资和基金投资等。分析时需考虑以下几个方面：

1. 判断金融资产的分类是否恰当，即划分为可供出售的金融资产是否符合其确认标准。

2. 公允价值变动的处理是否恰当。根据《企业会计准则》的相关规定，可供出售的金融资产应当以公允价值进行后续计量，公允价值变动产生的利得和损失，除减值损失和外币货币性金融资产形成的汇兑差额外，应当直接计入股东权益（资本公积——其他资本公积）。如果可供出售的金融资产的公允价值发生较大幅度或持续下降，可以认定该金融资产发生了减值，应当确认资产减值损失。在确认可供出售金融资产减值损失时，原来已经直接计入股东权益（即计入资本公积）的公允价值下降形成的累计损失一并转出，计入减值损失。因此，分析可供出售金融资产公允价值变动要区分具体情况，分别计入权益或损益。

3. 金融资产的重分类问题。企业因持有意图或能力发生改变，将持有至到期投资重新分类为可供出售金融资产，重新分类日该投资剩余部分的账面价值与公允价值之间的差额计入股东权益，在该可供出售金融资产发生减值或终止确认时转出，计入当期的损益。因此，要特别注意企业在金融资产重分类时的会计处理是否正确，是否存在为了粉饰经营业绩而将持有的可供出售金融资产的公允价值变动损益直接确认为当期损益的行为。

（二）持有至到期投资

持有至到期投资是指到期日固定、回收金额固定或可确定，且企业有明确意图和能力持有至到期的非衍生金融资产。包括企业持有的在活跃市场上有公开报价的国债、企业债券、金融债券等。持有至到期投资的目的主要是定期收取利息、到期收回本金，并力图获得长期稳定的收益。对持有至到期投资的分析，主要从以下几个方面进行。

1. 持有至到期投资的项目构成及债务人分析。对持有至到期投资而言，虽然投资者按照约定，将定期收取利息、到期收回本金，但是债务人能否定期支付利息、到期偿还本金，取决于债务人在需要偿还的时点是否有足够的现金。因此，有必要对持有至到期投资的投资项目或投资对象的具体构成进行分析，并在此基础上对债务人的偿债能力作进一步的判断，从而评价持有至到期投资的质量。

2. 持有至到期投资收益的分析。企业购买国债、企业债券或金融债券是持有至到期投资的主要内容，其投资收益为定期收取的利息。对持有至到期投资收益的分析，首先应当根据当时金融市场情况，判断投资的回报水平，即收益率的高低。一般来说，持有至到期投资的收益率应高于同期银行存款利率。另外还要注意，持有至到期投资的投资收益是按照权责发生制原则确定的，并不与现金流入量相对应，即无论投资企业是否收到利息，都要按应收利息计算出当期的投资收益。大多数情况下，投资收益的确认都先于利息的收取，由此会导致投资收益与现金流入的不一致。

3. 持有至到期投资的减值。当持有至到期投资发生减值时，应当将其账面价值减记至预计未来现金流量的现值。计提持有至到期投资减值准备不仅会导致持有至到期投资账面价值的减少，而且会影响当期的利润总额，因此一些企业可能出于某种不良动机，通过少提或多提减值准备来达到虚增或虚减持有至到期投资账面价值和利润的目的。按照我国相关会计准则的规定，对持有至到期投资、贷款和应收款项等金融资产，确认减值损失后如有客观证据表明该金融资产价值已恢复，且客观上与确认该损失后发生的事项有关（如债务人的信用评级已提高）的，原确认的减值损失应当予以转回。对此应当尤为注意，要特别警惕企业是否存在利用持有至到期投资减值准备的计提和转回人为操纵利润的情形。

（三）长期股权投资

长期股权投资是企业持有的对其子公司、合营企业及联营企业的权益性投资及企业持有的对被投资单位不具有控制、共同控制或重大影响，并且在活跃市场中没有报价、公允价值不能可靠计量的权益性投资。企业进行长期股权投资的目的多种多样，有的是为了建立和维持与被投资企业之间稳定的业务关系；有的是为了控制被投资企业；有的是为了增强企业多元化经营的能力，创造新的利润源泉。由于长期股权投资期限长，金额通常很大，因而对企业的财务状况影响较大。另外，由于长期股权投资数额大、时间长，其间难以预料的因素很多，因而风险也会很大，一旦失败将会给企业带来重大的、长期的损失和负担，有时可能是致命的打击。长期股权投资的分析可以从以下几个方面进行。

1. 长期股权投资构成分析。主要是从企业投资对象、投资规模、持股比例等方面进行分析。通过对其构成进行分析，可以了解企业投资对象的经营状况及其收益等方面的情况，从而有助于判断长期股权投资的质量。

2. 关注长期股权投资核算方法的选择。长期股权投资的核算方法包括成本法和权益法，核算方法的使用取决于投资企业与被投资企业的关系。

当投资企业能够对被投资单位实施控制时，日常核算应当采用成本法，待编制合并会计报表时再按权益法进行调整。另外，对于投资企业对被投资单位不具有共同控制或重大影响，并且在活跃市场中没有报价、公允价值不能可靠计量的长期股权投资，也采用成本法核算。成本法是指以长期股权投资的初始投资成本作为登记“长期股权投资”账户的依据，账面金额一般不受被投资企业净资产变动的影响。当投资企业对被投资单位具有共同控制或重大影响时，对长期股权投资的核算应当采用权益法。采用权益法核算，投资企业的“长期股权投资”账面价值随被投资企业当期发生盈利或亏损上下浮动；而采用成本法，投资企业的“长期股权投资”账面价值不随被投资企业当期发生盈利或亏损上下浮动。个别企业正是利用成本法核算的这个“空间”，选择其他股权投资来转移企业的资产，或将经营失误在此长期挂账。

3. 长期股权投资盈利能力的分析。长期股权投资的收益分为两部分：一是股利收益，二是买卖股权的差价收益。股利收益的多少不仅取决于被投资单位的股利政策，还与企业采用成本法和权益法进行会计核算有关。在成本法下，长期股权投资以取得股权时的初始投资成本计价，其后，除了投资企业追回投资、收回投资等情形外，长期股权投资的账面价值一般保持不变。投资企业确认投资收益，仅限于所获得的被投资企业对累积净利润的分配额。权益法最初以初始投资成本计价，以后根据投资企业享有被投资单位股东权益份额的变动对投资账面价值进行调整，属于被投资单位当年实现的净利润而影响的股东权益的变动，投资企业按持股比例计算应享有的份额，增加长期股权投资的账面价值，并确认为投资收益。反之，属于被投资单位当年发生的净亏损而影响股东权益的变动，投资企业按应享有的份额确认为投资损失。

4. 长期股权投资减值准备。长期股权投资减值准备的分析，不仅要准确判断长期股权投资减值准备计提是否合理，还要注意，根据《企业会计准则第 8 号——资产减值》的规定，长期股权投资减值损失一经确认，在以后会计期间不得转回。在实务中，对于有市价的长期股权投资是否应当计提减值准备进行判断比较容易；然而对于无市价的长期股权投资，如果无法获得被投资单位详细可靠的资料，就难以对投资企业是否应当计提减值准备做出正确的判断。遇到这种情形，报表使用者只有深入分析，才不至于发生偏差。

（四）投资性房地产

投资性房地产，是指为赚取租金或资本增值，或两者兼有而持有的房地产。即企业持有这类房地产的目的不是自用，而是用于投资。主要包括已出租的土地使用权，持有并准备增值后转让的土地使用权和已出租的建筑物。

作为投资性房地产，企业持有的目的是为了赚取租金或资本增值，或二者兼而有之；而企业自用的房地产，即为生产商品、提供劳务或者经营管理而持有的房地产和房地产开发企业作为存货的房地产，则分别属于固定资产和存货，并非投资性房地产。

对投资性房地产的分析还要重点关注其计量。根据《企业会计准则第 3 号——投资性房地产》的规定，投资性房地产的初始计量应采用成本模式，与固定资产的初始计量较为接近，但其后续计量则有成本模式和公允价值模式两种。具体来说，当有确凿的证据表明投资性房地产的公允价值能够持续可靠取得时，可以对投资性房地产采用公允价值模式进行后续计量，否则采用成本模式进行后续计量。并且，企业对投资性房地产的计量模式一经确定，不得随意变更，如果原来按成本模式计量的投资性房地产以后具备了采用公允价值模式的条件，可以转为公允价值模式，但应当作为会计政策变更处理。但是，已采用公允价值模式计量的投资性房地产，不得从公允价值模式转为成本模式。采用“公允价值模式”计量的，不对投资性房地产计提折旧或进行摊销，应当以资产负债表日投资性房地产的公允价值为基础调整其账面价值，公允价值与原账面价值之间的差额计入当期损益。

（五）固定资产

固定资产是指同时具有下列特征的有形资产：①为生产商品、提供劳务、出租或经营管理而持有的；②使用寿命超过一个会计年度。一般而言，固定资产属于企业的劳动资料，代表了企业的扩大再生产能力。固定资产具有占用资金数额大、资金周转时间长的特点，是企业资产管理的重点。对固定资产的分析，可从以下几个方面入手。

1. 固定资产规模分析。解读固定资产首先应对其总额进行数量判断，即将固定资产与资产总额进行比较。如前所述，这种分析应当结合行业、企业生产经营规模以及企业经营生命周期来开展。比如，就行业特征来说，一般而言，固定资产占资产总额的比重商品流通业较低，为30%左右；工业较高，为40%左右；而饭店服务业为50%左右；航天制造业为60%左右。

2. 固定资产会计折旧政策分析。由于计提固定资产折旧具有一定的灵活性，所以如何进行固定资产折旧会给固定资产账面价值带来很大的影响。因此，在实务中，一些企业往往利用固定资产会计政策选择的灵活性，虚增或虚减固定资产账面价值和利润，结果造成会计信息失真。因此，财务分析人员必须认真分析企业的固定资产会计政策，正确评价固定资产账面价值的真实性。

在分析固定资产折旧政策时，应关注以下几点：

（1）分析企业固定资产预计使用寿命和预计净残值确定的合理性。分析时，应注意固定资产预计使用寿命和预计净残值的估计是否符合会计准则规定，是否与企业的实际情况相符。固定资产的预计净残值和预计使用寿命会对计提折旧总额和各期折旧额产生影响，企业应当根据固定资产的性质和使用情况合理地确定，并且一经确定不得任意变更。实务中有的企业在固定资产没有减少的情况下，通过延长折旧年限，使得各期折旧费用大幅降低，转眼之间就“扭亏为盈”，对于这样的会计信息失真现象，报表使用者在分析时应持谨慎态度，并予以调整。

（2）分析企业固定资产折旧方法的合理性。固定资产的折旧方法包括年限平均法、工作量法、双倍余额递减法和年数总和法等。企业应当根据与固定资产有关的经济利益的预期实现方式，合理选择固定资产折旧方法。但在实务中，某些企业往往利用折旧方法的选择，来达到调整固定资产净值和利润的目的。

（3）观察企业固定资产折旧政策前后各期是否保持一致。固定资产的预计使用寿命、预计净残值和折旧方法一经确定，不得任意变更。虽然固定资产折旧政策的变化对企业现金流量没有任何影响，但会对当期利润和财务状况产生影响。对固定资产占资产总额比重较大的企业，折旧政策的调整对当期利润的影响十分重大，成为某些上市公司调节利润的手段。所以，企业变更固定资产折旧政策，可能隐藏着一些不可告人的秘密。

3. 固定资产减值准备政策的分析。首先应注意企业是否依据企业会计准则规定计提固定资产减值准备，计提是否准确。在实际工作中，往往存在这种现象：固定资产明明已经实质上发生了减值，如因技术进步已经陈旧过时不能使用，但企业却不提或少提固定资产减值准备，这样不但虚夸了固定资产，而且还需增了利润，结果造成会计信息失真，企业潜亏严重。

其次，由于固定资产一旦发生减值，往往意味着发生了永久性减值，其价值很难在以后会计期间恢复。因此，我国会计准则规定，固定资产减值准备一经计提，在以后会计期间不得转回。

（六）在建工程

在建工程本质上是正在形成中的固定资产，它是企业固定资产的一种特殊表现形式。在建工程占用的资金属于长期资金，但是投入前属于流动资金。如果工程管理出现问题，会使大量的流动资金沉淀，甚至造成企业流动资金周转困难。因此，在分析该项目时，应深入了解工程的工期长短，及时发现存在的问题。

对在建工程的分析还要注意其转为固定资产的真实性和合理性，谨防企业利用在建工程完工虚增资产和收入的造假行为。

（七）无形资产

无形资产，是指企业拥有或控制的没有实物形态的可辨认非货币性资产。对无形资产的分析，可从以下几个方面入手。

1. 无形资产的规模和盈利能力。无形资产是商品经济高度发达的产物，看似无形，却如同一双“看不见的手”，给企业的生存和发展以巨大影响。伴随着科技进步特别是知识经济时代的到来，无形资产对企业生产经营活动的影响越来越大。在知识经济时代，企业控制的无形资产越多，可持续发展能力和竞争能力就越强，因此企业应重视对无形资产的培育。另外，还要注意考察无形资产的类别比重，借以判断无形资产的质量。具体来说，专利权、商标权、著作权、土地使用权、特许权等无形资产价值质量较高，且其价值易于鉴定；而一旦企业的无形资产以非专利技术等不受法律保护的项目为主，则容易产生资产的“泡沫”。

2. 无形资产摊销政策分析。企业应当正确地分析判断无形资产的使用寿命，对于无法预见无形资产为企业带来经济利益期限的，应当视为使用寿命不确定的无形资产，对该类无形资产不应摊销；使用寿命有限的无形资产则应当考虑与该项无形资产有关的经济利益的预期实现方式，采用适当的摊销方法，将其应摊销金额在使用寿命期内系统合理地摊销。分析时应仔细审核无形资产的摊销是否符合会计准则的有关规定。尤其是无形资产使用寿命的确定是否正确，有无将本能确定使用寿命的无形资产作为使用寿命不确定的无形资产不予摊销；摊销方法的确定是否考虑了经济利益的预期实现方式；摊销方法和摊销年限有无变更、变更是否合理等。

3. 无形资产减值。无形资产是一种技术性含量很高的特殊资源，它的价值确认存在着高风险。因此，无形资产发生减值也是一种正常现象。分析时一方面要注意无形资产减值准备计提的合理性；另一方面也要注意无形资产减值准备一经确认，在以后期间也不得任意转回。

（八）商誉

商誉是指在非同一控制下的企业合并中，购买方付出的合并成本超出合并中取得的被购买方可辨认净资产公允价值的差额。商誉是一项特殊的资产，它只有在企业合并中才有可能产生并确认，代表了被购买企业的一种超额获利能力。企业合并所形成的商誉，至少应当在每年年度终了进行减值测试。初始确认后的商誉，以其成本扣除累计减值准备后的金额计量。对该项目的分析，主要是结合企业会计政策的说明，判断商誉确认和商誉减值测试的正确性，从而分析商誉价值的真实性。

（九）长期待摊费用

长期待摊费用，是指企业已经发生但应由本期和以后各期负担的分摊期在 1 年以上（不含 1 年）的各项费用，如以经营租赁方式租入的固定资产发生的改良支出等。长期待摊费用实质上是按照权责发生制原则对费用的资本化，该项目根本没有变现性，其数额越大表明资产的质量越低。因此，对企业而言，这类资产数额应当越少越好，占资产总额的比重越低越好。

在分析长期待摊费用时，应注意企业是否存在根据自身需要将长期待摊费用当作利润的调节器。即在不能完成利润目标或者相差很远的情况下，将一些影响利润的本不属于长期待摊费用核算范围的费用转入；而在利润完成情况超目标时，又会出于“以丰养欠”的考虑，加快长期待摊费用的摊销速度，将长期待摊费用大量提前转入摊销，以达到降低和隐匿利润的目的，为以后各期经营业绩的提高奠定基础。

例如，1998 年的年度中期报告中，夏新电子中期净利润为 7 870 万元，比上年同期增长 258%，比 1997 年全年的利润还多 95%，实现了令人瞩目的高增长。但是，当投资者仔细阅读财务报表时就会发现，该公司资产负债表中的长期待摊费用项目中，仅广告待摊费用就高达 8 807 万元，公司在 1998 年中期报表中指出：“集中发生的大额广告费用按 3 年摊销”。净利润的增长和巨额长期待摊费用的挂账形成了鲜明对比，而公司同时推出了 10 配 3 的分配方案，每股配股价 18 ~ 20 元的配股预案，使广大投资者对其融资的背景产生质疑。

（十）其他非流动资产

其他非流动资产，是指除上项资产以外的资产。就其数量判断而言，既为“其他”，其数额不应有或过大，若它们数额较大，则需要进一步分析。

除了“特准储备物资”，企业的其他长期资产往往是不正常的，例如，待处理海关罚没物资、税务纠纷冻结物资、未决诉讼冻结财产、海外纠纷冻结财产等。这些挂在账上的所谓“资产”，能否保障变现不能确定。显然，这种资产的质量极差。另外，即便是特准储备物资，其变现性和流动性也是很差的。这是因为特准储备物资是专为特大自然灾害等所储备的，非常重要，任何单位、个人未经有关部门批准不得随意处理。所以，在分析资产的流动性和偿债能力时，一般应将其他非流动资产扣除。

第三节　负债类项目及其分析

一、负债类项目分析概述

负债是指企业过去的交易或者事项形成的、预期会导致经济利益流出企业的现时义务。负债代表了债权人权益，它与股东权益均对企业的资产有要求权。

从负债的定义可以看出，负债至少具有以下两个基本特征。首先，负债是基于过去的交易或事项而产生的、由企业承担的现时义务。现时义务是指企业在现行条件下已承担的义务，未来发生的交易或事项形成的义务，不属于现时义务，不应当确认为负债。其次，负债的清偿预期会导致经济利益流出企业，即现时义务的履行通常关系到企业放弃含有经济利益的资产，以满足对方的要求。

企业经营所需资金的来源有两个，一是股东投资，二是从银行或其他债权人处借款。企业所需资金全部来源于投资者是不现实的，而且也不一定对投资者有利。因此，企业应当合理地利用借款。

负债的好处在于：①恰当地利用借款，可以给企业带来较好的收益。企业将借来的钱投入生产，如果投资报酬率大于利息率，就会给企业带来高于利息的收益，借入的款项越多，给企业带来的收益就越多，这对股东显然是有利的。当然，如果投资报酬率小于利息率，利用借款所产生的收益不足以弥补应支付的利息，这时的借款反而给企业带来了损失。因此，确定一个合理的举债金额，如何使用这笔借款，将会对企业的生产有重大影响。②借款利息可以在税前扣减。根据我国税法规定，利息可以在税前扣减，但支付给投资者的利润却不能在税前扣减。在考虑所得税因素后，企业实际负担的利息实际上应是扣除所得税后的余额。

当然，借款不能是无限度的，要考虑企业的财务状况，是不是能到期偿还。偿债能力成为衡量企业财务实力的重要指标。可见，对负债或偿债能力的分析历来是财务报告分析的重点。

一般来说，企业的偿债能力是以资产变现能力来衡量的。资产按其变现能力的强弱，可以分为流动资产和长期资产。因此，为了便于分析企业的财务状况和偿债能力，对于负债也通常按流动性或者偿债的紧迫性分为流动负债和非流动负债。

企业负债的大小及其结构影响着企业的财务状况和偿债能力。它不论对企业还是对企业的债权人都是很重要的。在对企业的偿债能力进行分析时，不同的债权人对企业的偿债能力有不同关注，短期债权人关注的是企业在一年或一个营业周期内有多少债务必须偿还，可用于偿还的流动资产有多少。长期债权人所关注的是企业长远的获利能力和经济效益，因为企业即使当前拥有雄厚的财力，并不等于说长期债务到期时，企业就有了可靠的偿还保证，长期债权人要从企业长期负债的多少与企业拥有的全部资产结构和未来的获利能力等方面作出企业将来对长期负债偿还能力的判断。

在分析负债项目时还要特别注意的是，由于负债率过高会影响公司的偿债能力，因负债而产生的利息会减少利润，因而有些公司会采取隐瞒负债的做法。对此，会计报表使用者应当引起重视，具体应结合对公司生产经营以及现金流量的分析，判断企业负债披露的真实性和完整性。

二、流动负债项目分析

流动负债是指预计在一个正常营业周期中清偿，或者主要为交易目的而持有，或者自资产负债表日起1年内（含1年）到期应予以清偿，或者企业无权自主地将清偿推迟至资产负债表日后1年以上的负债。流动负债主要包括短期借款、应付票据、应付账款、预收账款、应付职工薪酬、应交税费、应付利息、应付股利、其他应付款等。

流动负债具有以下特点：

（1）筹资成本低。一般来说，流动负债利率较低，有些应付款项甚至无需支付利息，因而筹资成本较低。

（2）期限短。流动负债的期限一般都在 1 年以下，有时为半年、3 个月、1 个月甚至更短。

（3）金额小。流动负债的金额一般不会太大。

（4）到期必须偿还。流动负债发生的频率最高，一般到期必须偿还，否则将会影响企业信用，以后再借将会发生困难。

（5）流动负债一般只适合企业流转经营中的短期的、临时性的资金需要，不适合固定资产等非流动资产。

（一）短期借款

短期借款是指企业向银行或其他金融机构等借入的期限在 1 年（含 1 年）以下的各种借款。企业因生产周转或季节性原因等出现资金暂时短缺时，可向开户银行或其他金融机构申请短期贷款，以保证生产经营的正常进行。我国企业这一项目在流动负债总额中的所占份额较大，在进行分析时，应注意分析短期借款的以下问题。

1. 短期借款应与流动资产规模相适应。从财务角度观察，短期借款筹资快捷，弹性较大。任何一个企业，在生产经营中都会发生或多或少的短期借款。短期借款的目的就是为了维持企业正常的生产经营活动，因此，短期借款必须与当期流动资产，尤其是存货项目相适应。一般而言，短期借款应当以小于流动资产的数额为上限。

2. 短期借款应与企业当期收益相适应。经营卓越有效的企业并不在乎短期借款数额绝对数的高低，而应注重其产出是否大于投入，即运营效率是否高于借款利率。

（二）应付票据

应付票据是指企业因购买材料、商品等而开出、承兑的商业汇票，包括银行承兑汇票和商业承兑汇票。

根据《中华人民共和国票据法》规定，商业汇票的偿付期限最长不得超过 6 个月，是企业一种到期必须偿付的“刚性”债务。企业的应付票据如果到期不能支付，不仅会影响企业的信誉，影响以后资金的筹集，而且还会招致银行的处罚。按照规定，如果应付商业汇票到期，企业的银行存款账户余额不足以支付票款，银行除退票外，还要比照签发空头支票的规定进行处罚，因此在进行报表分析时，应当认真分析企业的应付票据，了解应付票据的到期情况，预测企业未来的现金流量，评价应付票据的偿还能力。

（三）应付账款

应付账款是指企业因赊购材料、商品或接受劳务供应等经营活动应支付的款项。应付账款属于企业的一种短期资金来源，是企业最常见、最普遍的流动负债，一般不用支付利息，有的供货单位为刺激客户及时付款还规定了现金折扣条件。企业利用商业信用，大量赊购，推迟付款，但隐含的代价是增大了企业的信誉成本，如果不能按期偿还应付账款，可能导致企业信誉殆尽，以后无法再利用这种资金来源，从而影响企业未来发展。一旦引起法律诉讼，则会使企业遭受更大损失，甚至导致企业破产。因此，在对应付账款进行分析时，应注意观察其中有无异常情况，测定企业未来现金流量，对应付账款的偿还能力作出正确判断。

（四）预收账款

预收账款是指企业按照合同规定向购货单位预收的款项。预收账款是一种特殊的债务，其在偿付时不是以现金支付，而要以实物（存货）支付，所以预收账款的偿还一般不会对现金流量产生影响。

预收账款是一种“良性”债务，对企业来说，预收账款越多越好。因为预收账款作为企业的一项短期资金来源，在企业发送商品或提供劳务前，可以无偿使用；在企业发送商品和劳务后立即转化为企业的收入。

预收账款的另一个重要作用在于，由于预收账款一般是按收入的一定比例预交的，通过预收账款的变化可以预测企业未来营业收入的变动。

（五）应付职工薪酬

应付职工薪酬是指企业根据有关规定应付给职工的各种薪酬，包括职工工资、奖金、津贴和补贴，职工福利费，医疗、养老、失业、工伤、生育等社会保险费，住房公积金，工会经费、职工教育经费，非货币性福利等因职工提供服务而产生的义务。应付职工薪酬包括职工在职期间和离职后提供给职工的全部货币性薪酬和非货币性福利。

在分析应付职工薪酬时，需要综合考虑企业人工成本核算的完整性和准确性，应注意企业是否通过该项目来调节利润，即利用不合理的预提方式提前确认费用和负债，从而达到隐瞒利润、少缴税款的目的。当然，如果企业应付职工薪酬余额过大，尤其是期末数比期初数增加过大，则可能意味着企业存在拖欠职工工资行为，而这有可能是企业资金紧张、经营陷入困境的表现。

（六）应付股利（利润）

应付股利（利润）是指企业根据股东大会或类似机构审议批准的利润分配方案确定分配给投资者的现金股利（利润）。

值得注意的是，股份有限公司可采用的股利分配形式有现金股利与股票股利。而股票股利实质是股东权益结构调整的重大财务决策，不涉及现实负债问题，所以资产负债表上所反映的应付股利（利润）指的是企业应付未付的现金股利。应着重分析企业应付未付的利息数额是否巨大，有无足够的现金流进行支付。

（七）应交税费

应交税费是指企业应向国家税务机关交纳而尚未交纳的各种税金和专项收费。应交税费是企业应向国家和社会承担的义务，具有较强的约束力。由于应缴税费涉及的税种和收费项目较多，在分析此项目时，应当首先了解欠税的内容，有针对性地分析企业欠税的原因。如该项目为负数，则表示企业多交的应当退回给企业或由以后年度抵交的税金。

（八）其他应付款

其他应付款是指企业除应付票据、应付账款、预收账款、应付职工薪酬、应交税费、应付股利等经营活动以外的其他各项应付、暂收的款项，如应付租入包装物租金、存入保证金等。其他应付款在资产负债表中该项目的数额与主营业务的债务相比不应过大，且时间也不易过长。否则，其他应付款项目中就可能隐含企业之间的非法资金拆借、转移营业收入等违规挂账行为。

三、非流动负债项目的分析

非流动负债是指流动负债以外的负债，主要包括长期借款、应付债券、长期应付款、专项应付款、预计负债等。非流动负债主要用于企业生产经营的投资建设，满足企业扩大再生产的需要，因而具有债务金额大、偿还期限长、分期偿还的特征。在分析非流动负债时，应对其总额进行数量判断，即将非流动负债与负债总额进行比较。一般来说，非流动负债占负债总额的比重，成长型企业较高，成熟型企业较低。

（一）长期借款

长期借款是指企业向银行或其他金融机构等借入的期限在1年以上（不含1年）的各项借款。长期借款期限长、利率高且是固定的，主要适用于补充长期资产需要。它可以一次性还本付息，也可以分次还本付息。相对于长期债券而言，长期借款具有以下优点：

（1）融资速度快。长期借款的手续比发行债券简单得多，得到借款所花费的时间较短。

（2）借款弹性大。借款时企业与银行直接交涉，有关条件可以谈判确定；用款期间发生变动，亦可与银行再协商。而债券融资所面对的是社会广大投资者，协商改善融资条件的可能性很小。

（3）借款成本相对较低。长期借款利率一般低于债券利率，且由于借款属直接融资，融资费用也较少。

在进行报表分析时，应对长期借款的数额、增减变动及其对企业财务状况的影响给予足够的重视。有一定数量的长期借款，表明企业获得了金融机构的有力支持，拥有较好的商业信用和比较稳定的融资渠道。不过，长期借款也有一定的缺点，主要表现在有较多的限制和约束，企业必须严格按借款协议规定的用途、进度等使用借款，这在一定程度上可能会约束企业的生产经营和借款的作用。分析长期借款时应注意以下问题：

（1）与固定资产、无形资产的规模相适应。长期借款的目的就是为了满足企业扩大再生产的需要，金融机构对于发放此项信贷有明确的用途和控制。因此，长期借款必须与当期固定资产、无形资产的规模相适应。一般而言，长期借款应当以小于固定资产与无形资产之和的数额为上限。否则，企业有转移资金用途之嫌，如将长期借款指标用于炒股或期货交易等。

（2）长期借款利息费用的处理。与短期借款相比，长期借款除借款期限较长外，其不同点还体现在对借款利息费用的处理上。对此，必须关注会计报表附注中关于借款费用的会计政策，分析长期借款利息费用会计处理（资本化或费用化）的合理性。

（二）应付债券

应付债券是指企业为筹集长期使用资金而发行的债券。相对于长期借款而言，发行债券需要经过一定的法定手续，但对款项的使用没有过多的限制。但也要注意应付债券的规模应当与固定资产、无形资产的规模相适应。同长期借款的目的一样，应付债券也是为了满足企业扩大再生产的需要，因此应付债券必须与当期固定资产、无形资产的规模相适应。另外，应付债券是企业面向社会募集的资金，债权人分散，如果企业使用资金不利或转移用途，将会波及企业债券的市价和企业的声誉。所以，在进行报表分析时，应对应付债券的数额、增减变动及其对企业财务状况的影响给予足够的关注。

（三）长期应付款

长期应付款是指企业除长期借款和应付债券以外的其他各种长期应付款，包括应付融资租入固定资产的租赁费、以分期付款方式购入固定资产等发生的应付款项等。

与长期借款和应付债券相比，融资租赁和分期付款方式在获得固定资产的同时均借到一笔资金，然后分期偿还资金及其利息，有利于减轻一次性还本付息的负担；但同时也意味着在未来一定期间内企业每年都会发生一笔固定的现金流出。因此，在进行报表分析时，应结合会计报表附注中对长期应付款具体项目的披露，对长期应付款的数额、增减变动及其对企业未来财务状况的影响予以足够的关注。

（四）专项应付款

专项应付款是企业取得的、政府作为企业股东投入的、具有专项或特定用途的款项。企业在收到该款项时将其作为负债，企业将该款项用于特定的工程项目，待工程项目完工形成长期资产时，专项应付款应转入资本公积。可见，专项应付款不仅一般无需偿还，还会在将来增加股东权益，再加上能够获得国家专项或特定用途的拨款往往意味着企业获得了国家的政策支持。因此，专项应付款也可以看作一项良性债务，其数额越大意味着未来净资产会有较大增加。

（五）预计负债

预计负债是因或有事项而确认的负债。或有事项是指过去的交易或事项形成的，其结果须由某些未来事项的发生或不发生才能决定的不确定事项。如对外提供担保、未决诉讼、产品质量保证等。与或有事项相关的义务满足一些条件时，应当确认为预计负债，并在资产负债表中列示；否则则属于或有负债，或有负债只能在表外披露，不能在表内确认。分析预计负债应注意以下几点。

1. 预计负债的确认必须满足一定的条件。根据会计准则，与或有事项相关的义务同时满足下列条件时，才可以确认为预计负债：①该义务是企业承担的现时义务；②履行该义务很可能导致经济利益流出企业；③该义务的金额能够可靠计量。正确区分预计负债和或有负债是对预计负债进行分析的前提和关键。由于预计负债的确认不仅会增加企业的债务，还会增大费用，降低利润，因此首先要对预计负债确认的合理性进行判断。即要对照上述条件，分析企业是否为了隐瞒利润、将未满足条件的或有负债确认为预计负债；抑或将本已满足确认条件的或有事项仍然仅作表外披露，不予确认。解读时，可以借助会计报表附注中或有事项的有关说明和其他资料进行判断。

2. 预计负债的确认是一个持续过程。与其他传统会计要素的确认和计价不同，预计负债在初始计量后，还需要根据资产负债表日的最佳估计数对预计负债的账面价值进行复核或调整，也就是说，预计负债往往需要经过多次确认和计量。

3. 预计负债并不一定代表了未来实际需要偿还的金额。预计负债的数额是企业根据一些客观条件进行估计的结果，估计数并不一定与最终的结果一致。例如，对于预期会败诉的被告而言，因为未决诉讼将产生一项预计负债，但其最终结果都是由诉讼的最终调节或判决来决定。因此，预计负债与实际负债可能存在差异，也存在一定的转化期限。

第四节　股东权益项目及其分析

一、股东权益项目分析概述

股东权益又称净资产，是指公司总资产中扣除负债所余下的部分，是指股本、资本公积、盈余公积、未分配利润之和，代表了股东对企业的所有权，反映了股东在企业资产中享有的经济利益。

股东权益是一个很重要的财务指标，它反映了公司的自有资本。当总资产小于负债时，公司就陷入了资不抵债的境地，这时公司的股东权益便消失殆尽，如果实施破产清算，股东将一无所得；相反，股东权益金额越大，该公司的实力就越雄厚。

股东权益分析可以向投资者、债权人等提供有关资本来源、净资产的增减变动、分配能力等与其决策相关的信息。因此，在进行财务报告分析时，应对股东权益的金额、增减变动及其对企业财务状况的影响引起足够的重视。

首先，进行总量判断。资产总额代表了一个企业的生产经营规模，掌握一个企业的资产总额固然重要，但更要关注其净资产有多少，因为净资产表明企业生产经营的最终结果，表明企业实际的财务实力。如果一个企业绝大部分资产都来源于负债，净资产规模和比重过小，表明企业的资产大多需要用于偿债，而一旦资金周转出了问题，甚至有可能陷入破产清算的边缘。

其次，进行结构分析。即将股东权益项目分为内部和外部两大类，然后进行期末与期初的对比分析。股本和资本公积来源于企业外部（投资人）的资本投入，而盈余公积和未分配利润（二者合称“留存收益”）则来源于企业内部（经营者）的资本增值。外部股东权益的增长，只能说明投资额的加大，代表了企业外延式扩大再生产的能力；而内部股东权益的持续增长，才意味着企业经营者的资本保值、增值能力，表明企业拥有充裕的自由资金和良好的偿债能力，代表了企业内涵式扩大再生产的能力。

对股东权益项目进行分析时可结合企业的另一张基本会计报表——股东权益变动表进行。

二、股东权益项目分析

（一）股本

股本，是指股东按照企业章程或合同、协议的约定，实际投入企业的资本。企业资本的来源及其运用受企业组织形式、相关法律的约束较多。

分析股本首先应看股本的规模。股本揭示了一个企业生产经营的物质基础。股本总额越大，企业的物质基础就越雄厚，经济实力就越强。另外，考察股本的增减变动情况。除非企业出现增资、减资等情况，股本在企业正常经营期间一般不会发生变动。股本的变动将会影响企业投资者对企业的所有权和控制权，而且对企业的偿债能力、获利能力等都会产生影响。当然，企业投资者增加投入资本，会使营运资金增加，表明投资者对企业未来充满信心。

（二）资本公积

资本公积是企业收到投资者出资额超出其在股本中所占份额的部分（股本溢价），以及直接计入股东权益的利得和损失等。其中，形成股本溢价的原因有溢价发行股票、投资者超额缴入资本等；直接计入股东权益的利得和损失是指不应计入当期损益、会导致股东权益发生增减变动的、与股东投入资本或者向股东分配利润无关的利得或者损失，如企业的长期股权投资采用权益法核算时，因被投资单位除净损益以外股东权益的其他变动，投资企业按应享有份额而增加或减少的资本公积；可供出售金融资产在持有期间的公允价值变动损益等。

1. 资本公积的性质。了解资本公积与股本、留存收益的区别有助于深刻理解资本公积的性质。资本公积与股本的区别主要表现在：

（1）从来源和性质看，股本是指投资者按照企业章程或合同、协议的约定实际投入企业，并依法进行注册的资本，它体现了企业所有者对企业的基本产权关系；资本公积是投资者的出资中超出其在注册资本中所占份额的部分，以及直接计入股东权益的利得和损失，它不直接表明所有者对企业的基本产权关系。

（2）从用途看，股本的构成比例是确定所有者参与企业财务经营决策的基础，也是企业进行利润分配（或股利分配）的依据，同时还是企业清算时确定所有者对净资产的要求权的依据；资本公积的用途主要是用来转增资本（或股本），资本公积不体现各所有者的占有比例，也不能作为所有者参与企业财务经营决策或进行利润分配（或股利分配）的依据。资本公积与留存收益的区别体现在：留存收益是企业从历年实现的利润中提取或形成的留存于企业的内部积累，来源于企业生产经营活动实现的利润；资本公积的来源不是企业实现的利润，而主要来自资本溢价（或股本溢价）等。

2. 资本公积项目来源的可靠性。由于资本公积是股东权益的有机组成部分，而且它通常会直接导致企业净资产的增加，因此应特别注意企业是否存在通过资本公积项目来改善财务状况的情况。如果该项目的数额本期增长过大，就应进一步了解资本公积的构成。因为有的企业为了小集团利益，通过虚假评估来虚增净资产（比如，通过将自用房地产转换为采用公允价值模式计量的投资性房地产，且对该资产的公允价值进行操纵），以达到粉饰资产负债率和企业信用形象的目的。

（三）留存收益

留存收益是指企业从历年实现的利润中提取或形成的留存于企业的内部积累，主要包括计提的盈余公积和未分配利润。留存收益是留存在企业的一部分净利润，一方面可以满足企业维持或扩大再生产经营活动的资金需要，保持或提高企业的获利能力；另一方面可以保证企业有足够的资金用于偿还债务，保护债权人的权益。所以，留存收益增加，将有利于资本的保全、增强企业实力、降低筹资风险、缓解财务压力。对留存收益分析的主要内容是：了解留存收益的变动总额、变动原因和变动趋势；分析留存收益的组成项目，评价其变动的合理性。

1. 盈余公积。盈余公积是指企业按照有关规定从净利润中提取的积累资金。公司制企业的盈余公积包括法定盈余公积和任意盈余公积。法定盈余公积是指企业按照规定的比例从净利润中提取的盈余公积，任意盈余公积是指企业按照股东会或股东大会决议提取的盈余公积。企业提取的盈余公积可用于弥补亏损、扩大生产经营、转增资本或派发现金股利等。分析盈余公积应注意以下问题。

（1）总量判断。由于盈余公积是企业净利润形成的，主要用于满足企业维持或扩大再生产经营活动的资金需要，其既无使用期限，亦无需支付利息。因此，企业应尽可能地多计提盈余公积，这样既可以提高企业的偿债能力，又能提高企业的获利能力。但考虑到投资者的经济利益，盈余公积的提取数额又受到一定的限制。分析时，应注意盈余公积是否按规定计提及使用。

（2）结构判断。分析法定盈余公积和任意盈余公积的结构有助于了解企业的意图。比如，任意盈余公积所占比重较大，说明企业意在加强积累，谋求长远效益。

2. 未分配利润。未分配利润是企业实现的净利润经过弥补亏损、提取盈余公积和向投资者分配利润后留存在企业的、历年结存的利润。由于未分配利润相对于盈余公积而言，属于未确定用途的留存收益，所以企业在使用未分配利润上有较大的自主权，受国家法律法规的限制比较少。分析时应注意：未分配利润是一个变量，既可能是正数（未分配的利润），也可能是负数（未弥补的亏损）。可将该项目的期末与期初配比，以观察其变动的曲线和发展趋势。

第五节　资产减值明细表及其分析

资产减值准备明细表是反映企业一定会计期间各项资产减值准备的增减变动情况的报表。根据企业会计制度规定，企业应当定期或者至少于每年年度终了，对各项资产进行全面检查，并根据谨慎原则的要求，合理地预计各项资产可能发生的损失，对可能发生的各项资产损失计提减值准备。为了全面反映企业各项资产的减值情况，给会计信息使用者提供决策有用的信息，便于深入分析资产减值情况，对企业的未来发展前景作出预测，要求企业编制资产减值准备明细表。

一、资产减值明细表的作用和内容

自 1999 年实施了坏账损失准备、短期投资跌价准备、存货跌价准备、长期投资减值准备四项准备后，2001 年财政部又颁布了《企业会计制度》和《企业会计准则》及补充规定，其中新增加了 4 项资产准备——固定资产减值准备、无形资产减值准备、在建工程减值准备、委托贷款减值准备，由此扩大成了 8 项资产准备。新制度扩大了计提减值准备的范围，要求计提 8 项资产减值准备，并具体列示了这 8 项资产计提减值准备的参考性条件。

企业通过确认资产价值，可将长期积累的不良资产泡沫予以消化，提高资产的质量，使资产能够真实地反映企业未来获取经济利益的能力。同时，通过确认资产减值，还可使企业减少当期应纳税款，增加自身积累，提高其抵御风险的能力。另外，企业对外披露的会计信息中通过确认资产减值，可使利益相关者相信企业资产已得到优化，对企业盈利能力和抵御风险能力更具信心。我国目前的关于资产减值准备规定不仅说明了谨慎性原则的重要性，也是为了避免资产的虚增导致企业利润的虚增，同时保证企业财务资料的真实性、可比性。

当然，运用谨慎性原则并不意味着企业可以设置秘密准备，否则就属于滥用谨慎性原则，将视为重大会计差错处理。通过对可能发生的各项资产损失计提进行比较充分的考虑，一方面扩大了计提资产减值准备的口径，同时缩小了上市公司通过关联交易来操纵利润的空间；另一方面，能真正体现出资产必须具有能够带来预期经济利益的属性，以提供更加稳健的会计信息，并防范风险。

二、资产减值准备明细表的格式

资产减值准备明细表是统一的《企业会计制度》中要求企业编制的说明企业资产减值情况的报表，是资产负债表的附表，包括表首、正表两部分。其中，表首说明报表名称、编制单位、编制日期、报表编号、货币名称、计量单位等；正表是资产减值准备明细表的主体，具体说明资产减值准备明细表的各项内容，包括坏账准备、短期投资跌价准备、存货跌价准备、长期投资减值准备、固定资产减值准备、无形资产减值准备、在建工程减值准备、委托贷款减值准备等内容。每个项目中，又分为年初余额、本年增加数、本年转回数、年末余额四栏，分别列示其年度变化过程或结果。其格式如表 2－3 所示。

表 2－3　　**资产减值准备明细表**　　会企 01 表附表 1

编制单位　　年度　　单位：元

项　　目	年初余额	本年增加数	本年转回数	年末余额
一、坏账准备合计				
其中：应收账款				
其他应收款				
二、短期投资跌价准备合计				
其中：股票投资				
债券投资				
三、存货跌价准备合计				
其中：库存商品				
原材料				
四、长期投资减值准备合计				
其中：长期股权投资				
长期债权投资				

续表

项　目	年初余额	本年增加数	本年转回数	年末余额
五、固定资产减值准备合计				
其中：房屋、建筑物				
机器设备				
六、无形资产减值准备				
其中：专利权				
商标权				
七、在建工程减值准备				
八、委托贷款减值准备				

三、资产减值明细表的分析

（一）短期投资跌价准备

企业在期末对各项短期投资进行全面检查时，要按成本与市价孰低法（成本与市价孰低法是指对期末按照成本与市价两者之中较低者进行计价的方法）计量，将市价低于成本的金额确认为当期投资损失，并计提短期投资跌价准备。

计提时可采用按投资总体、投资类别和单项投资的方法计提，如果某项投资占整个短期投资10%及以上，应按单项投资为基础计算并确定计提的跌价准备。

（二）坏账准备

企业在期末分析各项应收款项的可收回性时，预计可能产生的坏账损失并对可能发生的坏账损失计提坏账准备。计提的方法由企业自行确定。

应注意的是各项应收款项可收回的可能性的大小，防止企业滥用会计估计，从而计提秘密准备。

（三）存货跌价准备

企业在期末对存货进行全面清查时，如由于存货毁损、全部或部分陈旧过时或销售价格低于成本等原因，使存货成本高于可变现净值，应按可变现净值低于存货成本部分，计提存货跌价准备。

分析时应注意可变现净值的运用，可变现净值是指企业在正常生产经营过程中，以估计售价减去估计完工成本以及销售所必需的估计费用后的价值。即目前重新取得相同存货所需的成本。提取存货跌价准备的计量标准未选择市价，是因为市价的选择往往带有很大的主观性。

（四）长期投资减值准备

企业应对长期投资的账面价值定期地逐项进行检查。如果由于市价持续下跌或被投资单位经营状况变化等原因导致其可收回金额低于投资的账面价值，应将可收回金额（可收回金额是指投资的出售净价与预期从该资产的持有和投资到期处置中形成的预计未来现金流量的现值两者之中较高者。其中，出售净价是指资产的出售价格减去所发生的资产处置费用后的余额。）低于长期投资账面价值发生的损失，计提长期投资减值准备。

长期投资应按单个投资项目计提长期投资减值准备。

（五）固定资产减值准备

企业应当在期末对固定资产逐项进行检查，如果由于技术陈旧、损坏、长期闲置等原因，导致其可收回金额（可收回金额是指资产的销售净价与预期从该资产的持续使用和使用寿命结束时的处置中形成的预计未来现金流量的现值两者之中的较高者）低于其账面价值的，对可收回金额低于账面价值的差额，应当计提固定资产减值准备。

应注意分析利用减值准备调整各年盈亏的情况，固定资产计提减值准备后账面价值减少，在折旧率、折旧方法、残值率不变的条件下，以后各期因折旧额减少而使得利润额增加。这种盈余管理无需通过大量冲回减值准备即可实现，具有更强的隐蔽性。

（六）无形资产减值准备

企业应定期对无形资产的账面价值进行检查，至少于每年年末检查一次，并对无形资产的可收回金额（同上）进行估计，将无形资产的账面价值超过可收回金额的部分确认为减值准备，对可收回金额低于账面价值的差额，应当计提无形资产减值准备。

无形资产减值准备应按照单项项目进行计提，分析时应注意计提的合理性与充分性，因为对无形资产减值的确认和计量远远超出会计人员的专业能力，需要企业外部的专业技术评估机构才能认定。

（七）在建工程减值准备

企业在建工程预计发生减值时，如长期停建并且预计在3年内不会重新开工的在建工程，按照账面价值与可收回金额（同上）孰低计量，对可收回金额低于账面价值的差额。应当计提在建工程减值准备。

（八）委托贷款减值准备

企业应当对委托贷款本金进行定期检查，并按委托贷款本金与可收回金额（同上）孰低计量，可收回金额低于委托贷款本金的差额，应当计提减值准备。委托贷款应以每笔的可收回金额与贷款本金相比较，根据比较后的差额进行提取。

第六节 股东权益变动表及其分析

根据《企业会计准则第30号——财务报表列报》的规定，企业财务报表体系包括资产负债表、利润表、现金流量表、所有者权益（或股东权益）变动表和附注。股东权益变动表成为股份制企业主要报表之一，其地位和作用的重要性得到了体现。

一、股东权益变动表的性质与作用

（一）股东权益变动表的含义与性质

股东权益变动表是反映构成股东权益增减变动情况的报表。股东权益变动表应当全面反映一定时期的股东权益变动的情况，不仅包括股东权益总量的增减变动，还包括股东权益增减变动的重要结构性信息，特别是要反映直接计入股东权益的利得和损失，让报表使用者准确理解股东权益增减变动的根源。

股东权益是企业资产扣除负债后由股东享有的剩余权益。股东权益增减变动表是反映构成股东权益各组成部分当期的增减变动情况的报表。股东权益是企业自有资本的来源，它的数量多少、内部结构变动等都会对企业的财务状况和经营发展趋势带来影响，这张报表已成为报表使用人十分关注的主要报表之一。

（二）股东权益变动表的作用

1. 有利于揭示企业抵御财务风险的实力，为报表使用者提供企业盈利能力方面的信息。股东是企业的自有资本，也是企业生产经营、承担债务责任、抵御财务风险的物质基础。股东的增减变动直接决定着企业经济实力的强弱变化，即企业承担债务责任，抵御财务风险的实力变化。而股东的增减主要源于企业利润的增长，所以该表也间接地反映出企业的盈利能力，从而为报表使用者提供企业盈利能力方面的信息。

2. 有利于对企业的保值增值情况作出正确判断，揭示股东增减变动的原因。股东增减变动表反映企业自有资本的质量，揭示股东变动的原因，为报表使用者正确评价企业的经营管理工作提供信息。股东的增减变动有多种原因，该表全面记录了影响股东变动的各个因素的年初余额和年末余额。通过每个项目年末和年初余额的对比以及各项目构成比例的变化，揭示股东变动的原因及过程，从而为报表使用者判断企业自有资本的质量，正确评价企业的经营管理工作提供信息。

3. 有利于了解企业净利润的分配去向以及评价利润分配政策。股东权益增减变动表反映企业股利分配政策及现金支付能力，为投资者的投资决策提供全面信息。该表既有资产负债表中的项目内容（股东），又有利润表中的项目内容（净利润），还包括利润分配的内容。同时，向股东支付多少利润又取决于公司的股利分配情况，不仅向投资人或潜在投资人提供了有关股利分配政策和现金支付能力方面的信息，而且通过这一过程将新企业会计准则“四大”主要报表有机地联系在一起，为报表使用者全面评价企业的财务状况、经营成果和企业发展能力提供了全面信息。

（三）股东权益变动表分析的目的

1. 通过股东权益增减变动表的分析，可以清晰地体现会计期间股东权益各个项目的变动规模与结构，了解变动趋势，反映公司净资产的实力，提供保值增值的重要信息。

2. 通过股东权益变动表的分析，可以进一步从全面收益角度报告更全面、更有用的财务业绩信息，以满足报表使用者投资、信贷及其他经济决策的需要。

3. 通过对股东权益变动表的分析，可以反映会计政策变更的合理性以及会计差错更正的幅度，具体报告由于会计政策和会计差错更正对股东权益的影响数额。

4. 通过对股东权益变动表的分析，可以反映由于股权分置、股东分配政策、再筹资方案等财务政策对股东权益的影响。

二、股东权益变动表的格式与内容

（一）股东权益变动表的格式

股东权益变动表属于动态报表，从左向右列示了股东的组成项目；自上而下反映了各项目年初至年末的增减变动过程。股东权益变动表的格式如表 2－4 所示。

表 2－4　　**股东权益变动表**　　会企 04 表

编制单位　　年度　　单位：元

项　目	本年金额						上年金额					
	股本	资本公积	减：库存股	盈余公积	未分配利润	股东权益合计	股本	资本公积	减：库存股	盈余公积	未分配利润	股东权益合计
一、上年年末余额												
加：会计政策变更												
前期差错更正												
二、本年年初余额												
三、本年增减变动金额（减少以－号填列）												
（一）净利润												
（二）直接计入股东权益的利得和损失												
1. 可供出售金融资产公允价值变动净额												
2. 权益法下被投资单位其他股东权益变动的影响												
3. 与计入股东权益项目相关的所得税影响												
4. 其他												
上述（一）和（二）小计												
（三）股东投入和减少资本												
1. 股东投入资本												
2. 股份支付计入股东权益的金额												
3. 其他												
（四）利润分配												
1. 提取盈余公积												
2. 对股东的分配												
3. 其他												
（五）股东权益内部结转												
1. 资本公积转增股本												
2. 盈余公积转增股本												
3. 盈余公积弥补亏损												
4. 其他												
四、本年年末余额												

表2－4显示的股东权益变动表包括表首、正表两部分。其中，表首说明报表名称、编制单位、编制日期、报表编号、货币名称、计量单位等；正表是股东权益变动表的主体，具体说明股东变动表的各项内容，包括股本（或实收资本）、资本公积、法定盈余公积和任意盈余公积、法定公益金、未分配利润等。每个项目中，又分为年初余额、本年增加数、本年减少数、年末余额4小项，每个小项中，又分别具体情况列示其不同内容。股东变动表各项目应根据“股本”、“资本公积”、“盈余公积”、“未分配利润”等科目的发生额分析填列。

（二）股东权益变动表的内容

股东权益变动表在一定程度上体现了企业全面收益的特点，除列示直接计入股东的利得和损失外，同时包含最终属于股东变动的净利润，从而构成企业的综合收益。本表各项目是根据当期净利润、直接计入股东的利得和损失项目、所有者投入资本和向所有者分配利润、提取盈余公积，以及股东的内部转移等内容分析填列的。

从反映的时间看，股东权益变动表包括上年金额和本年金额两部分，列示两个会计年度股东各项目的变动情况，便于对前后两个会计年度的股东各项目总额和各组成项目进行动态分析。

从反映的项目看，股东权益变动表反映的内容可分为5个方面：

1. 股东各项目本年年初余额的确定。一般情况下，本年的年初余额等于上年的年末余额。但如果企业年度内发生会计政策变更和会计差错更正等事项，需要对上年股东各项目进行调整的，企业在上年末余额的基础上，将会计政策变更和会计差错更正的影响金额，在本表中单独列示，将上年年末余额调整为本年年初余额。

2. 本年度取得的影响股东权益增减变动的收益和利得或损失。其中企业正常生产经营产生的净利润以及直接计入当期损益的利得和损失包含在净利润中；企业发生的直接计入股东的利得和损失需要单列项目反映，主要包括：可供出售金融资产公允价值变动净额、权益法下被投资单位其他股东各项目变动的影响、与计入股东项目相关的所得税影响等。

3. 所有者投入或减少资本引起的股东各项目的增减变化。因企业经营方向调整或规模的变化，需要增加或减少资本，股东权益增减变动表应予以反映，包括所有者投入资本、股份支付计入股东的数额等。

4. 利润分配引起的股东各项目的增减变化。新准则将利润分配的内容放在股东权益变动表中，并且由原来的附表上升为主表，充分说明了该表的重要性。利润分配反映企业经营成果的用途或去向，主要包括提取盈余公积金、向所有者（或股东）分配利润等。

5. 股东内部项目之间的相互转化。主要包括资本公积转增资本、盈余公积转增资本、盈余公积补亏等。股东内部项目之间的相互转化，会引起资本结构的变化，但不影响总额。

三、股东权益变动表分析

对股东权益变动表进行分析，主要应从股东各项目增减变动和利润分配两个方面进行。

（一）股东权益变动分析

股东权益增减变动分析，就是根据股东权益变动表的资料和其他报表资料，分析企业股东各项目总额和各具体项目增减变动情况和变动趋势，以揭示增减变动的原因、存在的问题和差距。

股东权益增减变动分析，主要包括股东权益增减变动比较分析和股东权益增减变动比率分析。

1. 股东权益增减变动比较分析。

比较分析是指通过同类财务指标在不同时期或不同情况下数量上的比较，用以揭示指标间差异或趋势的一种方法。就股东权益增减变动而言，主要是对前后期股东总额、股东具体项目进行差异额和差异率分析，以了解指标完成情况、变动趋势，从而找到努力的方向。

在分析股东权益增减变动时，重点分析本年增减变动金额状况与资本公积变动情况。

（1）本年增减变动金额项目分析。这是该表的核心部分，反映股东各项目从年初到年末的增减变化全过程及原因。具体内容如下：

① 净利润。该项目与利润表中的“净利润”一致。需要说明的是：净利润中包括直接计入当期损益的利得和损失。

② 直接计入股东的利得和损失。利得与收入不同，它不是经常性的收入，而是带有偶然性质的所得。将这种上下年之间没有可比性的偶然收益单独列示，向报表使用者披露增减的详细原因，将有利于报表使用者对企业的财务状况、经济实力做出正确的判断。

按照规定，需要在股东权益变动表中单独列示的、直接计入股东的利得和损失包括三项：一是可供出售金融资产公允价值变动净额；二是权益法下被投资单位其他股东权益变动的影响；三是与计入股东项目相关的所得税影响。

③ 所有者投入和减少资本。企业的实收资本因各种情况会发生增减变化，股东权益变动表要求单独列示以下三项内容：

第一，所有者投入资本。所有者投入资本通常采用如下形式：投资者追加投入的资本；分配股票股利，在办理增资手续后增加的股本；公司发行的可转换公司债券按规定转为股本；与债权人协商，将重组债务转为资本等。该项内容会引起企业实收资本（或股本）的增加。

第二，股份支付计入股东项目的金额。企业以权益结算的股份支付换取职工或其他方提供服务的，应在行权日，根据实际行权的权益工具数量计算确定应计入实收资本或股本的金额，将其转入实收资本或股本。该项内容也会引起企业实收资本（或股本）的增加。

第三，企业实收资本减少。引起企业实收资本减少的主要原因包括两种：一是资本过剩；二是发生重大亏损需要减少实收资本。企业减少注册资本，须按照法定程序报经批准。股份有限公司采用收购本企业股票方式减资的，按注销股票的面值总额减少股本。购回股票支付的价款超过面值总额的部分，应依次冲减资本公积和留存收益；购回股票支付的价款低于面值总额的，应按股票面值总额减少股本，与实际支付的金额的差额增加“资本公积——股本溢价”账户。另外，中外合作经营企业根据合同规定在合作期间归还投资者的投资时，也会引起资本的减少。

④ 利润分配。企业的税后净利润应按规定的程序进行分配，包括提取盈余公积、计算应付现金股利或利润等，剩余的部分为未分配利润。股东权益增减变动表要求单独列示以下两项利润分配的内容：

第一，提取盈余公积。一般企业提取盈余公积包括法定盈余公积和任意盈余公积两部分。盈余公积项目反映的内容还包括中外合作经营企业在经营期间用利润归还的投资；金融企业计提的“一般风险准备”；外商投资企业计提的“储备基金”、“企业发展基金”和“职工奖励及福利基金”等。

第二，对所有者（或股东）的分配。企业在按规定计提了盈余公积、储备基金、风险准备等基金后，应制定股利分配方案。企业经股东大会或类似机构决议，分配给股东或投资者的现金股利或利润，记入“应付股利”；分配给股东的股票股利，在办理增资手续后，转作股本。

⑤ 股东内部结转。股东内部各项目之间的结转不会引起股东总额的变化。股东权益增减变动表要求单独列示下列三项内容：

第一，资本公积转增资本。资本公积转增资本是指企业为扩充资本的需要，经股东大会或类似机构决议，将资本公积的一部分转为实收资本，该业务不增加股东权益总额，但改变了资本结构。

第二，盈余公积转增资本。其形式与资本公积转增资本类似，但是盈余公积转增资本所减少的是留存收益，是利润和资本之间的转化，因此它与资本公积转增资本有本质的区别。

第三，盈余公积弥补亏损。弥补以前年度的经营亏损的途径包括三种，用盈余公积补亏只是其中的一种，企业还可以用以后年度税前利润（现行规定为 5 年内）和税后利润弥补亏损。金融企业用一般风险准备弥补亏损，也应在该项目中有所反映。

（2）资本公积变动情况分析。资本公积不同于股本，股本是投资者对公司的原始投入，而资本公积是由特定来源形成的，除股本溢价外，主要来自非股东投入。从性质上讲，资本公积属于股东权益，有特定的使用流向，是一种“准资本”。在对股东权益增减变动表进行分析时，要了解其形成过程，破解其使用流向，以便于投资者对公司的自有资本质量作出准确的判断。

资本公积增加的原因包括：

① 资本溢价。包括公司收到投资者投入的股本与在股本中所占份额的差额；公司发行的可转换公司债券按规定转为股本时形成的差额；企业将重组债务转为股本时形成的差额；企业经股东大会或类似机构决议，用资本公积转增股本时形成的差额等。

② 其他资本公积。按现行《企业会计准则》的规定，其他资本公积包括：企业的长期股权投资采用权益法核算的，在持股比例不变的情况下，被投资单位除净损益以外股东权益的其他变动形成的；企业以权益结算的股份支付换取职工或其他方提供服务时，按权益工具授予日的公允价值模式计量形成的；企业自用房地产或存货转换为采用公允价值模式计量的投资性房地产时，按转换日的公允价值计价形成的；企业将持有至到期投资重分类为可供出售金融资产时，在重分类日按该项持有至到期投资的公允价值计价形成的：在资产负债表日，可供出售金融资产的公允价值高于其账面余额形成的；在资产负债表日，满足运用套期会计方法条件的现金流量套期和境外经营净投资套期产生的利得，属于有效套期部分形成的。

资本公积减少的原因主要是转增股本。分析时要注意转增股本的额度，以及转增股本后的股数和新的股权比例情况。可通过转增股本前后的股本收益率、每股盈利、每股净资产等指标进一步加以分析。

2. 股东权益增减变动比率分析。比率分析是通过计算同一时日或同一时期相关财务指标的比值，来揭示他们之间的关系及其经济意义，借以评价企业财务状况和经营成果的一种方法，具体包括相关比率分析、构成比率分析。

相关比率分析。与股东权益有关的相关比率有资本报酬率、净资产收益率、保值增值率、负债权益比率（产权比率）、附加资本（附加资本是指企业权益资本扣除实收资本后的余额，即表示企业用所有者实际投资带来的资本积累）对实收资本比率。通过与标准、与前期、与同行比较，找出差距，分析原因。

构成比率分析。对股东权益总额结构、股东权益各具体项目增减内部结构（编制百分比股东权益变动表）比对分析，以揭示增减变动原因。

（二）利润分配分析

利润分配分析应包括利润分配活动全面分析、利润分配项目分析和利润分配政策分析。

1. 利润分配活动全面分析。利润分配活动全面分析主要是对利润分配的规模、结构的变动情况和利润分配的变动趋势进行分析。通过分析，揭示利润分配规模、结构和趋势变动的原因，并对其变动情况及变动的合理性作出评价。

利润分配规模及变动分析。利润分配规模及变动分析，就是要对企业本期净利润分配的各项实际数与前期的实际数进行对比，以揭示各主要分配渠道分配额的增减变动情况，确定其增减变动的原因及其变动的合理性。对利润分配规模及其变动分析，主要是根据股东权益变动表的数据，与公司历史年度数据相比，分析各项分配项目的变动数量和变动率。

利润分配结构及变动分析，利润分配结构是指各分配渠道的分配额占可供分配利润总额的比重，通过结构分析可以反映利润分配项目与总体的关系及其变动情况。

利润分配趋势分析。利润分配趋势分析是依据企业若干会计期间的股东权益变动表所提供的利润分配情况，选择某一会计期间的资料作为基期，设该会计期间各个项目数额为100%，然后将其他会计期间相同项目的数据按基期项目数的百分比列示，进行序时的、连续的对比，以了解其发展变化趋势。

2. 利润分配项目分析。利润分配项目分析主要是对企业留用利润项目和利润（或股利）分配进行分析，通过分析影响留用利润和利润（或股利）分配的因素，研究企业股利与留存收益之间比例关系确定的合理性。

企业留用利润的分析。企业留用利润包括盈余公积（法定盈余公积、法定公益金、任意盈余公积）和未分配利润，留用利润的分析可以从我国法律环境、股东因素、公司因素及其他方面着手进行分析。

利润（或股利）分配分析。股利是公司按股东所持股份的比例分配给股东的本期或累计盈余利润。对企业股利分配的分析可以结合企业不同生命周期、企业收益的稳定性等方面进行分析。

3. 利润分配政策分析。利润分配政策分析主要是对利润分配政策和股利支付方式的选择进行分析，通过了解股利分配政策（如剩余股利政策、固定股利政策、固定股利比例政策、不分配股利政策、正常股利加额外股利政策等），股利支付方式的类型（如现金股利、财产股利、负责股利、股票股利等）及其优缺点，结合利润分配项目分析，评价企业选择股利政策的适当性与合理性。

第七节　应交增值税明细表及其分析

一、应交增值税明细表的作用

应交增值税明细表（见表2－5）是资产负债表的重要附表，是反映企业一定时期内应交增值税和未交增值税情况的报表。通过该表可以全面地了解企业应交增值税的应交、已交、未交情况以及进项税额、销项税额、出口退税和进项税额转出等详细资料。

二、应交增值税明细表的格式

表2－5　　应交增值税明细表

编制单位　　年　月　　单位：元

项　目	行次	本月数	本年累计数
一、应交增值税			
1. 年初未抵扣数（以"－"号填列）	1	×	
2. 销项税额	2		
出口退税	3		
进项税额转出	4		
转出多交增值税	5		
	6		
	7		
3. 进项税额	8		
已交税金	9		
减免税款	10		
出口抵减内销产品应纳税额	11		
转出未交增值税	12		
	13		
	14		
4. 期末未抵扣数（以"－"号填列）	15	×	
二、未交增值税			
1. 年初未交数（多交数以"－"号填列）	16		
2. 本期转入数（多交数以"－"号填列）	17		
3. 本期已交数	18		
4. 期末未交数（多交数以"－"号填列）	20	×	

三、应交增值税明细表分析

1. 年初未抵扣数项目。该项目反映的是企业年初尚未抵扣的增值税。本项目根据“应交税费——应交增值税”明细账的借方余额填列，或以“－”号填列。

2. 销项税额项目。该项目反映的是企业销售货物或提供应税劳务应收取的增值税税额。本项目应根据“应交税费——应交增值税”明细科目“销项税额”专栏的记录填列。

3. 出口退税项目。反映企业因出口货物退回的增值税税款。本项目应根据“应交税费——应交增值税”明细科目“出口退税”专栏的记录填列。

4. 进项税额转出项目。反映企业购进的货物、在产品、产成品等发生非正常损失以及其他原因而不应从销项税额中抵扣，按规定应转出的进项税额。本项目应根据“应交税费——应交增值税”明细科目“进项税额转出”专栏的记录填列。

5. 转出多交增值税项目。反映企业月度终了转出多交的增值税。本项目应根据“应交税费——应交增值税”明细科目“转出多交增值税”专栏的记录填列。

6. 进项税额项目。反映企业购入货物或接受应税劳务而支付的、准予从销项税额中抵扣的增值税税额。本项目应根据“应交税费——应交增值税”明细科目“进项税额”专栏的记录填列。

7. 已交税金项目。反映企业已交纳的增值税税额。本项目应根据“应交税费——应交增值税”明细科目“已交税金”专栏的记录填列。

8. 减免税款项目。反映企业按规定可以减免的增值税税额。本项目应根据“应交税费——应交增值税”明细科目“减免税款”专栏的记录填列。

9. 出口抵减内销产品应纳税额项目。反映企业按照规定计算的出口货物的进项税额抵减内销产品的应纳税额。本项目应根据“应交税费——应交增值税”明细科目“出口抵减内销产品应纳税额”专栏的记录填列。

10. 转出未交增值税项目。反映企业月度终了转出未交的增值税。本项目应根据“应交税费——应交增值税”明细科目“转出未交增值税”专栏的记录填列。

11. 未交增值税。未交增值税各项目应根据“应交税费——未交增值税”明细科目的有关记录填列。

第八节　与资产负债表有关的财务比率

比率分析，是将财务报表中的相关项目的金额进行对比，得出一系列具有一定意义的比率数据，以此来理解、分析企业的经营业绩和财务状况的方法。比率分析的数据可以取自一张或多张报表。

比率分析的重要性在于它可以为报表阅读者在理解、分析不同企业或不同时期的经营情况时提供一个具有标准化的简便工具。比率分析是解释、评价上市公司的重要途径，比率分析时产生的许多比率数值，其重要性甚至超过了会计报表项目的原始数据。

比率分析可以分为清偿能力、财务杠杆、资产管理效率、盈利能力、投资报酬率和与市场价值有关的比率指标等几大类。比率分析的原始数据可能来自不同的报表，本节以漳州片仔癀药业股份有限公司为例，介绍基于资产负债表的一些比率指标，参见表2-6。

表2-6　　漳州片仔癀药业股份有限公司2009年资产负债表资料

编制单位：漳州片仔癀药业股份有限公司　　单位：元

资产	期末余额	期初余额	负债和所有者权益	期末余额	期初余额
流动资产：			流动负债：		
货币资金	240 474 201	163 027 321	短期借款	212 609 396	170 000 000
交易性金融资产	5 045 858		应付票据	15 962 396	12 006 128
应收票据	3 735 484	5 959 436	应付账款	62 417 800	69 420 625
应收账款	121 183 638	115 554 673	预收账款	20 056 430	6 945 531
预付账款	35 081 530	38 768 734	应付职工薪酬	11 276 302	9 392 355
其他应收款	13 480 222	14 802 951	应交税费	6 457 842	-3 502 104
存货	333 063 192	295 897 452	应付利息	301 295	40 961
一年内到期的非流动资产	0	0	应付股利	11 900	11 900
流动资产合计	752 064 126	634 010 569	其他应付款	22 778 773	31 556 634
非流动资产：			流动负债合计	351 872 175	295 872 030
可供出售的金融资产	109 734 857	43 352 280	非流动负债：		
持有至到期投资	0	0	长期借款	20 000 000	0
长期股权投资	176 535 962	173 051 162	专项应付款	9 442 121	0
投资性房地产	0	0	递延所得税负债	28 052 462	11 445 566
固定资产净额	182 690 566	166 188 973	其他非流动负债	17 987 450	11 127 450
在建工程	5 721 791	1 542 565	非流动负债合计	75 482 033	22 573 016
工程物资	0	0	负债合计	427 354 208	318 445 046
固定资产清理	0	0	股东权益：		
生产性生物资产	2 886 985	2 613 480	股本	140 000 000	140 000 000
无形资产	40 959 292	39 537 189	资本公积	366 812 203	321 990 103

续表

资产	期末余额	期初余额	负债和所有者权益	期末余额	期初余额
开发支出	7 061 231	4 399 603	减：库存股	1 776 000	1 776 000
商誉	0	0	盈余公积	99 953 302	87 207 903
长期待摊费用	614 822	404 180	未分配利润	219 643 709	178 749 074
递延所得税资产	6 270 215	5 437 652	归属于母公司股东权益合计	824 633 214	726 171 080
其他非流动资产	0	0	少数股东权益	32 552 425	25 922 155
非流动资产合计	532 475 722	436 527 712	股东权益合计	857 185 640	752 093 235
资产总计	1 284 539 847	1 070 538 281	负债和股东权益总计	1 284 539 847	1 070 538 281

一、短期偿债能力分析指标

（一）短期偿债能力分析的意义

短期偿债能力，是指一个企业流动资产与流动负债的比例关系。短期偿债能力的作用主要表现在：短期偿债能力关系到企业能否健康发展，关系到债权人的权益，关系投资人的利益。

在分析企业短期偿债能力时，资产的流动性问题至关重要。因为资产流动性的强弱直接影响企业的偿债能力，而企业的偿债能力强弱关系到企业的生死存亡。近年来，我国的资本市场、金融市场、国际贸易等领域取得了长足的发展，与企业存在一定现实和潜在利益的单位和个人越来越多，企业经营情况和偿债能力受到了更多的关注，这促使我们更有必要研究企业的偿债能力。

（二）影响企业短期偿债能力的因素

1. 公司的融资能力。公司有较强的融资能力，如与银行等金融机构保持良好的信用关系，随时能够筹集到大量的资金来按期偿付债务和支付利息，提高公司的支付能力。

2. 公司准备变现的长期资产。由于一些原因，公司可能将一些长期资产很快出售变成现金，以增加公司的短期偿债能力。

3. 公司的偿债信誉。如果公司的长期偿债能力一直很好，即公司信用良好，当公司短期偿债能力方面暂时困难时，公司可以很快通过发行债券和股票等方法来解决短期资金短缺，提高短期偿债能力。这种提高公司偿债能力的因素，取决于公司自身的信用状况和资本市场的筹资环境。

4. 公司的或有负债。按照会计准则规定，或有负债不作为负债登记入账，只需在表外做相应的披露即可。但是，影响或有负债的多种因素处于不断变化之中，随着时间的推移和事态的进展，或有负债对应的潜在义务有可能转化为现实义务，并且现时义务的金额也能够可靠计量，在这种情况下，或有负债就转化为企业的或预计负债，应当予以确认。而预计负债一经确认，将会增加公司的偿债负担。

（三）短期偿债能力的主要指标分析

1. 营运资金。营运资金是流动资产与流动负债之间的差额。其计算公式为：

$$营运资金 = 流动资产 - 流动负债$$

营运资金从绝对数的角度说明了企业的短期偿债能力。营运资金越多说明企业的短期偿债能力越强，若营运资金为负，说明企业面临较大的财务风险。但营运资金并不是越高越好，因为从企业自身的角度来看，流动资产的获利能力不强，保持较高的营运资金，对以盈利为目的的企业来说较为不利。

另外，在进行分析时应注意，营运资金指标作为一个绝对数指标，不同行业营运资金的规模有很大区别，不同规模的企业间营运资金的区别也很大，所以不同行业不同企业之间的营运资金缺乏可比性，所以实务中营运资金的单独分析无多少实际意义，必须结合短期偿债能力的其他评价指标进行分析。

【例 2－1】根据表 2－7 的资料计算片仔癀药业股份有限公司的营运资金的相关数据。

表 2－7　　片仔癀药业股份有限公司营运资金　　单位：元

项　目	2009 年年末	2009 年年初	差异额
流动资产	752 064 126	634 010 569	118 053 557
流动负债	351 872 175	295 872 030	56 000 145
营运资金	400 191 951	338 138 539	62 053 412

从表 2－7 中可看出，2009 年末，该公司流动资产远大于流动负债，短期偿债能力较强，并且年末营运资金比年初有一定幅度的增长，说明企业的短期偿债能力还在提高。

2. 流动比率。流动比率是流动资产对流动负债的比率，它表明企业每百元流动负债有多少流动资产作为偿还的保证，反映企业在短期内用流动资产偿还到期流动负债的能力。其计算公式为：

$$流动比率 = \frac{流动资产}{流动负债} \times 100\%$$

一般来说，流动比率越高，代表该企业的短期偿债能力越强，债权的安全保障程度越高；反之，则说明企业的短期偿债能力越低，债权的安全保障程度越低。但从企业管理的角度来看，过高的流动比率意味着企业资本成本加大和获利能力降低，以致影响企业的盈利能力。

流动比率的经验比值为 2，但不同行业对流动比率合理性的标准界定是不同的，随着企业管理能力的增加，越来越多的企业都试图通过延长应付账款的期限等措施，来更多地利用供应商的资金支持其营运资本的需要，从而使当前企业的流动比率越来越接近于1。

流动比率与营运资金分别从相对数和绝对数的角度来衡量企业资产的流动性和短期偿债能力，可以配合使用，这样更有利于分析企业的短期偿债能力。

流动比率在运用中应注意以下几点：

（1）流动比率各项要素都来自资产负债表的时点指标，只能表示企业在某一特定时刻一切可用资源及需偿还债务的状态与存量，与未来资金流量并无因果关系。因此，流动比率无法用来评估企业未来资金的流动性。

（2）应收账款的偏差性。应收账款金额的大小往往受销货条件及信用政策等因素的影响，不能将应收账款作为未来现金净流入的可靠指标。报表使用人应考虑使用较为科学的账龄分析方法，从而评估企业应收账款的质量。

（3）存货价值的不确定性。一般情况下，企业均以成本来表示存货的价值，并据以计算流动比率，而实际情况是，经由存货而带来的未来短期现金流入量，除了销售成本外，还有销售毛利，而流动比率未考虑毛利因素。

【例2－2】根据表2－7，计算出2009年末和年初该公司的流动比率如下：

2009年末流动比率＝752 064 126/351 872 175＝2.137

2009年初流动比率＝634 010 569/295 872 030＝2.143

通过计算可看出，该企业的短期偿债能力维持在2以上，相对比较合理。

3. 速动比率。速动比率是指速动资产对流动负债的比率。它表示企业每百元的流动负债有多少的速动资产来保障，是衡量企业流动资产中可以立即变现用于偿还流动负债的能力。其计算公式：

$$速动比率=\frac{速动资产}{流动负债}\times 100\%$$

$$速动资产=流动资产-存货-待摊费用$$

速动比率越高代表企业的短期偿债能力越强，反之则说明企业的短期偿债能力越低。但是过高的速动比率，说明企业不能把足够的流动资金投入到存货、固定资产等生产、经营领域，错失良好的获利机会。

速动比率的经验比值为1，速动比率可以结合流动比率来分析，更具有参考性。如果流动比率较高，即使速动比率较低，企业仍然有能力偿还到期的债务本息，只是企业的短期偿债能力要受到影响；另一方面，流动比率高，速动比率却很低也说明流动资产中存货占了很大一部分，企业应该注意分析存货的质量以及数量是否合理。

速动比率在运用时应注意的以下几点：

（1）与流动比率一样，速动比率是某一时点的静态指标，只是说明了在某一时刻用于偿还流动负债的速动资产，并不能说明企业的未来现金流量。同时，速动资产中的应收账款同样也存在着质量问题，从而影响速动比率的可靠度。

（2）在考察企业速动比率的同时，还应考虑企业在所处行业中的竞争地位以及获利能力。因为有时企业的速动比率虽然较低，但是企业预计在不远的将来会有大量的现金流入从而缓解财务危机。

【例2－3】根据表2－6，计算该企业2009年末及年初的速动比率。

2009 年末速动比率 =（752 064 126 - 333 063 192）/351 872 175 = 1.19

2009 年初速动比率 =（634 010 569 - 295 897 452）/295 872 030 = 1.14

企业的速动比率维持在相对合理的区间内。

4. 现金比率。现金比率是指企业现金及其等价物与流动负债的比率，代表企业可以随时偿债的能力或对流动负债支付的及时程度，最能反映企业直接偿付流动负债的能力。其计算公式：

$$现金比率 = \frac{现金及现金等价物余额}{流动负债} \times 100\%$$

现金比率越高，说明企业能够随时偿还流动负债的能力越高；反之，则说明企业能够随时偿还流动负债的能力越低。资产的流动性和盈利能力通常成反比，在企业的所有资产中，现金是流动性最好的资产，同时也是盈利能力最低的资产。保持较高的现金比率，就会使资产过多地保留在盈利能力最低的现金上，虽然提高了企业的偿债能力，但降低了企业的获利能力。

【例 2 - 4】 根据表 2 - 6，计算该企业 2009 年末及年初的现金比率。

2009 年末现金比率 =（240 474 201 + 5 045 858）/351 872 175 = 0.7

2009 年初现金比率 = 163 027 321/295 872 030 = 0.55

现金比率年末比年初有所提高，说明了该公司的支付能力较强，但该公司的这一比率明显偏高，持有的现金及其等价物过多，可能会影响到公司的盈利能力。

二、长期偿债能力的分析

（一）长期偿债能力分析的意义

长期偿债能力是指企业对债务的承担能力和对偿还债务的保障能力。长期偿债能力的强弱是反映企业财务安全和稳定程度的重要标志，对长期偿债能力的分析，不论是对债务人、债权人还是投资者，都具有十分重要的意义。

1. 有利于了解企业结构的合理性。资本结构合理的企业，拥有较强的、稳定的经济实力，从而能够偿付各种债务，对债权人的权益形成保障。在企业获利能力较强时，保持一定的负债比，其承担的风险不会很大，但如果是规模较小、获利能力较差的企业，保持较高的负债比率，则具有较高的风险。因此，通过对长期偿债能力的分析，了解企业的资本结构的合理性，可以为决策提供重要依据。

2. 有利于债权人了解债权的安全程度。债权人比较关心企业的经营情况和偿债能力，通过长期偿债能力指标的分析可以真实掌握债务人的经营情况、获利能力以及偿债能力的强弱，以便确定债款及时收回的可能性和安全程度，同时也为债权人进一步的决策提供依据。

3. 有利于投资者确定投资方向。对于投资者来说，投资的目的是寻求较高的投资回报，通过对被投资公司长期偿债能力的分析，可以判断其投资的安全性和盈利性。

（二）影响企业长期偿债能力的因素

1. 企业的资本结构。企业的资本分为权益资本和债务资本两个部分，由于企业自由资金很难满足经营的需要，因而负债经营是上市公司的普遍现象。公司的债务资本在全部资本中所占比重越大，筹资的成本越低，则财务杠杆发挥的作用就越明显。然而，无论企业经营业绩如何，负债都是要偿还本金及利息的，因此负债有可能为企业带来相应风险。公司的资本结构中若权益资本越高，对债务的保障程度就越高，若负债务资本较高，则可能带来在经营业绩下滑时，经过财务杠杆的作用，放大了公司的财务风险，进而影响企业的偿债能力。

2. 企业的获利能力。企业的长期负债大多用于长期资产投资，在企业正常生产经营条件下，长期资产投资形成企业的固定生产能力，而偿债的主要资金来源则依靠企业生产经营所得。可见，企业的长期偿债能力是与企业的获利能力密切相关的，企业的获利能力越强，长期偿债能力越强；反之，则长期偿债能力越弱。因此，企业的盈利能力是影响长期偿债能力的重要因素。

3. 长期经营租赁。当企业急需某项设备而又缺乏足够资金时，可以通过租赁方式解决，财产租赁有融资租赁和经营租赁两种形式。融资租赁的资产是视同企业的自有资产进行管理的，而经营租赁的资产则不包括在固定资产总额中，但如果企业的经营租赁量比较大、期限比较长或经常发生经营租赁业务，则实际上就是一种长期筹资行为。由于其租赁费用是由企业以付出现金的形式支付的，此时就会对企业的偿债能力产生影响。因此，如果企业经常发生经营租赁业务，应考虑租赁费对偿债能力的影响。

（三）长期偿债能力的主要指标分析

1. 资产负债率。资产负债率是指负债总额与资产总额的比率，反映了企业资产总额中有多少是通过负债筹集的。该比率是衡量企业利用债权人资金进行财务活动的能力，以及在清算时对债权人权益的保障程度，是分析企业长期偿债能力的核心指标。

$$资产负债率=\frac{负债总额}{资产总额}\times 100\%$$

资产负债率是衡量企业负债水平及风险程度的重要标志。负债一方面增加了企业的风险，负债越多，风险越大；另一方面，债务的成本低于权益的成本，可以改善企业获利能力，提高股票价格，增加股东财富。企业管理者的任务就是要在利润和风险之间取得平衡。资产负债率越低，表明以负债取得的资产越少，企业运用外部资金的能力越差；资产负债率越高，表明企业通过借债筹资的资产越多，风险较大。因此，资产负债率应保持在一定的水平上。一般认为，资产负债率的适宜水平在40%～60%，但这并不是严格的标准，因为处于不同行业、不同地区的企业以及同一个企业在不同时期，对资产负债率的评价标准是不一样的。经营风险比较高的企业，为减少财务风险应选择比较低的资产负债率，例如许多高科技企业的资产负债率都很低；经营风险比较低的企业，为增加股东收益通常选择比较高的资产负债率，如供水、供电等企业的资产负债率都比较高。对于同一个企业来说，不同时期对资产负债率的要求也是不一样的，当企业处于成长期或成熟期时，企业的前景比较乐观，预期的现金流入也比较高，可适当增大资产负债率，以充分利用财务杠杆的作用；当企业处于衰退期时，预期的现金流入有日趋减少的势头，应采取相对保守的财务政策，降低资产负债率，以降低财务风险。

对资产负债率的分析，要注意从不同的角度考虑。从债权人的角度看，他们关心的是借给企业的本金和利息能否按时收回，这个比率越低，表明债权人投入资本的安全性越大，企业对债权人的保障程度越高，因此，债权人希望该比例越低越好；而从股东角度来看，他们关心的是能否为股东带来收益，较高的资产负债率能够帮助股东获得财务杠杆收益，且不会改变原有的股权结构，因此，股东希望保持较高的资产负债率；而从经营者的角度来看，他们关心的是除了利用债务资本给企业带来好处，还应尽可能地降低财务风险，因此对他们来说，资产负债率的高低在很大程度上取决于经营者的风险偏好。

【例 2 -5】 根据表 2 -6，计算该公司 2009 年末及年初的资产负债率。

2009 年末资产负债率 = 427 354 208 ÷ 1 284 539 847 × 100% = 33%

2009 年初资产负债率 = 318 445 046 ÷ 10 704 538 281 × 100% = 30%

虽然年末资产负债率和年初相比略有上升，但总体负债率偏低，财务风险较小，且未能合理利用负债为股东创造收益。

2. 产权比率。产权比率是负债总额与股东权益之间的比率，它反映的是投资者对债权人的保障程度。

$$产权比率 = \frac{负债总额}{股东权益} \times 100\%$$

产权比率越高，企业所存在的风险越大，长期偿债能力越弱；产权比率越低，表明企业的长期偿债能力越强，债权人承担的风险越小。但该指标越低时，表明企业不能充分发挥负债所带来的财务杠杆作用；反之，该指标过高时，表明企业过度运用财务杠杆，增加了企业的财务风险。所以，在评价企业的产权比率是否合理时，应从提高获利能力与增加偿债能力两个方面综合进行，即在保障债务偿还安全的前提下，应尽可能提高产权比率。

产权比率是资产负债率的补充，两者都用于衡量企业的长期偿债能力，但两指标在反映长期偿债能力的侧重点方面是有区别的：产权比率侧重于揭示债务资本与权益资本的相互关系，说明企业资本结构的风险性以及股东权益对偿债风险的承受能力；资产负债率侧重于揭示总资产中有多少是靠借债取得的，说明债权人权益的受保障程度。

产权比率所反映的偿债能力最终是以净资产为物质保障的，但是，净资产中某些项目，如无形资产、商誉等的价值具有极大的不确定性，且不易形成支付能力，因此在使用产权比率进行分析时，必须结合有形净值债务率指标。

【例 2 -6】 根据表 2 -6，计算该公司 2009 年末及年初的产权比率。

2009 年末产权比率 = 427 354 208/857 185 640 = 0.50

2009 年初产权比率 = 318 445 046/752 093 235 = 0.42

该公司产权比率低于一般认为的合理比率 1，说明企业的偿债能力还是不错的。

3. 有形净值债务率。有形净值债务率指企业负债与有形净值的比率。有形净值是股东权益减去无形资产后的净值。

$$有形净值债务率 = \frac{负债总额}{股东权益 - 无形资产净值}$$

这一比率反映了企业在清算时债权人投入资本受到股东权益的保护程度，主要用于衡量企业的风险程度和对债务的偿还能力，是一个更保守、更谨慎的产权比率。这个指标越大，表明风险越大；反之，则表明企业面临的风险越小以及偿债能力越强，从长期偿债能力来讲，该指标越低越好。

【例 2 -7】 根据表 2 -6 计算该企业 2009 年末及年初的有形净值债务率。

2009 年末有形净值债务率 = 427 354 208/（857 185 640 - 40 959 292）= 0.52

2009 年初有形净值债务率 = 318 445 046/（752 093 235 - 39 537 189）= 0.45

该比率比年初略有上升，但仍然偏低，可以看出该公司长期偿债能力偏弱。

4. 权益乘数。权益乘数是资产总额与股东权益总额的比率。它说明了企业资产总额和股东权益总额的倍数关系，表示该企业的股东权益支撑着多大规模的投资，是常用的财务杠杆计量方法。

$$权益乘数 = \frac{资产总额}{股东权益总额}$$

权益乘数越小，表明所有者投入企业的资本占全部资产的比重越大，企业的负债程度越低，债权人受保护的程度也越高；反之，企业的负债程度越高，财务风险也就越大。

【例 2 -8】 根据表 2 -6 计算出该企业 2009 年末及年初权益乘数。

2009 年末权益乘数 = 1 284 539 847/857 185 640 = 1.50

2009 年初权益乘数 = 1 070 538 281/758 093 235 = 1.42

计算表明，该企业年末的权益乘数较年初有所上升，通过不同时期原数据对比，说明该公司的财务风险加大，债权人权益受保护程度降低。

5. 利息保障倍数。

$$利息保障倍数 = \frac{息税前利润}{利息费用}$$

该指标反映的是企业以获取的利润承担借款利息的能力。它是从企业的效益方面来考察其长期偿债能力的。息税前利润是偿还利息费用的资金来源，该指标越高，表明企业支付利息的能力越强，企业对到期债务偿还的保障程度也越高；反之，则表明企业偿债能力较弱。

复习思考题

1. 资产负债表的作用是什么？
2. 资产负债表有哪些局限性？
3. 资产项目的分析应关注哪几个方面？
4. 分析负债项目应关注哪几个方面？
5. 如何进行股东权益项目分析？
6. 资产减值明细表的作用有哪些？
7. 如何分析股东权益变动表？
8. 下列是甲乙两家生产商的资产负债表和销售数据。请根据这些资料回答问题。

资产负债表

2010 年 12 月 31 日　　单位：万元

科目＼公司	甲公司	乙公司
流动资产：		
货币资金	1 000	44 000
应收账款	75 000	210 000
存货	24 000	52 500
流动资产合计	100 000	306 500
固定资产合计	380 000	1 560 000
总资产	480 000	1 866 500
流动负债：	45 210	235 340
应付账款		
股东权益：		
股本	332 000	849 500
未分配利润	102 790	781 660
股东权益合计	434 790	1 631 160
负债与股东权益合计	480 000	1 866 500

另外，甲乙两家公司 2010 年实现的销售收入分别为 30 亿元和 140 亿元。

要求：

（1）请计算上述两家公司的下列比率。

① 流动比率；

② 速动比率；

③ 应收账款平均收账期；

④ 固定资产周转率；

⑤ 存货周转天数；

⑥ 资产负债率。

（2）试比较这两家公司的清偿能力和长期偿债能力以及资产管理效率，并就每一方面评述和说明哪一家公司较强的理由。

（3）试列出 3 个理由，说明为什么上述要求（2）的答案可能有误导成分。

第三章　利润表及其分析

第一节　利润表的作用及结构

一、利润表的性质和作用

利润表是反映企业在一定会计期间（如月度、季度、年度）的经营成果的会计报表。利润表产生于企业独立核算盈亏的需要，由于它反映了企业在一定时期内的收益或亏损，因而又称为动态报表。利润表的作用主要体现在四个方面。

（一）了解和分析企业的经营成果和获利能力

利润表反映的主要内容是企业在一定期间内所有的收益（包括营业收入、公允价值变动收益、投资收益和其他收益）与所有费用（包括营业费用、其他费用与损失），并据以计算出该期间的利润（或亏损）总额。利用该表所反映的会计信息，可以评价一个企业的经营效率和成果，评估投资的价值和报酬，从而能够衡量一个企业在经营管理上的成功程度。比较和分析利润表中各项收入、费用、利得、损失的构成要素，比较企业前后各期和行业间利润表上的投资报酬率、成本利润率、营业收入利润率等指标，还可以了解企业的获利能力，并可据以预测企业在未来一定时期内的盈利趋势。

（二）解释、评价和预测企业的偿债能力

企业的偿债能力受多种因素的影响，而获利能力的强弱是决定偿债能力的一个重要因素。尤其是企业的长期债权人，他们更看重企业的未来发展。因为归根到底，借款本金的偿还和利息的支付都需要由借款所产生的效益——获利能力决定。如果企业的获利能力不强，影响资产的流动性，会使企业的财务状况逐渐恶化，进而影响企业的偿债能力。

（三）为企业管理者的经营决策提供重要参考

企业管理者利用该表可以考核企业利润计划的完成情况，分析利润增减变动的原因，以便进一步找出管理中的漏洞和弊端。通过对利润形成进行结构分析，找出利润的主要来源渠道，有助于完善经营管理，提高经营管理水平和经济效益。

（四）评价和考核企业管理者的绩效

利润表中的各项数据，实际上体现了企业在生产、经营和理财方面的管理效率和效益，是对企业经营绩效的直接反映，是经营者受托责任履行情况的真实写照，因而是所有者考评经营者受托责任履行情况的重要依据。

二、利润表的格式和结构

利润表是通过一定的表格来反映企业的经营成果的。由于不同国家和企业对会计报表信息的需要不完全一样，在利润表中收益和费用的排列方式也不完全相同。目前，世界各国的利润表主要有单步式和多步式两种格式。

（一）单步式利润表

单步式利润表通常采用左右对照的账户式结构，即把表格分为左右两个部分，左边反映各种费用及损失类项目，右边反映企业各种收入及利得类项目，两者相减的差额，即为本期实现的净利润（或净亏损）总额。

单步式利润表的优点是比较直观、简单，易于编制。它的缺点在于不能揭示出利润各构成要素之间的内在联系，一些有用的资料，如销售毛利、营业利润、利润总额等中间性信息无法直接从利润表中得到，不便于报表使用者对企业进行盈利分析与预测。

（二）多步式利润表

多步式利润表通常采用上下加减的报告式结构。在该表中，净利润的计算分解为多个步骤，以提供各种各样的中间信息。例如，我国利润表就采用多步式结构，分以下三个步骤编制。

第一步，以营业收入为基础，减去营业成本、营业税金及附加、销售费用、管理费用、财务费用、资产减值损失，加上公允价值变动收益（减去公允价值变动损失）和投资收益（减去投资损失），计算出营业利润。

第二步，以营业利润为基础，加上营业外收入，减去营业外支出，计算出利润总额。

第三步，以利润总额为基础，减去所得税费用，计算出净利润（或净亏损）。

普通股或潜在普通股已公开交易的企业，以及正处于公开发行普通股或潜在普通股过程中的企业，还应当在利润表中列示每股收益信息。

多步式利润表基本上弥补了单步式利润表的缺陷，它能清晰地反映企业净利润的形成步骤，准确揭示利润各构成要素之间的内在联系，提供了十分丰富的中间信息，便于报表使用者进行企业盈利分析，评价企业的盈利状况。但多步式利润表也存在一定不足，如加减步骤较多、计算繁琐，且容易使人产生收入与费用的配比有先后顺序之误解。我国利润表的结构如表 3 – 1 所示。

表 3-1　　**闽建公司利润表**　　会企 02 表

2×××年度　　单位：人民币万元

项　　目	公司上年累计数	公司本年累计数
一、营业收入	285 974.82	248 301.63
减：营业成本	263 416.01	223 164.76
营业税金及附加	3 072.98	3 771.98
销售费用	6 900.89	5 880.46
管理费用	8 828.09	8 402.67
财务费用	4 607.24	5 998.17
资产减值损失	182.09	-1 500.15
加：公允价值变动收益（损失以“-”号填列）	-39.55	29.26
投资收益（损失以“-”号填列）	-346.72	-264.64
其中：对联营企业和合营企业的投资收益	-137.83	-517.09
二、营业利润（亏损以“-”号填列）	-1 418.74	2 348.35
加：营业外收入	350.72	2 407.22
减：营业外支出	-4 486.50	-409.03
其中：非流动资产处置损失	30.26	72.89
三、利润总额（亏损以“-”号填列）	3 418.48	5 164.60
减：所得税	2 300.71	2 819.62
四、净利润（亏损以“-”号填列）	1 035.77	2 049.84
五、每股收益		
（一）基本每股收益	0.02	0.00
（二）稀释每股收益	0.02	0.00

第二节　利润表项目及其分析

利润表揭示了企业利润的形成过程，或者说反映了利润的基本构成。解读利润表必须关注形成利润的重点项目，以具体了解企业利润形成的主要因素，找出影响企业盈利能力的主要原因，从而为内部经营管理和外部投资决策提供依据。具体来说，对利润表或利润形成过程的分析，首先要从有关收益项目总额之间的内在关系角度考察利润形成的持久性和稳定性；然后再对利润表中各个收入、费用项目进行逐一解读，分析这些项目的真实性、完整性，从而对企业的收益质量进行判断。

一、利润表收益项目关系分析

收益质量评价是一个主观过程，企业的报告收益是由不同部分组成的，每个部分对于盈利的持续性和重要性不一样。企业的利润可以分为：营业利润与非营业利润、税前利润与税后利润、经常业务利润与偶然业务利润、经营利润与投资收益等。这些项目的数额和比例关系，会导致收益质量不同，在预测未来时有不同意义。因此，在解读利润表时，首先要对收益项目的关系进行分析。重点分析以下比例关系。

（一）营业利润与非营业利润

营业活动是公司赚取利润的基本途径，代表公司有目的活动取得的成果。国内外大量的实证研究结果表明，营业利润的持续增长是企业盈利持久性和稳定性的源泉。因此，一个具有发展前景的企业，其营业利润应该远远高于其他利润（如投资收益、公允价值变动收益、处置非流动资产收益等）。如果一个公司的非营业利润占了大部分，则可能意味着公司在自己的行业中处境不妙，需要以其他方面的收入来维持收益，这无疑是危险的。

（二）经常业务利润和偶然利润

经常性业务收入因其可以持续不断地发生，应当成为收入的主力。而一次性收入、偶然业务利润（如处置资产所得、短期证券投资收益等）是没有保障的，不能期望它经常地、定期地发生，因而并不能代表企业的盈利能力，偶然业务利润比例较高的企业，其收益质量较低。在一个有效的资本市场上，只能获得与其风险相符的收益率，获得超额收益只是偶然的，不可能长久地依赖其来增加投资者财富。

（三）内部利润和外部利润

内部利润是指依靠企业生产经营活动取得的利润，它具有较好的持续性。外部利润是指通过政府补贴、税收优惠或接受捐赠等从公司外部转移来的收益。一般来说，外部收益的持续性较差，外部收益比例越大，收益的质量越低。这是因为，能够获得补贴收入的大多是公共事业类和环保类等企业，这些企业受国家政策及其他宏观政策影响很大，政策性补贴在很大程度上与其业绩好坏休戚相关。一旦国家政策发生变化，补贴减少，这些企业就可能由“优”变“劣”。当然，如果企业能够在较长时期内获得政府补贴，则其收益水平将在此期间内有一定保障。

二、利润表的重点项目解读

（一）营业收入

营业收入是指企业自身营业活动所取得的收入，具体包括主营业务收入和其他业务收入。企业取得的营业收入是其生产经营业务的最终环节，是企业生产经营成果能否得到社会承认的重要标志。同时，营业收入又是许多经济指标（如销售利润率、资产周转率等）的计算基数。因此，营业收入项目的真实与否，在财务报告分析中至关重要。对营业收入的解读，应重点注意以下几个方面。

1. 营业收入的确认。营业收入的确认具体讲就是在什么情况下企业可以认为它已经取得了营业收入。比如，销售商品收入在同时满足以下条件时才能予以确认：（1）企业已将商品所有权上的主要风险和报酬转移给购货方；（2）企业既没有保留通常与所有权相联系的继续管理权，也没有对已售出的商品实施有效控制；（3）收入的金额能够可靠地计量；（4）相关的经济利益很可能流入企业；（5）相关的已发生或将要发生的成本能够可靠地计量。

在明确收入确认条件的基础上，着重应进行以下几个方面分析：（1）收入确认时间的合法性分析，即分析本期收入与前期收入或后期收入的界限是否分清；（2）特殊情况下企业收入确认的分析，如商品需要安装或检验时收入的确认，附有销售退回条件的商品销售收入的确认等。

2. 收入和利得的界限。收入属于企业主要的、经常性的业务收入。收入和相关成本在会计报表中应分别反映。利得是指收入以外的其他收益，通常从偶发的经济业务中取得，属于那种不经过经营过程就能取得或不曾期望获得的收益，如企业接受捐赠或政府补助取得的资产、因其他企业违约收取的罚款、处理固定资产净损益、债务重组利得等。利得属于偶发性的收益，在报表中通常以净额反映。

3. 营业收入与资产负债表、现金流量表中相关项目配比。收入的实现并非只体现在利润表上，由于会计要素之间的联系，考察收入的真实性、合理性，可以借助其与资产负债表、现金流量表中相关项目之间的配比关系进行判断。

（1）营业收入与企业规模（资产总额）的配比。企业是一个经济实体，其生产经营的目标是创造经济效益，而经济效益必须通过营业收入来取得。因此，企业应保持相当数量的营业收入。分析营业收入数额是否正常，可以将营业收入与资产负债表的资产总额配比。营业收入代表了企业的经营能力和获利能力，这种能力应当与企业的生产经营规模（资产总额）相适应。这种分析应当结合行业特征、企业生产经营规模及企业经营生命周期来开展。比如，主营业务收入占资产总额的比重，处于成长或衰退阶段的企业较低，处于成熟阶段的企业较高；工业企业和商业企业较高，有些特殊行业（如航天、饭店服务业）较低。若二者不配比（过低或过高），就需要进一步查清原因。

（2）营业收入与应收账款配比。通过将营业收入与应收账款配比，可以观察企业的信用政策，是以赊销为主，还是以现金销售为主。一般而言，如果赊销比重较大，应进一步将其与本期预算、与企业往年同期实际、与行业水平（如国家统计局测算的指标）进行比较，评价企业主营业务收入的质量。

（3）营业收入与相关税费配比。会计报表中其他一些项目，如利润表中的“营业税金及附加”、“应交税费”，现金流量表中的“交纳的各种税费”、“收到的税费返还”等也与营业收入存在一定的配比性。因为营业收入不仅要影响所得税，更重要的是，它还是有关流转税项目的计税基础，取得营业收入不仅会增加资产，也会伴随着税金的支付。

（4）营业收入与其现金流量的配比。营业收入与现金流量表中有关经营活动的现金流量项目之间也应当存在一定的配比关系。如果营业收入高速增长，而“销售商品、提供劳务收到的现金”等经营活动的现金流量却没有相应地增长，则很可能意味着营业收入质量不高，甚至是捏造的。

4. 利用非财务信息分析营业收入的真实性和影响企业盈利能力的因素。企业一定时期的利润关系到企业不同利益集团（如投资人、债权人、经营管理者、职工、国家等）的利益。而收入是利润的源泉，因此营业收入是人们关注的焦点。真实性可以说是对营业收入的基本质量要求。判断企业的营业收入是否真实，除了上面所提到的一些财务会计方法外，往往还需要借助于其他非财务信息，比如企业所在行业的景气指数、企业的市场占有率，甚至一些生活常识等。

5. 对营业收入的构成进行详细分析。对营业收入不仅仅了解一个总额，还要仔细分析其具体构成情况。

（1）营业收入的品种构成。从目前的情况来看，大多数企业都从事多种商品或劳务的经营活动。在从事多品种经营的条件下，企业不同商品或劳务的营业收入构成对信息使用者具有十分重要的意义，占总收入比重大的商品或劳务是企业过去业绩的主要增长点。并且，信息使用者还可以利用这一信息对企业未来的盈利趋势进行预测。企业管理者则可以此作为生产经营决策的依据。

（2）营业收入的地区构成。当企业为不同地区提供产品或劳务时，营业收入的地区构成对信息使用者也具有重要价值，占总收入比重大的地区是企业过去业绩的主要增长点。从消费者的心理与行为特征来看，不同地区的消费者对不同品牌的商品具有不同的偏好，不同地区的市场潜力则在很大程度上制约企业的未来发展。

（3）关联方交易在营业收入中的比重。有的公司为了牟取不当利益，往往利用关联方交易来进行所谓的“盈余管理”。关联方交易与会计报表粉饰并不存在必然联系，如果关联方交易确实以公允价格定价，则不会对交易的双方产生异常的影响。但事实上有些公司的关联方交易采取了协议定价的方法，定价的高低取决于公司的需要，使得利润在关联方公司之间转移，这种在关联公司内部进行的“搬砖头”式的关联销售是很难有现金流入的，因此这样的收益质量很差。对此，要关注会计报表附注对于关联方交易的披露，分析关联方交易之间商品价格的公平性。

（4）主营业务收入与其他业务收入在总营业收入中的构成。主营业务收入，是指企业经营主要业务所取得的收入。其他业务收入则是企业除主营业务以外的其他销售或其他业务所取得的收入，如材料销售、代购代销、包装物出租等收入。正常情况下，主营业务收入应当构成营业收入的主要来源，其他业务利润既为“其他”，那么其所占利润总额的比重不应过大，一般在30%以下。企业应保持相当数量的主营业务收入，否则就有副业冲击主业之嫌，表明企业的资源占用可能不尽合理。由于新会计准则实施后的利润表不再在主表中披露主营业务收入和其他业务收入，因此该项分析应结合会计报表附注中对营业收入的详细解释进行。

（二）营业成本

营业成本指企业经营业务所发生的实际成本总额，包括主营业务成本和其他业务成本。营业成本是为取得营业收入所发生的代价，通过对成本的分析，可以对企业产品成本水平有所了解，与销售价格相对比，还可以分析企业的盈利情况。

对主营业务成本进行分析，首先要将主营业务成本与主营业务收入配比。将二者之差除以主营业务收入，即得出一个重要的财务指标——毛利率。并以此结合行业、企业经营生命周期来评价主营业务成本的合理性。若毛利率过低或过高，则需要进一步查明原因。

其次，谨防企业操纵营业成本的行为。费用也是影响利润的一个重要变量，营业成本是费用的一个重要项目。某些企业为了满足小集团利益，除了在营业收入上作假以外，还往往在营业成本上做文章，常见的操纵营业成本的方式有：（1）不转成本，将营业成本作资产挂账，导致当期费用低估，资产价值高估，误导会计信息使用者；（2）将资产列作费用，导致当期费用高估，资产价值低估，既歪曲了利润数据，也不利于资产管理；（3）随意变更成本计算方法和费用分配方法，导致成本数据不准确。

（三）营业税金及附加

营业税金及附加是指企业进行日常经营活动应负担的各种税金及附加，包括营业税、消费税、城市维护建设税、资源税和教育费附加等。营业税金及附加也是企业为获取收益所必须承付的代价。

分析时，应将该项目与企业的营业收入配比，并进行前后期间比较。因为企业在一定时期内取得的营业收入要按国家规定交纳各种税金及附加。如果二者不配比，则说明企业有“偷税”、“漏税”之嫌。

（四）销售费用

销售费用是指企业在销售商品和材料、提供劳务的过程中发生的各项费用，包括包装费、运输费、装卸费、保险费、展览费、广告费、商品维修费、预计产品质量保证损失等，以及为销售本企业商品而专设的销售机构（含销售网点、售后服务网点等）的职工薪酬、业务费、折旧费等经营费用。

销售费用是一种期间费用，它是随着时间推移而发生的，与当期商品销售直接相关，而与产品的产量、产品的制造过程无直接关系，因而在发生的当期从损益中扣除。销售费用一般与主营业务收入存在一定的配比关系。因而可以通过该比率的行业水平比较，考察其合理性。在企业业务发展的条件下，企业的销售费用不应当降低。片面追求一定时期内的费用降低，有可能对企业的长期发展不利。

（五）管理费用

管理费用是指企业组织和管理生产经营活动而发生的各种费用。具体包括的项目内容有：企业在筹建期间发生的开办费、董事会和行政管理部门在企业的经营管理中发生的或者应由企业统一负担的公司经费（包括行政管理部门职工薪酬、物料消耗、低值易耗品摊销、办公费和差旅费等）工会经费、董事会费（包括董事会成员津贴、会议费和差旅费等）、聘请中介机构费、咨询费（含顾问费）、诉讼费、业务招待费、房产税、车船税、土地使用税、印花税、技术转让费、矿产资源补偿费、研究费用、排污费等。管理费用也是一种期间费用。对管理费用分析时应注意以下 4 个方面。

1. 管理费用与主营业务收入配比。通过该比率的行业水平以及本企业的历史水平分析，考查其合理性。一般认为，费用越低，收益越高。但事实并非如此，应当根据企业当前经营状况、以前各期间水平及对未来的预测来评价支出的合理性。例如，在分析维护和修理费用时，可以计算两个比率，一是维护和修理费用与销售收入的比率，二是其与固定资产净值的比率，由此可测定维护和修理费用是否在正常和必需的水平，确定企业是否为了提高当期收益而减少维护和修理费用，这种收益的提高是以未来生产能力的下降为代价的，收益质量较低。再如，研究与开发费用可能是一项费用也可能是一项投资，片面降低研究与开发费用，只能使企业在未来竞争中处于劣势，降低未来收益。

2. 管理费用与财务预算比较。从成本特性角度来看，企业的管理费用基本属于固定性费用，在企业业务量一定、收入量一定的情况下，有效地控制、压缩那些固定性行政管理费用，将会给企业带来更多的收益。管理费用既然是一种与企业的产品成本不直接相关的间接费用，在一定程度上而言，它也代表了企业生产一线与管理二线的比重，其数额的大小代表了该企业的经营管理理念和水平。管理费用种类繁杂、数额较大，管理不便。对此，可将其与财务预算的数额比较，分析管理费用的合理性。

3. 管理费用与企业规模（资产总额）配比。资产规模的扩大会增加企业的管理要求，比如设备的增加、人员扩充等，从而增加管理费用。因此，管理费用与企业规模（资产总额）之间存在一定的配比关系。

（六）财务费用

财务费用指企业为筹集生产经营所需资金而发生的费用。具体包括的项目内容有：利息支出（减利息收入）、汇兑差额、支付给金融机构手续费及企业发生或收到的现金折扣等。

财务费用的高低，主要取决于3个因素：贷款规模、贷款利率和贷款期限。

1. 贷款规模。概括地说，如果因贷款规模的原因导致计入利润表的财务费用下降，则企业会因此而改善盈利能力。但是，同时也应当注意，企业可能因贷款规模的降低而限制了发展。

2. 贷款利率和贷款期限。从企业融资的角度来看，贷款利率的具体水平主要取决于以下几个因素：一定时期资本市场供求关系、贷款规模、贷款的担保条件及贷款企业的信誉等。在利率的选择上，可以采用固定利率、变动利率或浮动利率等。

应该说，企业的利率水平主要受一定时期资本市场利率水平的影响。因此，应注意分析企业的财务费用下降是否是由于国家对企业贷款利率的宏观下调而导致的。

解读财务费用还必须注意该项目的赤字问题。对于大多数企业而言，财务费用不会出现赤字。这种情况出现在企业的存款利息收入大于贷款利息费用的时候，如果数额较大，也不正常。

（七）资产减值损失

资产减值损失是指企业计提各项资产减值准备所形成的损失。根据会计准则的规定，企业应当在会计期末对各项资产进行全面检查，并根据谨慎性原则的要求，合理地预计各项资产可能发生的损失，对可能发生的各项资产减值损失计提相应的减值准备。计提资产减值准备，一方面减少了资产的价值；另一方面，也形成一项费用，减少企业的利润。对资产减值损失的分析应注意以下几点。

1. 结合会计报表附注，了解资产减值损失的具体构成情况，即企业当年主要是哪些项目发生了减值。

2. 结合资产负债表中有关资产项目，考察有关资产减值的幅度，从而对合理预测企业未来财务状况提供帮助。资产负债表中有关资产项目（如存货、固定资产、无形资产等）是按该项目的账面余额扣除资产减值准备后的净额列示的，因此可以将有关资产项目的减值损失与减值前的资产账面余额相比较，判断有关资产项目减值的幅度。这对预测企业未来资产减值情况，进而预测未来的财务状况和业绩是有一定益处的。

3. 将当期各项资产减值情况与企业以往情况、市场情况及行业水平配比，以评价过去，掌握现在，分析其变动趋势，预测未来。

（八）公允价值变动损益

公允价值变动收益（或损失）是指企业交易性金融资产等公允价值变动形成的应计入当期损益的利得（或损失）。

对公允价值变动损益的解读应注意，企业对金融资产的初始确认或分类是否正确，以及对有关金融资产公允价值变动损益的处理是否正确是关键。注意有无将本应计入所有者权益的公允价值变动损益计入了利润表；或者相反，将本应计入损益的公允价值变动损益计入了所有者权益。

（九）投资收益

投资收益（或损失）是指企业以各种方式对外投资所取得的收益（或发生的损失）。投资收益是企业对外投资的结果，企业保持适度规模的对外投资，表明企业具备较高的理财水平。因为，这意味着企业除了正常的生产经营取得利润之外，还有第二条获取收益的途径。但同时也应注意以下问题。

1. 投资收益是一种间接获得的收益。投资是通过让渡企业的部分资产而换取的另一项资产，即通过其他单位使用投资者投入的资产所创造的效益后分配取得的，或通过投资改善贸易关系等手段达到获取利益的目的。正是由于对外投资这种间接获取收益的特点，其投资收益的高低及其真实性不易控制。

2. 投资收益与有关投资项目（如交易性金融资产、持有至到期投资）配比。即要求投资收益应与企业对外投资的规模相适应，一般投资收益率应高于同期银行存款利率，只有这样企业才值得对外投资。同时，对外投资是一把“双刃剑”，如果投资收益连续几个会计期间低于同期银行存款利率或为负数，则需进一步分析其合理性。

3. 投资收益核算方法的正确性。比如，长期股权投资有成本法和权益法两种核算方法。若不恰当地采用成本法可以掩盖企业的投资损失，或转移企业的资产；而不恰当地采用权益法则可以虚报企业的投资收益。对此，应结合对长期股权投资项目的分析，判断企业核算方法的选择正确与否。

4. 警惕某些公司利用关联交易“制造”投资收益。这样的投资收益往往质量不高，甚至有欺骗投资者的嫌疑。

（十）营业外收入

营业外收入是指企业发生的与其日常活动无直接关系的各项利得，主要包括非流动资产处置利得、盘盈利得、捐赠利得、确实无法支付而按规定程序经批准后转作营业外收入的应付款项等。

（十一）营业外支出

营业外支出是指企业发生的与其日常活动无直接关系的各项损失，主要包括非流动资产处置损失、盘亏损失、公益性捐赠支出、非常损失等。

与营业成本相比，既然是营业外发生的开支，营业外支出的数额不应过大，否则是不正常的。应严加关注：（1）是否是企业的经营管理水平较低；（2）是否为关联方交易，转移企业资产；（3）是否有违法经营行为，如违反经济合同、滞延纳税、非法走私商品；（4）是否有经济诉讼和纠纷等。

（十二）利润总额

利润总额是由营业利润加上营业外收入、减去营业外支出构成的。也就是说利润总额不仅包括了营业利润，还包括了直接计入损益的利得和损失。对利润总额的分析，一方面要关注其绝对数，并与前期比较，了解企业的发展趋势；另一方面，必须重点对利润总额的构成进行分析。利润总额由营业利润和营业外收支构成，在上述几个因素中，一般来说营业利润属于主要因素，如果企业的利润总额主要来源于营业外收入，说明公司的营业活动不景气，不能对盈利能力给予过高评价。

（十三）所得税

所得税是根据企业应纳税所得额的一定比例上缴的一种税金。对企业而言，所得税是应当计入当期损益的费用，即企业为获得盈利所必须负担的代价（国家税收）。

（十四）净利润

净利润是利润总额减去所得税后的余额，是企业经营业绩的最终结果，也是企业利润分配的源泉。净利润的增长是企业成长性的基本表现。在分析净利润增长率时应结合主营业务收入增长率给予评价，当净利润增长率高于主营业务收入增长率时，表明企业主营业务的获利能力在不断提高，企业具有良好的发展前景。

（十五）每股收益

普通股或潜在普通股已公开交易的企业，以及正处于公开发行普通股或潜在普通股过程中的企业，还应当在利润表中列示每股收益信息。每股收益信息包括基本每股收益和稀释后的每股收益，这两个指标的具体计算参见本书其他章。每股收益信息是股东比较关心的指标，显然每股收益越高，表明股东的报酬越高。不过有时企业出于稀释股价的考虑，会发放股票股利，这样，每股收益也会相应降低。因此，在判断每股收益尤其是将每股收益进行前后各期的对比时，应考虑股本数额变化的影响，使比较建立在可比的基础上。

第三节　与利润表有关的财务比率

一、盈利能力分析的意义

企业的盈利能力是指企业利用各种经济资源赚取利润的能力。盈利能力分析，是通过研究利润表中有关项目之间的对比关系，以利润表中有关利润项目和资产负债表中有关项目之间的联系，来评价企业当期的经营成果和未来获利能力的发展趋势。盈利是企业的重要经营目标，是企业生存和发展的基础，它不仅关系到企业所有者的权益，也是企业偿还债务的一个重要来源。因此，企业的投资者、债权人及经营管理者都非常关心企业的盈利能力。盈利能力是投资者关注的焦点，同时也是评价企业经营管理水平的重要依据，通过对盈利能力的分析，可以发现经营管理中的重大问题，进而采取措施加以解决，以提高企业的收益水平。进行企业的盈利能力分析，主要是从与资产有关的盈利能力分析指标、与销售有关的盈利能力分析指标和与股东有关的盈利能力分析指标进行的。

二、与资产有关的盈利能力分析指标

（一）资产报酬率

也称资产报酬率、资产利润率或投资报酬率，是企业一定时期内的净利润与资产平均总额的比率。它是反映企业资产综合利用效果的指标，也是衡量企业总资产获利能力的重要指标。其计算公式如下：

$$资产报酬率 = \frac{净利润}{平均资产总额} \times 100\%$$

其中：

$$平均资产总额 = \frac{期初资产总额 + 期末资产总额}{2}$$

资产报酬率全面反映了企业全部资产的获利水平，企业所有者和债权人对该指标都非常关心。一般而言，该指标越高，表明企业的资产利用效益越好，整个企业的获利能力越强，经营管理水平越高。分析时应注意以下内容：

1. 总资产源于股东投入和债务资本两方面，利润的多少与企业的资产结构有密切关系。因此，评价总资产报酬率时要与企业资产结构图、经济周期、企业特点、企业战略结合起来进行。

2. 应分析连续几年的总资产报酬率，对其变动趋势进行判断，才能取得相对准确的信息，在此基础上再与同行业其他企业进行比较，有利于提高分析结论的准确性。

（二）净资产收益率

净资产收益率是企业一定时期净利润与平均净资产的比率。它是反映自有资金投资收益水平的指标，是企业获利能力指标的核心。其计算公式为：

$$净资产收益率=\frac{净利润}{平均净资产}\times 100\%$$

其中：
$$平均净资产=\frac{所有者权益年初数+所有者权益年末数}{2}$$

净资产收益率是评价企业自有资本及其积累获取报酬水平的最具综合性与代表性的指标，反映企业资本运营的综合效益。通过该指标的综合对比分析，可以看出企业获利能力在同行业中所处的地位，以及与同类企业的差异水平。一般认为，净资产收益率越高，企业自有资本获取收益的能力越强，运营效益越好，对企业投资人和债权人的保证程度越高。

三、与销售有关的盈利能力分析指标

（一）销售毛利率

销售毛利率是毛利占销售收入的百分比，其中毛利是销售收入与销售成本的差。其计算公式为：

$$销售毛利率=\frac{销售收入-销售成本}{销售收入}\times 100\%$$

毛利是指企业的营业收入净额与营业成本的差额，营业收入净额是指营业收入扣除销售退回、销售折扣与折让后的净额。毛利率反映着每1元收入中包含着多少毛利，用来评价企业营业收入的获利能力。毛利率越高，表明同样的营业收入的获利能力越强；反之，则获利能力越弱。

毛利率指标随行业的不同而高低各异，但同一行业的毛利率一般相关不大，与同企业的平均毛利率相比较，可以揭示企业在价格政策、生产成本控制等方面存在的问题。

（二）营业利润率

营业利润率是企业一定时期营业利润与营业收入的比率。其计算公式为：

$$营业利润率=\frac{营业利润}{营业收入}\times 100\%$$

营业利率率反映企业营业利润占营业收入净额的比重，用来评价企业每单位营业收入能带来多少营业利润，表明了企业经营业务的获利能力。如果一个企业没有足够大的营业利润率，很难形成企业的最终利润；该指标越高，说明企业产品的定价科学，产品附加值高，营销策略得当，发展潜力大，盈利水平高。

（三）销售净利率

销售净利率是指净利润与销售收入的百分比，其计算公式为：

$$销售净利率=\frac{净利润}{销售收入}\times 100\%$$

该指标反映每1元销售收入带来的净利润的多少，表示销售收入的收益水平。企业在增加销售收入的同时，必须相应地获得更多的净利润，才能使销售净利率保持不变或有所提高。通过分析销售净利率的升降变动，可以促使企业在扩大销售的同时，注意改进经营管理，提高盈利水平。

四、与股东有关的盈利能力分析指标

（一）每股收益

每股收益也称每股利润或每股盈余，是指普通股股东每持有 1 股所能享有的企业利润或需承担的企业亏损。每股收益通常被用来反映企业的经营成果，衡量普通股的获利水平及投资风险，是投资者、债权人等信息使用者据以评价企业盈利能力、预测企业成长潜力、进而作出相关经济决策的一项重要的财务指标。

每股收益的计算包括基本每股收益和稀释每股收益。

基本每股收益只考虑当期实际发行在外的普通股股份，按照归属于普通股股东的当期净利润除以当期实际发行在外普通股的加权平均数计算确定。其计算公式如下：

$$\text{基本每股收益}=\frac{\text{归属于普通股股东的当期净利润}}{\text{当期实际发行在外普通股的加权平均数}}$$

$$\text{当期实际发行在外普通股的加权平均数}=\frac{\text{期初发行在外普通股股数}+\text{当期新发行普通股股数}\times\text{已发行时间}}{\text{报告期时间}}-\frac{\text{当期回购普通股股数}\times\text{已回购时间}}{\text{报告期时间}}$$

每股收益是评价上市公司获利能力的基本和核心指标，该指标反映了企业的获得能力，决定了股东的收益质量。每股收益越高，企业的获利能力越强，股东的投资效益就越好，每 1 股份获得的利润也越多；反之则越差。同时，每股收益还是确定股票价格的主要参考指标，在其他因素不变的情况下，每股收益越高，该种股票的市价上升空间则越大；反之，股票的市价也越低。

（二）市盈率

市盈率也称价格/收益比率，是指普通股每股市价为每股收益的比值，它反映了投资者对每 1 元收益所愿支付的价格，可以用来判断本企业股票与其他企业股票相比较的潜在价值，是上市公司市场表现中最重要的指标之一。其计算公式为：

$$\text{市盈率}=\frac{\text{每股市价}}{\text{每股收益}}$$

市盈率是投资者衡量股票潜力、借以投资入市的重要指标。该指标比值越大，说明市场对公司的未来越看好，表明公司具有良好的发展前景，投资者预期能获得很好的回报。但过高的市盈率蕴含着较高的风险，除非公司在未来有较高的收益，才能把股价抬高，否则市盈率越高，则风险越大。

市盈率高低的评价还必须根据当时资本市场平均市盈率进行分析，在健全、完善的资本市场上，能吸引投资者的关键不是市盈率的高或低，而是将市盈率与企业未来的获利前景相比较。发展前景较好、充满扩张机会的新兴行业市盈率普遍较高；而发展前景不佳、成熟工业行业的市盈率普遍较低。

（三）每股股利

每股股利是指上市公司本年发放的普通股现金股利总额与期末普通股股份总数之间的比率。其计算公式为：

$$每股股利=\frac{普通股现金股利总额}{年末普通股股数}$$

每股股利的高低，不仅取决于公司盈利能力的强弱，还取决于公司的股利政策和现金是否充裕。倾向于分配现金股利的投资者，应当比较分析公司历年的每股股利，从而了解公司的股利政策。每股股利越高，则企业股本的盈利能力就越强，股东获取的股利也越多，能直观的说明股本盈利能力的高低。

影响每股股利的高低，不仅与企业的盈利能力有关，企业的股利政策也影响着每股股利的发放。如果企业为了今后扩大再生产，现在多留公积金，以增强企业发展的后劲，则当前的每股股利必然会减少；反之，则每股的股利就会相对较多。这也是投资者面对企业长远发展和当前利益所存在的矛盾。

（四）股利支付率

股利支付率也称股利发放率，是普通股每股分派的股利与每股收益之间的比率。它表明股份公司的净收益中有多少用于股利的分配。其计算公式为：

$$股利支付率=\frac{普通股每股股利}{普通股每股收益}\times100\%$$

股利支付率是反映企业一定时期内净利润中股利发放程度的一个指标。股票持有者中，有部分短期投资者是为了获取股利，他们最为关心的问题是，在企业的净收益中有多少能用于发放现金股利的部分，他们希望这一比率越高越好；而对长期投资者来说，他们并不是希望这一指标越高越好，因为过多地发放现金股利，会影响企业的支付能力、偿债能力和营运能力，他们希望这一指标既能维持企业在资本市场的形象和信心，又不影响企业的支付能力等。股利支付率主要取决于公司的股利政策，没有一个具体的标准来进行判断。对企业来说，如果现金充裕且无重大投资项目，可以发放较高的现金股利；反之，则可能发放较低的现金股利，将现金进行项目投资。

（五）每股净资产

每股净资产是指期末净资产（即股东权益）与年度末普通股股份总数的比值，也称每股账面价值或每股权益，是上市公司的又一个重要评价指标。其计算公式为：

$$每股净资产=\frac{年度末股东权益}{年度末普通股股数}$$

该指标说明了每股股票所代表的净资产成本即账面价值，它在理论上提供了股票的最低价值。该指标越高，表明公司普通股每股实际拥有的净资产越大，公司的未来发展潜力越强。但该指标也并非越高越好，一个公司没有负债或未有效运用财务杠杆，均表现为每股净资产较高，但净资产的运用效率即净资产收益率并不一定最好。所以，如果公司有较高的获利水平，在此前提下每股收益指标的上升，才表明企业真正具有良好的财务状况。

（六）市净率

把每股净资产和每股市价联系起来，可以说明市场对公司资产质量的评价。反映每股市价和每股净资产关系的比率，称为市净率：

$$\text{市净率(倍数)}=\frac{\text{每股市价}}{\text{每股净资产}}$$

市净率指标越大，说明企业的资产质量越好，越有发展潜力，市场对其有良好评价，投资者对公司的未来发展有信心，但同时也蕴含了较大的投资风险；反之，则说明企业资产质量差，企业没有发展前途。

复习思考题

1. 利润表的作用是什么？
2. 利润表收益项目之间的关系是怎样的？
3. 利润表中与资产有关的盈利能力分析指标有哪些？
4. 利润表中与销售有关的盈利能力分析指标有哪些？
5. 利润表中与股东有关的盈利能力分析指标有哪些？
6. 丙公司是一家生产餐具的公司，而其所属的商会每月均出版一本月刊。最近一期的月刊中刊登了一篇文章，对40家该行业的公司的财务报表作了一个简短的分析，并列表如下：

行业内40家公司的平均值

股东权益报酬率	33%
毛利率	30%
流动比率	1.9:1
存货周转率	37天
应收账款平均收账期	41天

丙公司最近一期的财务报表如表1、表2所示。

表1 **利 润 表**

2010年12月31日　　单位：10万元

销售收入		1 800
销售成本		(1 440)
毛利		360
销售和管理费用	(110)	
利息费用	(30)	(140)
净利润		220

表 2 **资产负债表**

2010 年 12 月 31 日 单位：10 万元

科　目	金　额	金　额
流动资产：		
货币资金	10	
应收账款	240	
存货	192	
应付公司债	300	
负债总计		594
股东权益：		
股本		
未分配利润	200	
股东权益合计	648	848
负债与股东权益合计		1 442

要求：

（1）请使用丙公司的财务报表，计算月刊文章中提及的有关比率，并就丙公司的业绩表现与行业内 40 家公司的平均数据作一简单的比较。

（2）试列出 3 个理由，说明为什么丙公司的比率与文章中的数据的比较可能有误导成分。

（3）请解释和评论下列基本会计概念：

① 持续经营概念；

② 应计或配比概念；

③ 一致性概念；

④ 谨慎性概念。

第四章　现金流量表及其分析

1975 年 10 月，美国 Grant 公司破产事件引起人们的广泛关注。作为美国最大的商业企业之一，Grant 公司在 1974 年公布的财务数据中显示其营业净利润近 1 000 万美元，经营活动提供营运资金 2 000 多万美元，银行扩大贷款总额达 6 亿美元，而且该公司于 1973 年末仍在按其收益 20 倍的价格出售公司股票。这样一家财务数据良好且受到银行和投资者青睐的公司为什么会突然破产呢？问题就在于当时的投资者和债权人没有对公司的现金流动状况做深入的了解和分析。如果深入分析该公司的现金流量就会发现，早在 5 年前该公司的现金流量净额就已经出现负数。

Grant 公司破产事件使投资者意识到只分析资产负债表、利润表和所有者权益变动表并不能完全满足投资决策的需要，人们希望从企业的经营活动中更多地提取有关现金流量的信息。于是关于现金流量表的分析开始引起人们的重视。

第一节　现金流量表的作用及结构

现金是企业的血液，企业的任何日常活动都始于现金而终于现金，企业现金流转的顺畅与否对企业的生存与发展有重大的影响。在理想的状态下，企业销售商品或提供劳务完全是以现金形式进行交易，且在不存在任何的资产折旧以及费用摊销的情况下，利润与现金是完全相同的；在现实的经营活动中，遵循权责发生制核算的收入增加并不是必然会引起现金的增加，费用的增加也并不一定等于现金的流出。因此，一个盈利丰厚的企业却可能因为现金不足而陷入困境乃至破产倒闭。正是基于人们对企业现金流量的重视，现金流量表应运而生。现金流量表是反映企业一定会计期间现金和现金等价物流入与流出信息的报表，是企业会计报表的主表之一。现金流量表说明了企业一定期间内现金流入和流出的原因，是联系资产负债表和利润表的桥梁。

一、现金流量表的作用

现金流量表是以现金为基础编制的财务状况变动表，主要提供有关企业现金流量方面的信息。在实际经济活动中，有些企业利润表上反映的是盈利，但没有现金支付能力，不能偿还到期债务；而有些企业利润表上反映的是亏损，却现金充足，不仅日常经营运转正常，甚至还能对外投资。产生这种情况的原因是因为利润表是按权责发生制编制的，而现金流量表是按收付实现制编制的。现金管理已成为企业财务管理的一个重要方面，受到企业管理人员、投资者、债权人以及政府监管部门的关注，具体而言，现金流量表的主要作用表现在以下几个方面：

（一）帮助投资者、债权人通过现金流量分析判断和评价企业获取现金的能力

投资的主要目的是获得收益，无论是股权投资还是债权投资都要关注自身的收益能否实现，这些均取决于公司本身现金流量的金额和时间。只有企业能产生有利的现金流量，才有能力还本付息、支付股利。

（二）帮助投资者、债权人评估企业偿债能力和支付能力

现金流量表披露的经营活动净现金流入的信息能客观地衡量这些指标。经营活动的净现金流入量从本质上代表了企业自我创造现金的能力。如果经营活动的现金流量充足，则意味着企业充满着活力，并靠自身经营来赚钱。靠自身创造出现金流，在风险面前的“免疫力”就会增强，其支付能力和偿债能力也就有了坚实的基础和后盾。

（三）帮助投资者、债权人判断和评价企业盈利的质量

利润反映了一个企业的经营成果，是体现企业经营业绩的最重要的一个指标。但利润是按照权责发生制编制的，含有管理层的主观判断，容易被操纵，而且利润不代表企业真正实现的收益。正所谓“钱是赚回来的，利润是算出来的”，一个具有较多利润的企业并不一定具有良好的财务状况，而以收付实现制为基础编制的现金流量表可以弥补这一缺陷。我们可以借助于现金流量表，分析经营活动的现金流量与净利润之间产生差距的原因以及差距的大小，对利润的质量予以透视，从而评判企业盈利的质量。

（四）帮助投资者、债权人分析判断和评价企业发展的战略信息

企业发展的不同阶段对现金的需求是不同的，我们可以通过分析企业现金流量来源与用途的数量变动判断企业处在什么阶段、状态如何，从而判断企业的发展战略。例如，投资活动现金净流量为负值，而且主要是由非债权性投资活动引起的，说明企业可能正处于扩张阶段，在一般情况下预示着企业在将来会有相应的现金流入。

二、现金流量表分析的局限性

（一）报表信息的可靠性

可靠性是指企业提供的财务信息，以客观的事实为依据，而不受主观意志的左右，确保财务信息准确可靠。事实上，编制现金流量表的各种资料的可靠性受到很多因素的影响，由于报表本身的不可靠性使得报表分析同样显得不够可靠。

（二）报表信息的可比性

可比性要求将不同企业的现金流量表编制建立在相同的会计程序和方法上，便于报表使用者比较分析同一企业在不同时期，以及企业与企业之间的偿债能力和现金流动状况的强弱和优劣。对于同一个企业来说，虽然可比性原则的运用使其有可能进行不同期间的比较，但如果企业的会计环境和基本交易的性质发生变动，则同一个企业不同时期财务信息的可比性便大大减弱。对于不同企业来说，由于不同企业采用的会计处理方法不同，如存货的计价、折旧的摊销、收入的确认以及支出资本化与费用的处理等，从而对分析不同企业的现金状况带来了一定的困难。

（三）报表信息的有效性

财务报表中反映的数据，是企业过去会计事项影响的结果，根据这些历史数据计算得到的各种分析结论，对于预测企业未来的现金流动，只有参考价值，并非绝对有效。

三、现金流量表的结构

现金流量表一般由两大部分组成：一是现金流量表主表；二是现金流量表的补充资料。

现金流量表主表是采用直接法编制的，它按照现金收入和现金支出的项目类别直接反映企业各项活动产生的现金流量，用纯粹的专业语言来描述企业现金的流入量和流出量，以及由此引起的净现金流量的大小和结果。采用直接法编制现金流量表主表，便于分析企业经济活动中现金流量的来源和用途，有助于预测企业未来的现金流量前景。主表由三部分组成，分别是企业在经营活动中产生的现金流量、投资活动中产生的现金流量和筹资活动中产生的现金流量。每一种活动产生的现金流量又分别揭示流入、流出总额，使会计信息更具明晰性和有用性。主表采用报告式结构，按照现金流量的性质，依次分为经营活动产生的现金流量、投资活动产生的现金流量和筹资活动产生的现金流量，最后汇总反映企业现金及现金等价物净增加额。在有外币现金流量及境外子公司的现金流量折算为人民币的企业，主表中还应单设“汇率变动对现金及现金等价物的影响”项目。

现金流量表补充资料包括将净利润调节为经营活动现金流量、不涉及现金收支的重大投资和筹资活动、现金及现金等价物净变动情况等项目。其中将净利润调节为经营活动现金流量所采用的方法称为间接法。这是会计利用其专业语言来具体描述现金流量和相关利润指标之间的关系。

现金流量表格式按一般企业、商业银行、保险公司、证券公司等企业类型予以规定。企业应当根据其经营活动的性质，确定本企业适用的现金流量表格式。政策性银行、信托投资公司、租赁公司、财务公司、典当公司应当执行商业银行现金流量表格式规定，如有特别需要，可以结合本企业的实际情况，进行必要调整和补充。担保公司应当执行保险公司现金流量表格式规定，如有特别需要，可以结合本企业的实际情况，进行必要调整和补充。资产管理公司、基金公司、期货公司应当执行证券公司现金流量表格式规定，如有特别需要，可以结合本企业的实际情况，进行必要调整和补充。

一般企业现金流量表格式见表4－1和表4－2。

表 4－1　　　　**现金流量表**　　　　会企 03 表

编制单位　　　　年　月　　　　单位：元

项　　目	本期金额	上期金额
一、经营活动产生的现金流量：		
销售商品、提供劳务收到的现金		
收到的税费返还		
收到其他与经营活动有关的现金		
经营活动现金流入小计		
购买商品、接受劳务支付的现金		
支付给职工以及为职工支付的现金		
支付的各项税费		
支付其他与经营活动有关的现金		
经营活动现金流出小计		
经营活动产生的现金流量净额		
二、投资活动产生的现金流量：		
收回投资收到的现金		
取得投资收益收到的现金		
处置固定资产、无形资产和其他长期资产收回的现金净额		
处置子公司及其他营业单位收到的现金净额		
收到其他与投资活动有关的现金		
投资活动现金流入小计		
购建固定资产、无形资产和其他长期资产支付的现金		
投资支付的现金		
取得子公司及其他营业单位支付的现金净额		
支付其他与投资活动有关的现金		
投资活动现金流出小计		
投资活动产生的现金流量净额		
三、筹资活动产生的现金流量：		
吸收投资收到的现金		
取得借款收到的现金		
收到其他与筹资活动有关的现金		

续表

项　　目	本期金额	上期金额
筹资活动现金流入小计		
偿还债务支付的现金		
分配股利、利润或偿付利息支付的现金		
支付其他与筹资活动有关的现金		
筹资活动现金流出小计		
筹资活动产生的现金流量净额		
四、汇率变动对现金及现金等价物的影响		
五、现金及现金等价物净增加额		
加：期初现金及现金等价物余额		
六、期末现金及现金等价物余额		

表 4－2　　现金流量表附注补充资料

补充资料	本期金额	上期金额
1. 将净利润调节为经营活动现金流量：		
净利润		
加：资产减值准备		
固定资产折旧、油气资产折耗、生产性生物资产折旧		
无形资产摊销		
长期待摊费用摊销		
处置固定资产、无形资产和其他长期资产的损失（收益用“－”号填列）		
固定资产报废损失（收益以“－”号填列）		
公允价值变动损失（收益以“－”号填列）		
财务费用（收益以“－”号填列）		
投资损失（收益以“－”号填列）		
递延所得税资产减少（增加以“－”号填列）		
递延所得税负债增加（减少以“－”号填列）		
存货的减少（增加以“－”号填列）		
经营性应收项目的减少（增加以“－”号填列）		
经营性应付项目的增加（减少以“－”号填列）		

续表

补充资料	本期金额	上期金额
其他		
经营活动产生的现金流量净额		
2. 不涉及现金收支的重大投资和筹资活动：		
债务转为资本		
一年内到期的可转换公司债券		
融资租入固定资产		
3. 现金及现金等价物净变动情况：		
现金的期末余额		
减：现金的期初余额		
加：现金等价物的期末余额		
减：现金等价物的期初余额		
现金及现金等价物净增加额		

第二节　经营活动产生的现金流量及其分析

一、经营活动产生的现金流量项目

经营活动是指企业投资活动和筹资活动以外的所有交易和事项。企业随着经营活动的开展将会产生经营活动的现金流入量和经营活动的现金流出量。在持续经营的会计基本前提假设之下，经营活动产生的现金流量反映的是企业经常性的、持续性的资金流入和流出情况。经营活动产生的现金流量具体项目主要有：

1. “销售商品、提供劳务收到的现金”项目，该项目反映企业从事正常经营活动所获得的与销售商品、提供劳务等经营业务收入相关的现金流入（含在业务发生时向客户收取的增值税额等）。具体包括收到的在本期发生的业务现金收入和在以前期间发生但在本期才收到款项的业务收入，以及至今尚未发生但在本期已经预收了业务款项的现金收入等。

2. “收到的税费返还”项目，反映企业收到返还的增值税、营业税、所得税、消费税、关税和教育费附加返还款等各种税费。体现了企业在税收方面享受政策优惠所获得已缴税金的回流金额，也构成企业短期内经营现金流量的一项补充来源。

3. “收到其他与经营活动有关的现金”项目，反映企业收到的罚款收入、经营租赁收到的租金等其他除前两项所列之外的与经营活动有关的现金流入，金额较大的应当单独列示。这部分资金来源在企业通常带有一定程度的偶然性因素。

4. “购买商品、接受劳务支付的现金”项目，反映企业本期购买商品、接受劳务实际支付的现金（包括增值税进项税额），以及本期支付前期购买商品、接受劳务的未付款项和本期预付款项，减去本期发生的购货退回收到的现金。

与“销售商品、提供劳务收到的现金”中所述内容相对应，“购买商品、接受劳务支付的现金”是维持企业正常运转、保证企业经常性生产对劳务与物资需求的资金流出，也是企业获得经营业务收入所需物质基础与劳务保证的资金保障。

5. “支付给职工以及为职工支付的现金”项目，反映企业当期实际支付给从事生产经营活动的在职职工的工资、奖金、津贴和补贴，以及为这些职工支付的诸如养老保险、失业保险、商业保险、住房公积、困难补助等其他各有关方面的现金等。职工是企业生产经营活动中不可或缺的具体生产经营业务的实施者，支付给职工以及为职工支付的现金是保证劳动者自身生存及其再生产的必要开支。因此也属于企业持续性的现金支出项目。

需要注意的是，“支付给职工以及为职工支付的现金”项目并不是企业为其全体职工支付的现金，而仅仅是为从事生产经营活动的在职职工支付的现金。如企业支付给从事固定资产建造的在建工程人员的现金，一般列示在“购建固定资产、无形资产和其他长期资产支付的现金”项目中。而支付给离退休人员的现金，则列示在“支付的其他与经营活动有关的现金”项目中。这两者虽然也属于企业经常性的现金流出，但与企业日常经营运作中所形成的人力成本略有不同。前者构成了企业非货币性长期资产成本的一部分，而后者则体现了企业在离退休人员的安置等方面所承担的部分社会责任。

6. “支付的各项税费”项目，反映企业本期发生并支付的、本期支付以前各期发生的以及预交的所得税、增值税、营业税、房产税、土地增值税、车船税、印花税，以及教育费附加、城市建设维护费、矿产资源补偿费等各类相关税费，反映了企业除个别情况之外所实际承担的税费负担。从该项目覆盖的时间上讲，包含了当期发生且缴纳的相关税费，以及补交以前各期应交未交的有关税费和预交以后的相关税费等。从涉及的税费类型上讲，包含了企业所缴纳的几乎各种税费。当然也有例外事项，例如，企业支付的、按规定应计入固定资产成本中的耕地占用税，以及在购买商品时随交易价款一并结算支付的增值税等都不在这一项目中反映。前者列示在“购建固定资产、无形资产和其他长期资产支付的现金”项目中，后者则包含在“购买商品、接受劳务支付的现金”项目中。

7. “支付的其他与经营活动有关的现金”项目，反映企业除了上述购买商品、接受劳务所付出的现金，支付给职工以及为职工支付的现金和支付的各项税费之外，所发生的其他与经营活动有关的现金流出金额，如支付给离退休人员的各项费用以及企业支付的罚款支出、差旅费与业务招待费支出、保险费支出、办公费用及营销费用支出等，金额较大的应当单独列示。

二、经营活动产生的现金流量质量分析

（一）经营现金流量真实性分析

对比中报和年报经营现金流量，考察年度经营现金流量的均衡性，可初步认定经营现金流量的真实水平。在正常经营情况下，企业的购销和信用政策比较稳定，销售业务也较少出现大起大落的情形，因此企业经营现金流量年度内应保持一定的均衡性，否则表明年报经营现金流量存在被粉饰的可能。但需要指出的是，为了使结论更为准确合理，还应当同时考虑企业的会计行为（如是否存在年底结账的习惯）、结算方式，以及所属行业的具体特征（如

是否具有季节性生产的特点）。

在分析时，还应重点分析现金流量表有关明细项目，进一步明确经营现金流量的真实水平。对“销售商品、提供劳务收到的现金”项目，要分析企业有无虚构预收账款交易，粉饰主营业务现金流量的可能。若企业大额预收账款缺少相关的销售或建造合同，则表明企业主营业务现金流入缺乏真实性。对“收到的其他与经营活动有关的现金”项目，要分析判断企业有无借助下列事项粉饰其他经营活动现金流量的情况。

（1）关联方归还欠款。

（2）占用关联方资金。某些企业采取占用关联方往来款项的方式来虚增当期的经营现金流量，为此应特别关注上市公司与关联方进行期末大额款项往来的情况。

（3）现金流量项目类别归属。某些企业将一些非经营性现金流量项目（如票据贴现和临时资金拆借）归入“收到的其他与经营活动有关的现金”项目中，从而虚增了当期经营现金流量，掩盖了公司经营的真实面貌。对此也应给予充分关注。

（二）经营现金流量充足性分析

经营现金流量的充足性是指企业是否具有足够的经营现金流量满足正常运转和规模的扩张。对经营活动现金流量充足性分析可以从绝对量和相对量两方面分析：

1. 从绝对量方面认识充足性，主要是分析经营现金流量能否延续现有的企业经营，判断经营现金净流量是否正常。如果当期经营活动产生的现金净流量小于零，则意味着通过正常的供、产、销所带来的现金流量不足以支付因经营活动引起的货币流出。不过据此做出经营现金流量质量不高的结论还为时过早。

从企业成长的过程来分析，如果企业处于初创期，一方面由于生产的各个环节都还处在“磨合”状态，各种资源的利用率低，导致企业成本消耗较高，同时为了开拓市场，企业投入较多资金，采用各种手段将产品打入市场，例如加大广告支出，从而使现金流出较多；另一方面，由于消费者尚未对企业的产品完全接受，导致以产品销售或劳务提供为主的经营活动产生的现金流入很少。因此，企业的经营活动现金流量表现为“入不敷出”。

如果是由于上述原因导致经营活动现金流量“入不敷出”，应认为这是企业在成长过程中不可避免的正常状态。但是如果企业并非处于初创期，仍然出现这种状态，则应当认为经营活动现金流量质量差。

如果经营现金流入正好补偿现金流出，仍然不能认为经营现金流量质量好。原因有两个：其一，企业的成本消耗中除了现金消耗性成本外，还有一部分属于按权责发生制原则的要求而确认的摊销成本和应计成本。只有这些非现金消耗性成本也被完全补偿，才能够维持企业经营活动的货币“简单再生产”。其二，经营活动还承担着为企业投资活动提供货币支持，为筹资活动的风险规避贡献现金的任务。因此，只有当经营现金净流量大于零并且在补偿当期的非现金消耗性成本后仍有剩余时才能认为其比较充足，质量较好。

2. 从相对量角度考查充足性，主要是了解经营现金流量能否满足企业扩大再生产的资金需要，具体分析经营现金流量对企业投资活动的支持力度和对筹资活动的风险规避水平。主要评价指标有：

（1）现金流量资本支出比率。

$$\text{现金流量资本支出比率} = \text{经营活动现金流量}/\text{资本性支出额}$$

其中，资本性支出额指企业购建固定资产、无形资产及其他长期资产所发生的现金支出。该比率表明运用经营活动现金流量维持或扩大经营规模的能力。该指标越大，说明企业内涵式扩大再生产的水平越高，利用自身盈余创造未来现金流量的能力越强，经营现金流量的品质越好。当该比率小于1时，表明企业资本性投资所需现金无法完全由其经营活动提供，部分或大部分资金要靠外部筹资补充，企业财务风险较大，经营及获利的持续性与稳定性较低，经营现金流量的质量较差；当该比率大于1时，则说明经营现金流量的充足性较好，对企业筹资活动的风险保障水平较高，不仅能满足企业的资本支出需要，而且还可用于企业债务的偿还、利润的分配以及股利的发放。

（2）到期债务偿付比率。

$$到期债务偿付比率=经营活动现金净流量/（到期债务本金+本期债务利息）$$

该比率反映企业利用经营活动产生的现金流量偿付到期债务本息的实际水平。若该比率小于1，说明企业到期债务的自我清偿能力较差，经营现金流量的充足程度不高，要树立良好的财务信用，企业必须依靠其他方面资金的及时注入，主要包括对外融资、当期变现投资收益以及出售企业资产的现金所得；若该比率大于1，则显示企业具有较好的“造血”功能和财务弹性，经营现金流量比较充足，足以偿还到期债务，企业不存在支付风险且经营的主动性较强。

需要特别提及的是，仅以经营现金流量大小作为衡量企业经营好坏与财务优劣的标准将会引起误导。因为经常存在下面的情况：经营现金流量充足但企业盈利能力日益下降；经营现金流量不足但企业盈利能力日趋上升。这表明：企业资金充裕但找不到合适的投资方向，其未来盈利能力受到影响；企业现金短缺但实施了有效的负债经营，其盈利水平反而得到显著提高。因此，在某段时期内，企业的财务活动能力与财务管理水平同样重要。

（三）经营现金流量稳定性分析

持续稳定的现金流量是企业正常运营和回避风险的重要保证。要评价经营现金流量的质量必须考虑其稳定性。可以利用如下两个比率进行分析。

1. 现金流量结构比率。

$$\begin{matrix}现金流量\\结构比率\end{matrix}=\frac{经营活动产生的现金流量净额}{经营、投资、筹资活动产生的现金净增加额}$$

经营活动现金流量的主要构成是主营业务。主营业务突出、收入稳定是企业运营良好的重要标志，反过来企业主营业务突出，经营越稳健，现金流越稳定、持续。据此比率可以大致了解企业主营业务当前的兴衰程度。如果计算连续数期的该比率更能了解主营业务发展变化的长期趋势，从而在一定程度上对经营现金流量的稳定持续性做出判断。

2. 现金销售能力比率。

$$现金销售能力比率=经营活动产生的现金流入量/营业收入$$

尽管当期现金流入中有可能包括前期应收款项的回收，但从较长一段时间来看，除非经营环境发生重大变化，否则应收账款各期平均收现率差异不大，这样当期现金流入在数量上就相当于当期所销售商品、提供劳务收到的现金。通过这一比率可以判断企业现金销售能力，较高的收现率表明企业产品定位准确，适销对路，并且已形成卖方市场的良好经营环境，这些又保证了经营现金流的稳定。

经营活动现金流量的最大特点在于它与企业日常营运活动的密切关系。无论是现金流入量还是流出量，都体现了企业在维持目前生产能力和生产规模状态下对现金及其等价物的获得与支出水平。若要体现“收支相抵、略有节余”的现金要求，经营活动现金净流量一般应该大于零。

第三节　筹资活动产生的现金流量及其分析

一、筹资活动产生的现金流量项目

筹资活动是指导致企业资本及债务构成和规模发生变化的活动。正常情况下，企业经营活动中的资金需求主要由其经营活动中的资金流入量来满足，即所谓的“以收抵支”甚至还应略有剩余。然而，由于生产经营活动中也存在着各有关环节衔接不当的情况，可能会造成企业短期内资金周转不畅、出现现金紧缺问题。或者企业出于其战略调整、规模扩大、资本运营等需要而对现金需求量提出更高的要求等，企业便不可避免地需要从外部筹措所需资金，从而产生了企业的筹资活动。筹资活动产生的现金流量，反映了企业出于各种需求而进行资金筹措所产生的现金流入与流出金额。包括权益性的筹资和债务性的筹资事项。

筹资活动产生的现金流量主要项目有：

1. “吸收投资收到的现金”项目，反映企业以发行股票、债券等方式筹集资金实际收到的款项，减去直接支付给金融企业的佣金、手续费、宣传费、咨询费、印刷费等发行费用后的净额。

企业以发行股票或配股方式筹集资金，在带来可供其长期使用而无须偿还的股权资金的同时，由于在一定程度上降低了资产负债比率，从而提高了企业对其债权人利益的保障程度，也为企业日后的债务筹资提供了可能。

而企业若以发行债券的方式筹集资金，则在带来目前可供使用的债务资金的同时，也造成了日后按期还本付息的资金压力。因此，如果“吸收投资所收到的现金”来源金额过大，而当期资产负债表及股东权益变动表显示实收资本或股本变动较小或无变动，则说明此项现金流主要来源于债务性筹资，投资者就应充分考虑和分析该企业未来获取现金、偿付本息的能力，以及偿还时大量的资金流出给企业正常生产经营所可能带来的负面影响。

需要注意的是，以发行股票、债券等方式筹集资金而由企业直接支付的审计、咨询等费用，不在本项目中反映，而在“支付的其他与筹资活动有关的现金”项目中反映；由金融企业直接支付的手续费、咨询费、宣传费印刷费等费用，从发行股票、债券取得的现金收入中扣除，以净额列示。

2. “取得借款收到的现金”项目，反映企业在当期向银行或非银行金融机构举借各种长期或短期借款所收到的现金。与发行债券的方式筹集资金一样，企业在向银行或非银行金融机构举借债务、获得目前可供使用的资金的同时，同样会造成日后按期还本付息的资金压力，即现时的现金流入会导致未来相应的现金流出。

3. “收到的其他与筹资活动有关的现金”项目，该项目是指企业除吸收投资以及借款所收到的现金之外，在其他归并于筹资活动的有关项目上所收到的现金，如接受的现金捐赠等。这类现金流入通常在企业筹资活动现金流入量中所占的比例不高，有时甚至不会出现，但如果价值较大，应单列项目反映。

4. “偿还债务支付的现金”项目，反映企业在当期偿还已经到期的各项债务本金所产生的现金支出金额。企业在以往筹资活动中，以发行债券的方式或者向银行或非银行金融机构借款的方式筹措获得所需资金，无论期限多长，都需要在未来一定期限内还本付息，该项目即是反映由此引起的现金支出。

将“偿还债务所支付的现金”与前面所提到的“吸收投资所收到的现金”以及“取得借款所收到的现金”进行数量比较，如果前者大于后者，说明企业当期所筹资金基本上是用于偿债之需，这也传达出企业目前资金紧张、偿债压力偏大的信息。而如果后者大于前者，则说明企业当期所筹资金更多地用于生产经营或资本扩张之所需，此时应结合“经营活动现金流量”和“投资活动现金流量”的具体内容再做进一步分析。

需要注意的是，企业偿还的借款利息、债券利息，应在“分配股利、利润或偿付利息所支付的现金”项目中反映。

5. “分配股利、利润或偿付利息所支付的现金”项目，该项目反映企业实际支付的现金股利、支付给其他投资单位的利润或用现金支付的借款利息、债券利息。使用别人的资金是需要付出代价的，企业以吸收投资或借款的方式获得对投资者或债权人资金的占有和使用权，自然也需要付出相应的使用代价，这种使用代价的现金表现便是以现金形式支付给股东的股息、利润，以及支付给债权人的借款利息或债券利息等。该项资金流量的大小从某种程度上也传递着企业用资成本的高低。

需要说明的是，“分配股利或利润所支付的现金”、“偿付利息所支付的现金”项目，应在本项目反映。此外，不同用途的借款，其利息的开支渠道不一样，如在建工程、财务费用等，但均在本项目中反映。

6. “支付其他与筹资活动有关的现金”项目，反映企业除偿还债务所支付的现金以及分配股利、利润或偿付利息所支付的现金之外，因其他与筹资活动有关的情况而发生的现金流出金额，包括以发行股票、债券等方式筹集资金而由企业直接支付的审计和咨询等费用、为购建固定资产而发生的可以资本化的借款利息支出、融资租入固定资产所支付的租赁费、以分期付款方式购建固定资产以后各期支付的现金等。其中价值较大的，应单列项目反映。

二、筹资活动产生的现金流量分析

对于筹资活动现金流量质量的分析同样也可以通过比较筹资活动现金流入量与现金流出量的大小来进行分析。

（一）筹资活动产生的现金流量大于零

筹资活动产生的现金流量大于零，意味着企业在吸收权益性投资、借款等方面所收到的现金之和大于企业在偿还债务、偿付利息和股利等方面所支付的现金之和。企业在发展的起步阶段是“饥渴的现金使用者”，各种投资活动活跃，而投资需要大量资金，同时企业销售收回的现金极少，企业经营活动产生的现金流量小于零，因而存在大量对外筹资需求；处于衰退阶段的企业由于盈利能力低，微薄的净利润等无法满足再投资所需的资金，为弥补现金流量不足，企业也常常要举债筹资，从而出现大额的筹资活动产生的现金流入量。因此，分析企业筹资活动产生的现金流量大于零是否正常，关键要看企业的筹资活动是否已经被纳入企业的发展规划，是企业管理层以扩大投资和经营活动为目标的主要筹资行为，还是企业因投资行为和经营活动的现金流出失控而不得已的筹资行为。

此外，还要分析筹资活动现金流入对企业的影响是正面的还是负面的。虽然企业发展初期需要大量的现金流入，但随着企业筹资活动的频繁，企业潜在的筹资风险也在逐步提高。长期的筹资活动现金流入必然也是企业不正常运转的标志之一。

（二）筹资活动产生的现金流量小于零

筹资活动产生的现金流量小于零，意味着企业在吸收权益性投资、借款等方面所收到的现金之和小于企业在偿还债务、偿付利息和股利等方面支付的现金之和。这种情况的出现，或者是由于企业在本会计期间集中发生偿还债务、偿付利息和分配股利；或者是由于企业经营活动与投资活动在现金流量方面运转良好，有能力完成上述各项支付。但是，企业筹资活动产生的现金流量小于零，也可能是企业在投资和扩张方面没有更多作为的一种表现。

筹资活动现金流量的最大特点在于它的现时现金流量与未来现金流量在一定程度上的对应性，即目前该类现金流入量的发生，在一定程度上意味着未来要求有相应的现金流出量。而目前该类现金流出量的存在则是以往相应的现金流入量所引起的必然结果。

需要说明的是，影响现金流量质量的因素很多，除了考虑上述因素外，同时还应考虑企业所属行业的特点、企业主要产品的生命周期，并充分利用现金流量表外的其他相关资料进行分析，才能更恰当地评价企业现金流量的质量。

第四节　投资活动产生的现金流量及其分析

一、投资活动产生的现金流量项目

投资活动是指企业长期资产的购建和不包括在现金等价物范围内的投资及其处置活动。按投资的方向，可以把投资分为对内投资和对外投资。对内投资是把资金投放在企业内部，用来购置各种生产经营资产。资产负债表中的固定资产、在建工程、无形资产等方面的投资就是对内投资。对外投资是指企业以现金、实物或购买有价证券（如股票、债券等）的形式向其他单位投资，主要是指股权投资和债权投资，通常我们所说的投资就是指这类投资。企业投资活动中发生的各项现金流出，往往反映了其为拓展经营所作的努力，可以从中大致了解企业的投资方向，一个企业从经营活动、筹资活动中获得现金是为了今后发展创造条件。现金不流出，是不能为企业带来经济效益的。投资活动一般较少发生一次性大量的现金流入，而经常发生大量现金流出，导致投资活动现金流量净额出现负数往往是正常的，这是为企业的长远利益，为以后能有较高的盈利水平和稳定的现金流入打基础的。当然，错误的投资决策也会事与愿违，所以特别要求投资的项目能如期产生经济效益和现金流入。投资活动产生的现金流量一般包括以下项目：

1.“收回投资收到的现金”项目，该项目反映企业因出售、转让或到期收回除现金等价物以外的交易性金融资产、长期股权投资而收到的现金，以及因收回长期债权投资本金而收到的现金，但长期债权投资收回的利息除外。

2.“取得投资收益收到的现金”项目，该项目反映企业因股权性投资而分得的现金股利，从子公司、联营企业或合营企业分回利润而收到的现金，以及因债权性投资而取得的现金利息收入，但股票股利除外。

3.“处置固定资产、无形资产和其他长期资产收回的现金净额”项目，该项目反映企业出售、报废固定资产、无形资产和其他长期资产所取得的现金，减去为处置这些资产而支付的有关费用后的净额。处置固定资产、无形资产和其他长期资产所收到的现金，与处置活动支付的现金，两者在时间上比较接近，以净额反映更能反映处置活动对现金流量的影响，且由于金额不大，故以净额反映。如处置固定资产、无形资产和其他长期资产所收回的现金净额为负数，则应作为投资活动产生的现金流量，在“支付的其他与投资活动有关的现金”项目中反映。此外，由于自然灾害等原因所造成的固定资产等长期资产的报废、毁损而收到的保险赔偿收入，也在本项目中反映。

4.“处置子公司及其他营业单位收到的现金净额”项目，该项目反映企业处置子公司及其他营业单位所取得的现金减去相关处置费用，以及其他营业单位持有的现金及现金等价物后的净额。

5.“收到其他与投资活动有关的现金”项目，该项目反映企业除上述各项目外，收到的其他与投资活动有关的现金。其他与投资活动有关的现金，如果价值较大的，应单列项目反映。

6.“购建固定资产、无形资产和其他长期资产支付的现金”项目，该项目反映企业购买、建造固定资产、取得无形资产和其他长期资产所支付的现金及增值税款、支付的应由在建工程和无形资产负担的职工薪酬现金支出，但为购建固定资产而发生的借款利息资本化部分、融资租入固定资产所支付的租赁费除外。为购建固定资产而发生的借款利息资本化部分，以及融资租入固定资产所支付的租赁费，应在“筹资活动产生的现金流量——支付其他与筹资活动有关的现金”项目中反映，不在本项目中反映。企业以分期付款方式购建的固定资产，其首次付款支付的现金在本项目中反映，以后各期支付的现金在“筹资活动产生的现金流量——支付其他与筹资活动有关的现金”项目中反映。

7.“投资支付的现金”项目，该项目反映企业取得的除现金等价物以外的权益性投资和债权性投资所支付的现金以及支付的佣金、手续费等附加费用。

需要注意的是，企业以溢价或折价购入债券时，应按实际支付的金额反映。企业购买股票和债券时，实际支付的价款中包含的已宣告但尚未领取的现金股利或已到付息期但尚未领取的债券利息，应在“支付的其他与投资活动有关的现金”项目中反映；收回购买股票和债券时支付的已宣告但尚未领取的现金股利或已到付息期但尚未领取的债券利息，应在“收到的其他与投资活动有关的现金”项目中反映。

8.“取得子公司及其他营业单位支付的现金净额”项目，该项目反映企业购买子公司及其他营业单位时，购买出价中以现金支付的部分，减去子公司或其他营业单位持有的现金和现金等价物后的净额。

整体购买一个单位，其结算方式是多种多样的，如购买方全部以现金支付或一部分以现金支付而另一部分以实物清偿。同时，企业购买子公司及其他营业单位是整体交易，子公司和其他营业单位除有固定资产和存货外，还可能持有现金和现金等价物。这样，整体购买子公司或其他营业单位的现金流量，就应以购买出价中以现金支付的部分减去子公司或其他营业单位持有的现金和现金等价物后的净额反映。

9. “支付其他与投资活动有关的现金”项目，该项目反映企业除上述项目外，支付的其他与投资活动有关的现金流入或流出，金额较大的应当单独列示。

二、投资活动产生的现金流量分析

（一）投资活动产生的现金流量质量分析

对于投资活动产生的现金流量分析，要关注企业扩大投资规模、购置固定资产和企业对外投资情况及其效果。对于投资活动产生的现金流量质量的分析目前还很难通过建立完善的指标体系来进行，但是我们可以通过比较投资活动现金流入量和流出量的大小并结合其他一些信息进行分析。

1. 投资活动产生的现金净流量小于零。投资活动产生的现金流量小于零，意味着企业在购建固定资产、无形资产、其他长期资产以及对外投资等方面所支付的现金之和大于企业在收回投资、取得投资收益、处置固定资产、无形资产和其他长期资产而收到的现金净额之和。在这种情况下投资活动现金流量表现为“入不敷出”，但不能据此简单做出判断。从企业的成长过程来看，如果企业处于初创阶段，投资活动活跃，而现金回收极少；或者是由于企业处于不断增长阶段，不断挖掘利润增长点，扩大投资行为，都会造成这样的结果。所以，面对投资活动的现金净流量小于零的企业，首先应当考虑的是该企业的投资活动是否符合其长期规划和短期计划。

一般来说，企业进行投资活动主要出于三个目的：一是为企业正常生产经营活动奠定基础，如购建固定资产、无形资产和其他长期资产等；二是为企业对外扩张和其他发展目的进行权益性投资和债权性投资；三是利用企业闲置的货币资金进行短期投资，以求获得较高的投资收益。在上述三个目的中，前两种投资一般都应与企业的长期规划和短期计划相一致，第三种投资在很多情况下是企业的一种短期理财安排。因此，面对投资活动产生的现金流量小于零的企业，如果投资活动符合其长期规划和短期计划则表明这是企业经营活动发展和企业扩张的内在需要，成功的投入会带来新利润；反之，可能是资金被套牢，运转不灵，甚至导致破产。

此外，还要结合产品的市场潜力、产品定位、经济环境等因素进行分析，结合企业未来获利能力对投资活动现金流量的质量作出判断。

2. 投资活动产生的现金净流量大于零。这种情况的发生或者是由于企业在本会计期间投资回收活动的规模大于投资支出的规模；或者是由于企业在经营活动、筹资活动方面急需资金，不得不处理手中的长期资产以求变现等原因所引起。因此，在这种情况下，应该对企业投资活动产生的现金流量进行具体分析。

另外，从公司的发展阶段来看，如果公司正处于成熟阶段，由于顾客对公司产品的需求增长缓慢，公司不需要在扩大生产方面再投入太多资金，因此公司投资活动也经常处于

“负投资”状态。

（二）投资活动产生的现金流量与企业未来发展的关系

在观察现金流量表的投资活动产生的现金流量时，应该仔细研究投资活动中对内投资和对外投资的关系。通常，企业要发展，长期资产的规模必须增加，一个投资活动中对内投资的现金净流出量大幅度提高的企业，往往意味着该企业面临着一个新的发展机遇，或者一个新的投资机会；反之，如果企业对内投资中的现金净流入量大幅度增加，表示该企业正常的经营活动没有能够充分地吸纳其现有的资金。

企业对外投资产生的现金净流入量大幅度增加时，说明该企业正大量地收回对外投资额，这可能是企业内部的经营活动需要大量资金，该企业内部现有的资金不能满足企业经营活动的资金需要；如果一个企业当期对外投资活动的现金净流出量大量增加，说明该企业的经营活动没有能够充分地吸纳企业的资金，从而游离出大笔资金，通过对外投资为其寻求获利机会。

如果企业的投资活动产生的现金净流量不大，只是对内投资与对外投资之间产生结构性变化，则情况比较直观。当企业对内投资的现金净流出量大幅度增长，即对外长期投资的现金净流入量大幅度增长，可能是企业获得了新的市场机会，一时不能从企业外部筹集到足够的资金，只有收回对外投资；反之，如果对外投资现金净流出量大幅度增加，说明正在缩小内部经营规模，将游离出来的资金对外投资，寻求适当的获利机会。

实际上在分析投资活动产生的现金流量时，还应该联系筹资活动产生的现金流量来综合考查，在经营活动产生的现金流量不变时，如果投资活动的现金净流出量主要依靠筹资活动产生的现金净流入量来解决，这就说明企业的规模扩大主要是通过外部筹资来完成的，这意味着该企业正在扩张。

第五节 现金流量表补充资料及其分析

一、现金流量表补充资料项目

现金流量表补充资料中，通常包括以下项目：

（一）将净利润调节为经营活动的现金流量

根据《企业会计准则第31号——现金流量表》第十六条的规定，企业应当在附注中披露将净利润调节为经营活动现金流量的信息。至少应当单独披露对净利润进行调节的下列项目：

1. “资产减值准备”项目，该项目包括坏账准备、存款跌价准备、长期股权投资减值准备、持有至到期减值准备、投资性房地产减值准备、固定资产减值准备、在建工程减值准备、无形资产减值准备、商誉减值准备、生产性生物资产减值准备、油气资产减值准备等。企业计提的资产减值准备，包括在利润表中，属于利润的减除项目，但没有发生现金流出。所以，在将净利润调节为经营活动现金流量时，需要加回。

2. “固定资产折旧、油气资产折耗、生产性生物资产折旧”项目，该项目反映企业本期计提的固定资产折旧、油气资产折耗、生产性生物资产折旧。企业计提的固定资产折旧，有的包括在管理费用中，有的包括在制造费用中。计入管理费用中的部分，作为期间费用在计算净利润时从中扣除，但没有发生现金流出。所以，在将净利润调节为经营活动现金流量时，需要加回。计入制造费用中的已经变现的部分，在计算净利润时通过销售成本予以扣除，但没有发生现金流出；计入制造费用中的没有变现的部分，由于在调节存货时已经从中扣除，但不涉及现金收支，所以在将净利润调节为经营活动现金流量时需要加回。

3. “无形资产摊销”项目，该项目反映企业摊销的无形资产。企业摊销无形资产时，计入管理费用。计入管理费用中的部分，作为期间费用在计算净利润时从中扣除，但没有发生现金流出。所以，在将净利润调节为经营活动现金流量时需要加回。

4. “长期待摊费用摊销”项目，该项目反映企业本期摊销的长期待摊费用。长期待摊费用摊销时，有的计入管理费用，有的计入销售费用，有的计入制造费用。计入管理费用、销售费用中的部分，作为期间费用在计算净利润时从中扣除，但没有发生现金流出。所以，在将净利润调节为经营活动现金流量时，需要加回。计入制造费用中的已经变现的部分，在计算净利润时通过销售成本予以扣除，但没有发生现金流出；计入制造费用中的没有变现的部分，由于在调节存货时，已经从中扣除，但不涉及现金收支，所以在将净利润调节为经营活动现金流量时需要加回。

5. “处置固定资产、无形资产和其他长期资产的损失”项目，该项目反映企业本期处置固定资产、无形资产和其他长期资产发生的损失。企业本期处置固定资产、无形资产和其他长期资产发生的损益，属于投资活动产生的损益，不属于经营活动产生的损益。所以，在将净利润调节为经营活动现金流量时，需要予以删除。如为损失，在净利润调节为经营活动现金流量时应当加回；如为收益，在净利润调节为经营活动现金流量时应当扣除。

6. “固定资产报废损失”项目，该项目反映企业本期固定资产盘亏发生的损失。企业发生的固定资产报废损益，属于投资活动产生的损益，不属于经营活动产生的损益。所以，在将净利润调节为经营活动现金流量时，需要予以删除。如为净损失，在净利润调节为经营活动现金流量时应当加回；如为净收益，在净利润调节为经营活动现金流量时应当扣除。

7. “公允价值变动损益”项目，该项目反映企业持有的采用公允价值计量其价值变动，计入当期损益的金融资产、金融负债等的公允价值变动损益。

8. “财务费用”项目，该项目反映企业本期发生的财务费用。企业发生的财务费用中，有些项目属于筹资活动或投资活动。例如，购买固定资产所产生的汇兑损益属于投资活动；支付的利息属于筹资活动。为此，应当将其从净利润中删除。

9. “投资损失”项目，该项目反映企业本期发生的投资损失情况。企业发生的投资损益，属于投资活动产生的损益，不属于经营活动产生的损益。所以，在将净利润调节为经营活动现金流量时需要予以删除。如为净损失，在将净利润调节为经营活动现金流量时应当加回；如为净收益，在将净利润调节为经营活动现金流量时应当扣除。

10. “递延所得税资产减少和递延所得税负债增加”项目，“递延所得税资产减少”项目，反映企业资产负债表中“递延所得税资产”项目的期初余额与期末余额的差额。“递延所得税负债增加”项目，反映企业资产负债表中“递延所得税负债”项目的期初余额与期末余额的差额。

11. “存货的减少”项目，该项目反映企业本期期末存货与期初存货的差额。期末存货比期初存货减少，说明本期生产经营过程耗用的存货有一部分是期初的存货，耗用这部分存货并没有发生现金的流出，但在计算净利润时已经扣除。所以，在将净利润调节为经营活动现金流量时应当加回。期末存货比期初存货增加，说明当期购入的存货除耗用外，还预留了一部分，这部分存货也发生了现金流出，但在计算净利润时没有包括在内。所以，在将净利润调节为经营活动现金流量时应当扣除。当然，存货的增减变化过程还涉及应付项目，这一因素在“经营性应付项目的增加（减：减少）”项目中考虑。

12. “经营性应收项目的减少”项目，该项目反映企业本期经营性应收项目（包括应收票据、应收账款、预付账款、长期应收款和其他应收款中与经营活动有关的部分及应收的增值税销项税额等）的期初余额与期末余额的差额。

经营性应收项目期末余额小于期初余额，说明本期收回的现金大于利润表中所确认的销售收入，但这一部分并没有在本期利润中得到体现。因此，在将净利润调节为经营活动现金流量时应当加回。反之，说明本期销售收入中有一部分没有收回现金，但是在计算净利润时这部分销售收入已包括在内，所以在将净利润调节为经营活动现金流量时应当扣除。

13. “经营性应付项目的增加”项目，该项目反映企业本期经营性应付项目（包括应付票据、应付账款、预收账款、应付职工薪酬、应交税费、应付利息、应付股利、长期应付款、其他应付款中与经营活动有关的部分及应付的增值税进项税额等）的期初余额与期末余额的差额。

经营性应付项目期末余额大于期初余额，说明本期购入的存货中有一部分没有支付现金，但是在计算净利润时却通过销售成本包括在内，所以在将净利润调节为经营活动现金流量时应当加回。反之，说明本期支付的现金大于利润表中所确认的销售成本，所以在将净利润调节为经营活动现金流量时应当扣除。

综上所述，企业将净利润调节到经营活动的现金流量的调节公式为：

经营活动产生现金流量净额 = 净利润 + 资产减值准备 + 固定资产折旧 + 无形资产摊销 + 长期待摊费用摊销
+ 处置固定资产、无形资产和其他长期资产的损失（减：收益）+ 固定资产报废损失 + 财务费用 + 投资损失（减：收益）
+ 公允价值变动损失（减：收益）+ 递延所得税资产的减少（减：增加）+ 递延所得税负债的增加（减：减少）
+ 存货的减少（减：增加）+ 经营性应收项目的减少（减：增加）+ 经营性应付项目的增加（减：减少）+ 其他

（二）不涉及现金收支的投资和筹资活动

根据《企业会计准则第31号——现金流量表》第十八条的规定，企业应当在附注中披露不涉及当期现金收支，但影响企业财务状况或在未来可能影响企业现金流量的重大投资和筹资活动。

“不涉及现金收支的投资和筹资活动”项目，反映企业一定时期内影响资产或负债但不形成该期现金收支的所有投资和筹资活动的信息。这些投资和筹资活动虽然不涉及现金收支，但对以后各期的现金流量有重大影响。如融资租赁设备，记入“长期应付款”账户，当期并不支付设备款和租金，但以后各期必须为此支付现金，从而在一定期间内形成了一项固定的现金支出。

不涉及现金收支的投资和筹资活动的业务主要有：

（1）“债务转为资本”项目，该项目反映企业本期转为资本的债务金额。

（2）“1 年内到期的可转换公司债券”项目，该项目反映企业 1 年内到期的可转换公司债券的本息。

（3）“融资租入固定资产”项目，该项目反映企业本期融资租入固定资产的最低租赁付款额扣除应分期计入利息费用的未确定融资费用的净额。

（三）现金流量净增加额

根据《企业会计准则第31号——现金流量表》第十九条的规定，企业应当在附注中披露与现金及现金等价物相关的下列信息：

1.“现金及现金等价物净增加额”信息，这是通过对现金、银行存款、其他货币资金账户以及现金等价物的期末余额与期初余额比较得来的。

2.“现金、银行存款、其他货币资金”项目，该项目反映符合“现金”定义的现金、银行存款、其他货币资金的情况。不能随时用于支付的存款，应当作为投资处理。

此外，附注中的“现金及现金等价物净增加额”存在勾稽关系，即金额相等。

第六节　与现金流量表有关的财务比率

现金流量财务比率分析主要是通过计算现金流量表中不同类别但具有一定的依存关系的两个项目的比例，来揭示它们之间的内在结构关系，反映企业资产的流动状况、偿债能力和盈利能力，以此考察企业现金流量所能满足生产经营、投资与偿债需要的程度，在现金流量表分析中具有更广泛、更深远的意义。反映企业现金流量的财务比率大体上有以下几种：

一、反映企业现金偿债能力的比率

所谓现金偿债能力，是指企业用经营活动产生的现金偿还到期债务的能力。为反映企业的现金偿债能力，我们可以将经营活动的现金净流量与企业的各种债务进行对比计算现金偿债比率。

现金偿债比率分析，有利于债权人按期、足额地收回本金和利息；有利于投资者把握有利的投资机会，创造更多的利润；也有利于经营者减少企业的财务风险，提高企业的收益能力。

企业的偿债能力主要通过资产的流动性即资产的变现能力和变现速度来评价。由于企业真正能用来偿还债务的是现金流量，因此用现金流量来衡量和评价企业的偿债能力是最稳健、最能说明问题的。运用现金流量分析企业的偿债能力，可以从如下方面进行：

（一）现金比率

所谓的现金比率就是指企业的现金与流动负债的比例，其计算公式为：

现金比率 = 现金余额/流动负债

其中，现金余额是指会计期末企业拥有的现金及现金等价物的数额，它可以通过现金流量表中“现金及其等价物的期末余额”项目查到；流动负债是指会计期末企业拥有的各项流动负债的总额，它可以通过资产负债表中“流动负债合计”项目的期末数来查到。

现金比率是衡量企业短期偿债能力的一个重要指标，计算现金比率对于分析企业的短期偿债能力具有十分重要的意义。因为流动负债不同于长期负债。长期负债的偿还期至少有1年的时间，企业有较充裕的时间筹集资金还本付息；而流动负债期限限制在1年内，如果企业没有一定现金数额的储备，在债务到期时，临时筹资去偿还债务，就容易出现问题。对于债权人来说，现金比率总是越高越好。现金比率越高，说明企业的短期偿债能力越强，现金比率越低，企业的短期偿债能力越弱。如果现金比率达到1，即现金余额等于或大于流动负债总额。那就是说，企业即使不动用其他资产，如存货、应收账款等，光靠手中的现金足以偿还流动负债。对债权人来说这是安全的，而对于企业来说，现金比率并不是越高越好。因为资产的流动性（即其变现能力）和其盈利能力成反比，流动性越差的其盈利能力越强，而流动性越好的，其盈利能力越弱。在企业的所有资产中，现金是流动性最好的资产。保持过高的现金比率，就会使资产过多地停留在盈利能力最低的现金上，虽然提高了企业的偿债能力，但降低了企业的获利能力。因此对企业来讲，要有一个与企业的经营状况相应的现金比率，不应该保持太高的现金比率。分析该比率可以结合流动比率和速动比率一并进行分析。

（二）流动负债保障率

该比率是指经营活动的年净现金流量与流动负债的比率，表明现金流量对当期流动负债偿还的满足程度。该指标是用来反映企业偿还当年到期债务能力大小的指标。为什么要使用经营活动的净现金流量呢？首先，在正常的生产经营情况下，当期取得的现金收入先要满足生产经营活动的支出，然后才能满足偿还债务的支出。其次，企业的经营活动是企业的主要活动，是获取自有资金的主要来源，应该说也是最为安全而且是规范的取得现金流量的办法，用经营活动的净现金流量与流动负债之比来衡量企业的偿债风险，是比较安全的。其计算公式为：

流动负债保障率 = 经营活动净现金流量/流动负债

企业为了偿还即将到期的流动负债，可以通过出售投资、长期资产等投资活动取得现金流入，以及筹借现金来进行偿债，但最安全可靠的办法仍然是利用企业的经营活动产生的现金净流量。该比率可以反映负债所能得到的现金保障程度，或企业获得现金偿付短期债务的能力。该比率越大，说明企业的短期偿债能力越强，经营活动产生的现金流量净额对当期债务的保障程度越高，资产流动性越好；反之，比率越低，表明企业短期偿债能力越差，财务风险比较高。一般认为该比率在40%以上比较理想。

（三）负债保障率

该比率是指经营活动净现金流量与当期全部债务的比率，表明企业现金流量对其全部债务偿还的满足程度，因此也是一个较综合反映企业偿债能力的比率。它是评价企业中长期偿债能力的重要指标，同时也是预测公司破产的重要指标。其计算公式为：

负债保障率＝经营活动净现金流量/负债总额

该比率越大，说明企业偿还债务的能力越强。一般认为企业的负债保障率只要超过借款付息率，债务人权益就有保障。

该比率是反映企业长期综合偿债能力、风险的指标。在利用资产负债表进行分析中，我们已经介绍过资产负债率指标，而负债保障率反映由企业经营活动所获取的现金流量对偿还债务能力的大小，这个比率更具有现实性。

（四）现金偿付比率

这一比率是生产经营活动产生的现金流量与长期债务总额之比，反映企业按照当前经营活动提供的现金偿还长期债务的能力。虽然企业可以用从投资或筹资活动中产生的现金来偿还债务，但从经营活动中所获得的现金应该是企业长期现金的主要来源。其计算公式为：

现金偿付比率＝经营活动产生现金流量/长期负债总额

一般来说，这一比率越高，企业偿还长期债务的能力越强。

另外，以下几个比率也有助于分析企业的偿债能力：

1. 到期债务本期偿付比率。这一比率是生产经营活动产生的现金流量与本期到期债务本金和现金利息支出之和的比率，用来衡量企业到期债务本金及利息可由经营活动创造现金支付的程度。其计算公式为：

到期债务本期偿付比率＝经营活动产生现金流量/偿付本息付现

该比率越大，说明企业偿付到期债务的能力越强。如果比率小于1，说明企业经营活动产生的现金不足以偿付到期债务本息，企业必须对外筹资或出售资产才能偿还债务。

2. 强制性现金支付比率。这一比率是当期总现金流量与经营活动现金流出量与本期偿付本息付现之和的比率，反映企业是否有足够的现金偿还债务、支付经营费用等。其计算公式为：

强制性现金支付比率＝现金流入总量/（经营活动现金流出＋偿付本息付现）

在持续不断的经营过程中，公司的现金流入量应该满足以强制性为目的的支付，即用于经营活动支出和偿还债务。这一比率越大，其现金支付能力越强。

二、反映现金盈利能力的比率

传统财务报表分析对盈利能力的评价，一般将利润与资源相比较。而利润的计算过程是通过会计制度规范而由会计人员计算出来的，受主观估计和人为判断的影响，即使排除会计人员被指使或其他人为操纵的因素，它也只是账面上的结果。也就是说，利润不同于实实在在的现金流量，对利润表的分析不能反映现金收益能力。现金收益能力的高低是报表使用者更加关心的财务指标，是反映企业根本性财务能力的指标。它是通过企业经营活动的现金净流量与收入或利润进行对比来反映企业获取现金的能力。

1. 销售净现率。销售净现率是指经营活动现金净流量与年度销售收入净额的比值，反映企业通过营业获取经营现金净流量的获利能力。其计算公式为：

销售净现率 = 经营活动现金净流量/年度销售收入净额

该指标越大，说明企业营业收入面临的风险越小，企业营业收入的质量越高；反之，若现金流量对销售收入的比率较低，而收入高，则表明企业有可能是以增加应收账款为代价来实现收入的，坏账发生的可能性大。

2. 盈利现金流量比率。盈利现金流量比率是指经营活动现金净流量与当期净利润的比率，反映经营的现金净流量与当期净利润的差异程度，即当期实现的净利润中有多少现金做保证，可以说明净利润的质量。其计算公式为：

盈利现金流量比率 = 经营活动现金净流量/净利润

该比例越大，说明企业经营活动的现金回收率越高，净利润的质量越好；若比率过小就有“虚盈实亏”的可能，说明企业在获取利润的过程中经营活动的现金流入不足，甚至存在操纵账面利润的可能，应该进一步分析企业的会计政策、会计估计和会计差错变更的影响以及应收账款及存货的变现能力。

由于利润表中的净利润指标是企业根据权责发生制原则和配比原则编制的，利润质量往往受到一些影响，它并不能反映企业生产经营活动产生了多少现金，但通过经营活动的现金流量与会计利润进行对比，就可以对利润质量进行评价。虽然，如固定资产折旧等项目不影响现金流量但会影响当期损益，使当期利润与现金流量不一致，但是二者应大体相近。因此该比率可以评价利润质量。

在市场竞争日益激烈的今天，该比率也不是越高越好，保持一定的商业信用也是企业生存发展所必不可少的。

3. 总资产现金回收率。总资产现金回收率是指企业经营活动现金净流量与资产总额的比值，反映企业资产创造现金的能力。其计算公式为：

总资产现金回收率 = 营业活动现金净流量/总资产

该比率反映企业总资产的运营效率，指标值越高，说明企业的资产运营效率越高，企业运用资产获得经营活动现金净流量的能力强。该指标应该与总资产报酬率指标结合运用，对于总资产报酬率较高的企业，如果该指标较低，说明企业的销售收入中现金流量的成分较低，企业的收益质量就会下降。

另外，衡量企业的现金盈利能力还可以用以下几个指标：

1. 每股经营现金净流量。每股经营现金净流量是指企业经营活动现金净流量与流通在外的普通股股数的比值，反映企业每股资本金获取现金净流量的能力。其计算公式为：

每股经营现金净流量 = 经营活动现金净流量/流通在外的普通股股数

该指标所表达的实质上是作为每股盈利的支付保障的现金流量，因而该指标越高，越为股东们所乐意接受。该指标反映平均每股流通在外的普通股票所占的现金流量，也反映企业为每股普通股获得的现金流入量。该指标通常比每股盈利更高，因为每股盈利中扣除了折旧。该指标可以用来衡量企业某一会计年度对资本成本和股利的支付能力，但不能代替每股盈利，只是一种补充性指标，只能与每股盈利配合使用，为投资者进行投资决策提供依据。

2. 投资活动创现率。

投资活动创现率 = 投资活动产生的现金流量/投资收益

投资活动是企业除经营活动之外，企业通过自身营运创造现金流量的主要手段。该指标反映企业实际投资收益中所带来的现金净流量水平，即体现了企业投资活动的创现能力，又可大致反映企业账面投资收益的质量。该指标越高，说明企业实际获得现金的投资收益越高。分析这一指标时，应注意以下两种情况：一是若企业投资获得现金净流量为负值，则不必计算该指标值，因为该企业的投资不仅没有带来相应的投资收益，反而造成投资本金的损失；二是要对企业投资获得收益的明细项目进行分析，判断收回投资取得现金是由哪一类具体投资活动带来的，从企业投资总体状况而言，该指标越大，说明投资水平越高。

三、反映企业收益质量的比率

收益质量是指企业收益的含金量，即收益中收到的现金的比率有多大，收现比率越大，收益质量越好。有关收益质量的信息，列示在现金流量表的“补充资料”第二部分。评价收益质量的财务比率主要用现金营运指数。

现金营运指数是指经营活动现金净流量与经营活动应得现金的比率，反映企业的收益质量。其计算公式为：

现金营运指数 = 经营活动现金净流量/经营活动应得现金

经营应得现金是指经营活动净利润与非付现费用之和。非付现费用主要表现为本年度计提的资产减值准备、固定资产折旧费用、无形资产摊销费用、摊销的待摊费用等非付现费用和属于筹资活动的财务费用。

经营活动现金净流量反映现金制下企业经营活动取得的现金净增加额；净利润或营业利润反映权责发生制下的会计净收益。二者的主要区别是计算口径不同，其差异的产生主要是受经营性应收、应付项目的变动影响。如果将利润调整为经营应得现金，通过计算经营现金收现比率，就可以反映企业利润的现金保障程度。

现金营运指数小于 1 则说明会计利润可能受到人为操纵或存在大量应收账款，收益品质较差。只要企业现金营运指数保持在 1 左右，或连续几个会计期间综合为 1，则表明收益质量良好。

需要注意的是，在运用盈利现金流量比率和现金营运指数对企业收益质量进行分析时，一般要用连续几期的数据进行比较，并要与企业的平均值或行业平均值进行比较，以便客观地评价企业的收益质量。

四、反映企业财务弹性的比率

财务弹性是指企业适应经济环境变化和利用投资机会的能力。这种能力来源于现金流量和支付现金需要的比较，现金流量超过需要，有剩余的现金，适应性就强，因此，财务弹性的衡量是用经营现金流量与支付要求进行比较，支付要求可以是投资需求或承诺支付等。具体指标有：

（一）现金流量适合率

现金流量适合率是指经营活动现金净流量与同期资本支出、存货购置及发放现金股利的比值，它反映经营活动现金满足主要现金需求的程度，一般用近5年的数据计算比较准确。其计算公式为：

$$现金流量适合率=\frac{近5年经营活动现金净流量}{同期资本支出+同期存货增加+同期现金股利}$$

其中，资本支出是指用于购置各种长期资产的支出，减去无息长期负债增加额；实际上等于净经营长期资产增加以及折旧与摊销。资本支出指的是企业的投资现金流出，是购置长期资产的支付。

该比率越高，说明资金自给率越高，高达1时，说明企业可以用经营获取的现金满足扩充所需资金；小于1，则说明企业是靠外部融资来补充。

（二）现金股利保障率

现金股利保障率是指经营活动的净现金流量与现金股利的比率，用来反映企业年度内使用经营活动净现金流量支付现金股利的能力。其计算公式为：

$$现金股利保障率=营业活动现金净流量/现金股利$$

现金股利是指本期已宣告发放的全部现金股利，可以从企业的利润分配表中获取。该比率越高，说明支付现金股利的能力越强；若该比率低于同行业平均水平，说明企业不景气，可能没有现金维持当前的股利水平，或者要靠借债才能维持。

（三）现金投资保障率

现金投资保障率是指企业经营活动所产生的现金净流量与投资活动支付的现金和存货增加额的比值，是反映企业通过经营活动创造现金来适应经济环境变化和利用投资机会的支付能力指标。其计算公式为：

$$现金投资保障比率=经营活动现金净流量/现金投资额$$

其中：

$$现金投资额=投资活动现金流出+存货增加额$$

现金投资保障率越高，表明企业现金投资的保障率越高，财务弹性越好，适应经济环境变化和利用投资机会的能力越强。

五、反映企业管理效率的比率

企业现金和信用的管理效率的高低，可以借助现金流量表进行分析。

（一）现金流量对销售之比

现金流量对销售之比是指销售收到的现金与销售净收入之比。其计算公式为：

现金流量对销售之比 = 销售收到的现金/销售净收入

该指标体现企业销售收取价款的能力和水平。如果该指标等于1，说明企业销售款完全回笼；如果大于1，说明企业不仅收取了当期的销售款，而且部分的收回了欠款。

（二）现金流量对应收账款之比

现金流量对应收账款之比是指现金流量与应收账款净值之比，其计算公式为：

现金流量对应收账款之比 = 经营活动的现金流量/应收账款净值

该指标越大，说明企业货款回收速度越快，信用管理越好。

（三）现金周转率

现金周转率是指现金流入与年内现金平均持有额之比。其计算公式为：

现金周转率 = 现金流入/年内现金平均持有额

其中，年内现金平均持有额为年初与年末持有额的平均数。

该指标用于衡量企业现金的管理能力和效率。该比值越大，表明现金闲置越少，收到的现金很快投入经营。但该比值也不宜过大，过大的比值体现企业对情况变化的应对能力差，现金周转不灵。

六、现金流量结构分析

现金流量结构分析就是在现金流量表有关数据的基础上，进一步计算该项目的各组成部分占总体的比重，以分析各项目的具体构成，揭示其相对地位和总体结构关系。现金流量结构分析包括现金流入结构分析、现金流出结构分析和现金净流量结构分析。

（一）现金流入结构分析

现金流入结构是指企业的各项业务活动的现金流入量占总体现金流入量的比重及各项业务活动的现金流入量具体项目的构成情况，明确企业的现金究竟来自何处、如何增加现金流入等。现金流入结构分析分为总体结构和分项活动现金流入量的内部结构分析。

首先，分别计算经营活动现金流入、投资活动现金流入和筹资活动现金流入占现金总流入的比重，了解企业现金的主要来源，明确各现金流入项目在结构上的比重，分析存在的问题，为增加现金流入提供决策依据。

一般来说，经营活动现金流入占现金总流入比重越大，表明企业财务基础越稳固，持续经营及获利的稳定性越高，财务风险越低，收益质量越好，现金流入结构越合理。

其次，分别计算各项目内部具体项目的现金流入量占各项目的比重，可以进一步明确企业的经营状况和财务状况。比如通过计算筹资活动中股权筹资和债权筹资现金流入量占筹资活动现金流入量的比重，可以考察企业筹资活动现金流量的主要来源，进而分析对企业财务状况及未来发展的影响。

（二）现金流出结构分析

现金流出结构分析是指分别计算经营活动现金流出量、投资活动现金流出量和筹资活动现金流出量占现金总流出量的比重，它能具体反映出企业的现金用于哪些方面，为控制现金流出提供决策依据。一般来说，经营活动现金流出比重大的企业，其生产经营情况正常，获利能力较强，现金流出结构较为合理。

（三）现金流量净额结构分析

现金流量净额结构分析是对经营活动、投资活动、筹资活动以及汇率变动影响的现金流量净额占全部现金净流量的比重进行分析，了解企业的现金流量净额是如何形成与分布的，进而分析各项活动的现金流入与流出，找出影响现金流量净额的原因，为改善现金流量状况提供依据。

一般来说，当经营活动的净流量较大时，企业的财务状况比较稳定。如果投资活动现金净流量为较大负数时，一方面说明企业加大投资，未来收益有可能增长，具有一定成长性；另一方面，任何投资都具有一定风险性，从而导致较大的投资风险。

复习思考题

1. 现金流量表的作用是什么？
2. 现金流量表有哪些局限性？
3. 如何进行经营活动现金流量质量分析？
4. 如何进行筹资活动现金流量质量分析？
5. 如何进行投资活动现金流量质量分析？
6. 现金流量表补充资料包括哪些项目？
7. 与现金流量表有关的财务比率有哪些？
8. ZX 通讯公司是属于通讯及相关设备制造业的公司，该公司有关财务数据如表 1、表 2、表 3 所示。

表 1　成长性指标　　单位：%

时期 项目	最近一年	3 年年均
销售增长率		
公司	78.16	92.79
行业平均	33.80	21.67
毛利增长率		
公司	40.47	67.63
行业平均	22.45	16.02
净利润增长率		
公司	67.47	44.63
行业平均	24.21	15.90
每股收益增长率		
公司	61.16	17.09
行业平均	21.12	5.65

表 2　财务比率　　单位：%

时期 项目	2010 年
流动比率	
公司	166.44
行业平均	165.37
速动比率	
公司	58.89
行业平均	117.26
应收账款平均收账期（天）	
公司	54.83
行业平均	114.03
存货周转天数（天）	
公司	323.42
行业平均	150.84
应付账款平均付账期（天）	
公司	144.69
行业平均	79.05
股东权益报酬率	
公司	20.73
行业平均	11.41
加权每股收益（元/股）	0.8567

表 3　　其他财务数据

项目＼时期	2010 年
净利润（万元）	35 415. 24
经营活动产生的现金流量净额（万元）	−7 071. 17
流动负债合计（万元）	330 883. 95
现金流动负债比率行业平均值（%）	6. 69

要求：

（1）计算 ZX 通讯公司的现金流动负债比率，并与行业的平均值和经验值比较；

（2）对公司和整个行业的成长性、清偿能力、资产管理效率、盈利能力和投资报酬率等进行对比分析，重点关注盈利和经营现金流量的关系，说明该公司的财务强点和弱点。

第五章 合并财务报表及其分析

第一节 合并财务报表概述

一、合并财务报表的概念与作用

（一）合并财务报表的概念

合并财务报表又称合并财务报表，它是以母公司和子公司组成的企业集团为一个会计主体，以母公司和子公司单独编制的个别财务报表为基础，由母公司编制的综合反映企业集团整体财务状况、经营成果及其现金流量的财务报表。

其中，母公司是指有一个或一个以上子公司的企业（或主体，下同）；子公司是指被母公司控制的企业。

（二）合并财务报表的作用

合并财务报表的作用主要体现在两个方面：

1. 合并财务报表能够对外提供反映由母子公司组成的企业集团整体经营情况的财务会计信息。在控股经营的情况下，母公司及其全部子公司都是独立的法人实体，通过分别编制自身的财务报表，能够分别反映各企业自身的财务状况、经营成果及其现金流量，但并不能有效地反映整个企业集团的财务状况、经营成果和现金流量。为强化对控股企业的管理，了解企业集团整体经营状况，就需要将控股公司与被控股公司的财务报表进行合并，编制出提供反映企业集团整体经营状况的合并财务报表，以满足企业集团管理当局及各方的需要。

2. 编制合并财务报表能够避免一些企业集团利用内部控股关系，操纵利润、人为地粉饰财务报表情况的发生。一些控股公司出于避税等考虑，利用对子公司的控制权，运用内部转移价格等手段转移利润或亏损，如低价或高价向子公司或母公司提供原材料、收购产品，从而实现向子公司或母公司转移利润。通过编制合并财务报表，可以将企业集团内部交易所产生的收入及利润予以抵销，使会计报表反映企业集团客观真实的财务和经营情况，有利于防止和避免控股公司人为操纵利润，粉饰会计报表现象的发生。

（三）合并财务报表的种类

根据《企业会计准则第33号——合并财务报表》的规定，合并财务报表至少应当包括下列组成部分：合并资产负债表、合并利润表、合并现金流量表、合并所有者权益（或股东权益，下同）变动表和附注。

1. 合并资产负债表。合并资产负债表是反映母公司和子公司所形成的企业集团某一特定日期财务状况的会计报表。

2. 合并利润表。合并利润表是反映母公司和子公司所形成的企业集团在一定期间内实现的经营成果的会计报表。

3. 合并现金流量表。合并现金流量表是反映母公司和子公司所形成的企业集团在一定期间现金流入、现金流出量及现金净增减变动情况的会计报表。

4. 合并股东权益变动表。合并股东权益变动表是反映母公司和子公司所形成的企业集团整体的股东权益各组成部分当期增减变动情况的报表。

5. 附注。合并财务报表附注是对其他合并财务报表中未能包括或披露不详尽的内容作的进一步的解释说明。

企业应当在合并财务报表附注中披露下列信息：（1）子公司的清单，包括企业名称、注册地、业务性质、母公司的持股比例和表决权比例。（2）母公司直接或通过子公司间接拥有被投资单位表决权不足半数但能对其形成控制的原因。（3）母公司直接或通过其他子公司间接拥有被投资单位半数以上的表决权但未能对其形成控制的原因。（4）子公司所采用的与母公司不一致的会计政策，编制合并财务报表的处理方法及其影响。（5）子公司与母公司不一致的会计期间，编制合并财务报表的处理方法及其影响。（6）本期增加子公司，按照《企业会计准则第20号——企业合并》的规定进行披露。（7）本期不再纳入合并范围的原子公司，说明原子公司的名称、注册地、业务性质、母公司的持股比例和表决权比例，本期不再成为子公司的原因，其在处置日和上一会计期间资产负债表日资产、负债和股东权益的金额以及本期期初至处置日的收入、费用和利润的金额。（8）子公司向母公司转移资金的能力受到严格限制的情况。（9）需要在附注中说明的其他事项。

二、合并财务报表的特点

与母公司的个别财务报表相比，合并财务报表由于涵盖了构成一个企业集团的各个组成部分，是综合地反映企业集团整体情况的财务报表，具有以下特点：

1. 合并财务报表反映的是企业集团整体的财务状况、经营成果及现金流量，其范围包括了若干个法人（包括母公司及其全部子公司）实体组成的会计主体，是经济意义上的主体而不是单个意义上的法律主体。

2. 合并财务报表的编制主体是母公司，并不是所有企业均需要编制合并财务报表。合并财务报表是由企业集团中，对其他企业有控制权的控股公司编制的。只有在能够对其他企业实施控制，形成母子公司关系的情况下，母公司才需要编制合并财务报表。

3. 合并财务报表是以企业集团中的母、子公司的个别财务报表为基础编制而成的。合并财务报表是在纳入合并范围企业的合并报表数据进行加总的基础上，结合其他相关资料，在合并工作的底稿上通过编制抵销分录将企业集团内部交易的影响予以抵销之后形成。

4. 合并财务报表的编制遵循特定的方法。合并财务报表不是汇总财务报表，并不是个别财务报表的简单加总。编制合并财务报表时，要在对纳入合并范围企业个别财务报表或经调整的个别财务报表进行加总的基础上，通过编制抵销分录的方法将企业集团内部的经济业务对个别财务报表的影响进行抵销，然后确定合并财务报表中各项目的数额。

三、合并财务报表的合并范围

确定合并财务报表的合并范围应当以控制为基础。控制，是指一个企业能够决定另一个企业的财务和经营政策，并能据以从另一个企业的经营活动中获取利益的权力。母公司应当将其全部子公司纳入合并财务报表的合并范围。只要是由母公司控制的子公司，不论其规模大小、向母公司转移资金能力是否受到严格限制，也不论业务性质与母公司或企业集团内其他子公司是否有显著差别，都应当纳入合并财务报表的合并范围。

具体来说，纳入合并财务报表合并范围的主要有两种情形：一是母公司直接或通过子公司间接拥有被投资单位半数以上的表决权；二是母公司拥有被投资单位半数或以下的表决权但能够控制被投资单位。

（一）母公司直接或通过子公司间接拥有被投资单位半数以上的表决权

母公司直接或通过子公司间接拥有被投资单位半数以上的表决权，表明母公司能够控制被投资单位，应当将该被投资单位认定为子公司，纳入合并财务报表的合并范围。但是，有证据表明母公司不能控制被投资单位的除外。

母公司拥有被投资单位半数以上的表决权，通常包括以下三种情况：

1. 母公司直接拥有被投资单位半数以上表决权。比如，A 公司购买了 B 公司发行的普通股总数的 60%，这种情况下，A 公司直接拥有 B 公司 60% 的表决权，B 公司就成为 A 公司的子公司，A 公司编制合并财务报表时，应将 B 公司纳入其合并范围。

2. 母公司间接拥有被投资单位半数以上表决权。间接拥有表决权，是指母公司通过其子公司而对其他公司拥有的表决权。如 A 公司拥有 B 公司 60% 股份，而 B 公司又拥有 C 公司 80% 股份，在这种情况下，A 公司作为母公司通过其子公司 B 公司，间接拥有 C 公司 80% 表决权，从而 C 公司成为 A 公司的子公司，A 公司编制合并财务报表时，除应将 B 公司纳入其合并范围外，还应当将 C 公司纳入其合并范围。

3. 母公司以直接和间接方式合计拥有被投资单位半数以上的表决权。以直接和间接方式合计拥有被投资单位半数以上的表决权，是指母公司以直接方式拥有某一被投资单位半数以下的权益性资本，同时又通过其他方式如通过子公司拥有被投资单位一部分的表决权，两者合计拥有被投资单位半数以上的表决权。例如，D 公司拥有 E 公司 90% 的股份，拥有 F 公司 20% 股份；E 公司拥有 F 公司 60% 的股份，在这种情况下，E 公司为 D 公司的子公司，D 公司通过子公司 E 公司间接拥有 F 公司的 60% 的股份，与直接拥有的 20% 股份合计，D 公司共拥有 F 公司 80% 的股份，从而 F 公司为 D 公司的子公司，应纳入其合并范围。

（二）母公司拥有被投资单位半数或以下的表决权但能够控制被投资单位

在母公司通过直接和间接方式拥有被投资单位半数以上表决权的情况下，如果母公司通过其他方式对被投资单位的财务和经营政策能够实施控制时，这些被投资单位也应作为子公司纳入其合并范围。母公司拥有被投资单位半数或以下的表决权，满足下列条件之一的，视为母公司能够控制被投资单位，应当将该被投资单位认定为子公司，纳入合并财务报表的合并范围：

1. 通过与被投资单位其他投资者之间的协议，拥有被投资单位半数以上表决权。如果母公司与其他投资者共同投资某企业，母公司与其中的某些投资者签订书面协议，受托管理和控制该被投资单位，从而在被投资单位的股东大会和董事会上拥有被投资单位半数以上表决权。在这种情况下，母公司对这一被投资单位的财务和经营政策实质上拥有控制权，该被投资单位成为事实上的子公司，应将其纳入合并财务报表的合并范围。

2. 根据公司章程或协议，有权决定被投资单位的财务和经营政策。如果在被投资单位的公司章程等文件中明确母公司对其财务和经营政策能够实施控制，能够控制企业财务和经营政策即能控制整个企业日常生产经营活动，被投资单位应当纳入母公司的合并财务报表的合并范围。

3. 有权任免被投资单位的董事会或类似机构的多数成员。如果母公司能够通过任免被投资单位董事会的多数成员，从而控制被投资单位的财务和经营政策，而该被投资单位也处于母公司的控制下进行日常生产经营活动，则被投资单位成为事实上的子公司，应当纳入母公司的合并财务报表的合并范围。

4. 在被投资单位董事会或类似机构占多数表决权。如果母公司能够控制董事会等权力机构的会议，从而主导公司董事会的经营决策，使该公司的生产经营活动在母公司的间接控制下进行，使被投资单位成为事实上的子公司，应将该被投资单位纳入母公司的合并财务报表的合并范围。

当母公司拥有被投资单位半数或以下的表决权时，如满足上述4个条件之一，视为母公司能够控制被投资单位，应当将该被投资单位认定为子公司，纳入合并的财务报表的合并范围。但是，如果有证据表明母公司不能控制被投资单位的除外。

在确定能否控制被投资单位时，应当考虑企业和其他企业持有的被投资单位的当期可转换的可转换公司债券、当期可执行的认股权证等潜在表决权因素。

四、合并财务报表的编制程序

编制合并财务报表主要包括以下几个基本步骤：

（一）对子公司的个别财务报表进行调整

合并财务报表应当以母公司和其子公司的财务报表为基础，根据其他有关资料，按照权益法调整对子公司的长期股权投资后，由母公司编制。

母公司应当统一子公司所采用的会计政策，使子公司采用的会计政策与母公司保持一致。子公司所采用的会计政策与母公司不一致的，应当按照母公司的会计政策对子公司财务报表进行必要的调整；或者要求子公司按照母公司的会计政策另行编报财务报表。

在编制合并财务报表时，子公司除了应当向母公司提供财务报表外，还应当向母公司提供下列有关资料：

（1）采用的与母公司不一致的会计政策及其影响金额；

（2）与母公司不一致的会计期间的说明；

（3）与母公司、其他子公司之间发生的所有内部交易的相关资料；

（4）股东权益变动的有关资料；

（5）编制合并财务报表所需要的其他资料。

（二）编制合并工作底稿

编制合并工作底稿相当于为编制合并财务报表打草稿。合并工作底稿按照利润表、资产负债表、现金流量表、股东权益变动表中各项目顺序设计，包括母公司和子公司的全部个别财务报表项目的数据，通过对这些项目的金额进行汇总和抵销处理，最终计算得出合并财务报表各项目的合并金额。合并工作底稿的基本格式如表 5－1 所示。

表 5－1

项　目	母公司	子公司 1	子公司 2	……	合计数	抵销分录		少数股东权益	合并数
						借方	贷方		
（资产负债表项目）									
货币资金									
……									
短期借款									
……									
实收资本（或股本）									
……									
未分配利润									
少数股东权益									
（利润表项目）									
营业收入									
营业成本									
……									
净利润									
归属于母公司所有者的净利润									
少数股东损益									

（三）将母公司和子公司的全部个别财务报表中的数据过入合并工作底稿

将母公司、子公司个别利润表、资产负债表、现金流量表、股东权益变动表中各项目的数据逐一过入合并工作底稿，并在合并工作底稿中对母公司和子公司个别财务报表各项目的数据进行简单加总。

（四）编制抵销分录

编制抵销分录进行抵销处理是合并财务报表编制的关键和主要内容，是通过在合并工作底稿中编制抵销分录和调整分录，将内部交易对合并财务报表有关项目的影响进行抵销处理，其目的在于将个别财务报表各项目的加总金额中重复的因素予以抵销。

（五）计算各项目的合并金额

在合并工作底稿中，根据母公司和子公司个别报表各项目简单加总得出的数额，分别加或减各抵销分录的借、贷方发生额，计算出合并财务报表中各资产项目、负债项目、股东权益项目、收入项目和费用项目等的合并金额。其计算方法如下：

1. 资产类各项目，其合并金额根据该项目加总金额，加上涉及该项目的抵销分录的借方发生额，减去涉及该项目的抵销分录的贷方发生额计算确定。

2. 负债类各项目和股东权益类项目，其合并金额根据该项目加总金额，减去涉及该项目的抵销分录的借方发生额，加上涉及该项目的抵销分录的贷方发生额计算确定。

3. 有关收入类各项目，其合并金额根据该项目加总金额，减去涉及该项目的抵销分录的借方发生额，加上涉及该项目的抵销分录的贷方发生额计算确定。

4. 有关费用类各项目，其合并金额根据该项目加总金额，加上涉及该项目的抵销分录的借方发生额，减去涉及该项目的抵销分录的贷方发生额计算确定。

（六）填列合并财务报表

根据合并工作底稿中计算出的资产、负债、股东权益、收入、费用类以及现金流量表中各项目的合并金额，填列生成正式的合并财务报表。

五、合并财务报表的局限性

合并财务报表对会计报表使用者有着重要的作用，但合并财务报表也存在着局限性，主要表现在以下方面。

（一）合并财务报表不能满足债权人的全部信息要求

母公司和子公司的债权人对企业的债权清偿权通常是针对独立的法律主体，而不是针对经济实体。例如，母公司的债权人的债权要求只能从母公司的资产得到满足，不能直接向子公司去索要，由于母公司对子公司债务的有限责任，子公司的债权人的债权要求也仅仅局限于子公司的资产，而不能追溯到合并财务报表中列示的总资产。可见，合并财务报表所反映的资产都不能满足母、子公司债权人的要求。同时，合并财务报表中的数据实际上是母公司和各子公司的混合数，并不能反映每个法律实体的长期和短期偿债能力，因而不能满足债权人的全部信息要求。

（二）合并财务报表不能满足股东的全部信息要求

1. 常规的比率分析方法在很大程度上失去意义。就个别企业而言，对其财务状况的分析，可以采用常规的比率分析方法来进行，但是在合并财务报表条件下，编制过程中对集团内部交易的剔除以及大部分项目的直接相加，使得对个别报表有意义的信息在合并过程中或者消失或者失去意义。因此，合并财务报表不能反映任何现存企业的财务和经营成果，再对它进行常规的比率分析在很大程度上失去意义。

2. 合并财务报表虽然能向母公司的股东提供整个集团的财务状况、经营成果和资金变动情况的信息，但合并财务报表并不能为股东预测和评价母公司和所有子公司将来的股利分派提供依据。股利分派取决于每个企业的留存利润、各个企业的资产构成、对股利分派的法律限制，以及企业将来的财务状况。所以，合并资产负债表中存在大量的合并留存利润以及较强的现金流转能力，并不能保证纳入合并财务报表中的每个公司能够分派现金股利。同样，母、子公司在法律上是独立的，子公司所实现的净利润在股利分派之前，母公司并不能动用。

3. 合并财务报表将母公司及其所有符合条件的子公司的单独会计报表合并起来，子公司的少数股东难以从合并财务报表中直接得到他们进行决策所需的有用信息。例如，他们所投资的子公司的资金运用信息。

（三）对其他外部信息使用者而言，合并报表不具有决策依据性

对于信息使用者而言，他们需要作的决策（如交易、投资等决策）是针对集团内的母公司和子公司的，而不是针对并不实际开展经营活动的虚拟的“集团”这一会计主体的。因此，合并财务报表对他们的决策不具有重要参考价值。

综上所述，合并财务报表固然能够反映整个企业集团的经营情况，能反映合并主体的经营规模，但它也存在着一些局限性，尤其是不能反映各个企业经营活动的详细情况，所以，即使编制了合并财务报表，各企业的单独会计报表也是不可缺少的。

第二节　合并资产负债表

一、合并资产负债表的格式

合并资产负债表与个别资产负债表大部分项目相同，只是合并资产负债表在个别资产负债表基础上，主要增加了三个项目：一是在“开发支出”项目之下增加了“商誉”项目，用于反映企业合并中取得的商誉，即在控股合并下母公司对子公司的长期股权投资与其在子公司股东权益中享有份额之间抵销后的借方差额；二是在股东权益项目下增加了“少数股东权益”项目，用于反映非全资子公司的股东权益中不属于母公司的份额；三是在“未分配利润”项目之后，“少数股东权益”项目之前，增加了“外币报表折算差额”项目，用于反映境外经营的资产负债表折算为母公司记账本位币表示的资产负债表时所发生的折算差额。

合并资产负债表格式详见表5－8。

二、合并资产负债表的编制

合并资产负债表是以母公司和子公司的资产负债表为基础，在抵销母公司与子公司、子公司相互之间发生的内部交易对合并资产负债表的影响后，由母公司编制的反映母公司和子公司所形成的企业集团某一特定日期财务状况的会计报表。合并资产负债表各个项目的金额是合并工作底稿中通过对母公司和子公司的全部个别财务报表项目的数据汇总和抵销处理计算得到的。

编制合并资产负债表时需要进行抵销处理的项目主要有：（1）母公司对子公司股权投资项目与子公司股东权益项目；（2）母公司与子公司、子公司相互之间发生的内部债权债务项目；（3）存货项目，即内部购进存货价值中包含的未实现内部销售利润；（4）固定资产项目（包括固定资产原价和累计折旧项目），即内部购进固定资产价值中包含的未实现内部销售利润；（5）无形资产项目，即内部购进无形资产价值中包含的未实现内部销售利润；（6）与抵销的长期股权投资、应收账款、存货、固定资产、无形资产等资产相关的减值准备的抵销。

（一）长期股权投资项目与子公司股东权益项目的抵销

编制合并资产负债表时，首先需要将对子公司的长期股权投资按照权益法进行调整，以便将母公司对子公司进行的股权投资形成的长期股权投资项目与子公司的股东权益项目进行抵销。

母公司对子公司进行股权投资时，在某些资产减少的同时，长期股权投资增加，在母公司个别资产负债表中作为资产类项目中的长期股权投资列示。子公司接受母公司这一投资时，一方面资产增加，另一方面股本增加，在子公司个别资产负债表中反映为股本等项目的增加。而从企业集团整体来看，母公司对子公司的股权投资并不会引起整个企业集团的资产、负债和股东权益的增减变动。因此，编制合并财务报表时应当在母公司与子公司个别财务报表数据相加的基础上，将母公司对子公司长期股权投资项目与母公司在子公司股东权益项目中所享有的份额相互抵销，同时抵销相应的长期股权投资减值准备。

1. 在子公司为全资子公司的情况下，应当将母公司对子公司的长期股权投资数额与子公司股东权益各项目的数额全额抵销。

在合并工作底稿中抵销分录为：借记“股本”、“资本公积”、“盈余公积”和“年末未分配利润”项目，贷记“长期股权投资”项目。

在购买日，母公司对子公司的长期股权投资与母公司在子公司股东权益中所享有的份额的差额，应当在商誉项目列示。

在合并工作底稿中编制的抵销分录为：借记“股本”、“资本公积”、“盈余公积”和“年末未分配利润”项目，贷记“长期股权投资”项目，如存在借方差额，借记“商誉”项目；如存在贷方差额，在合并当期应记入合并利润表“营业外收入”项目贷方，在合并以后期间，调整年初未分配利润。

【例5-1】某母公司对其全资子公司长期股权投资经调整后的数额为4 510 000元，该子公司账面股东权益总额为4 500 000元，其中股本为3 000 000元，资本公积为800 000元，盈余公积为200 000元，未分配利润为500 000元。应编制抵销分录如下：

借：股本	3 000 000	
资本公积	800 000	
盈余公积	200 000	
年末未分配利润	500 000	
商誉	10 000	
贷：长期股权投资		4 510 000

【例5-2】2011年1月1日，A公司以每股1.4元的价格从市场上收购B公司发行的全部股票10 000 000股，每股面值1元，A公司采用成本法核算，确认对其全资子公司B公司的长期股权投资14 000 000元。2011年1月1日，B公司股东权益总额为12 800 000元，其中股本为10 000 000元，资本公积为1 500 000元，盈余公积为800 000元，未分配利润为500 000元。2011年末B公司宣告当年实现净利润500 000元，2011年B公司股东权益没有其他变动。2011年12月31日，B公司股东权益总额应为1 330 000元，其中股本为10 000 000元，资本公积为1 500 000元，盈余公积为800 000元，未分配利润为1 000 000元。

首先，因A公司对B公司的长期股权投资采用成本法核算，编制合并资产负债表时应当按照权益法进行调整，确认A公司享有的份额500 000元。在合并工作底稿中应编制调整分录如下：

借：长期股权投资　　500 000
　　贷：投资收益　　500 000

按照权益法调整后，A公司对B公司长期股权投资的数额为14 500 000元。A公司对B公司长期股权投资14 500 000元与B公司股东权益总额13 300 000元存在差额1 200 000元，应作为商誉处理。在合并工作底稿中应编制A公司长期股权投资项目与B公司股东权益项目相抵销的调整分录如下：

借：股本　　10 000 000
　　资本公积　　1 500 000
　　盈余公积　　800 000
　　年末未分配利润　　1 000 000
　　商誉　　1 200 000
　　贷：长期股权投资　　14 500 000

2. 在子公司为非全资子公司的情况下，应当将母公司对子公司的长期股权投资数额与子公司股东权益项目中母公司所享有的份额相互抵销，子公司股东权益中不属于母公司的份额，作为“少数股东权益”处理。

“少数股东权益”项目，反映了公司股东权益中不属于母公司（包括通过子公司间接享有的）的份额，即除母公司外的其他投资者在子公司股东权益中所享有的份额。

在合并工作底稿中编制的抵销分录为：借记“股本”、“资本公积”、“盈余公积”和“年末未分配利润”项目，贷记“长期股权投资”和“少数股东权益”项目。当母公司对子公司长期股权投资的金额与在子公司股东权益中享有的份额不一致时，其差额比照全资子公司的原则处理。

对于同一控制下企业合并中取得的子公司，因长期股权投资按照权益法调整后与应享有子公司股东权益的份额相等，抵销过程中不会产生差额，合并中也不会形成商誉或应计入损益的因素。

【例5-3】假设某母公司对其子公司长期股权投资经调整后的数额为2 808 000元，拥有该子公司80%的股份。该子公司账面股东权益总额为3 500 000元，其中股本为2 000 000元，资本公积为800 000元，盈余公积为200 000元，未分配利润为500 000元。应编制抵销分录如下：

借：股本　　2 000 000

资本公积 800 000
盈余公积 200 000
年末未分配利润 500 000
商誉 8 000
贷：长期股权投资 2 808 000
少数股东权益 700 000

【例5-4】假设2011年1月1日，A公司以每股1.4元的价格从市场上收购B公司发行的全部股票10 000 000股中的80%，共8 000 000股，每股面值1元，A公司采用成本法核算，确认长期股权投资11 200 000元。其余资料与〖例5-2〗相同。

首先，因A公司对B公司的长期股权投资采用成本法核算，编制合并资产负债表时应当按照权益法进行调整，确认A公司享有的份额400 000元（500 000元×80%）。在合并工作底稿中应编制调整分录如下：

借：长期股权投资 400 000
贷：投资收益 400 000

按照权益法调整后，A公司对B公司长期股权投资的数额为11 600 000元，与其在B公司股东权益总额中享有的金额10 640 000元（13 300 000×80%）存在差额960 000元，应作为商誉处理。B公司股东权益总额中20%的部分2 660 000元（13 300 000×20%），则应作为少数股东权益。在合并工作底稿中编制A公司长期股权投资项目与B公司股东权益项目抵销的调整分录如下：

借：股本 10 000 000
资本公积 1 500 000
盈余公积 800 000
年末未分配利润 1 000 000
商誉 960 000
贷：长期股权投资 11 600 000
少数股东权益 2 660 000

（二）内部债权与债务项目的抵销

母公司与子公司、子公司相互之间的债权与债务项目，是指母公司与子公司、子公司相互之间的应收账款、预付账款和预收账款、应付债券与债券投资等项目。发生在母公司与子公司、子公司相互之间的这些项目，在集团内部每个企业的个别资产负债表中反映为资产或是负债，但从企业集团整体角度来看，它只会引起企业集团内部资金运动，既不属于企业集团的资产，也不属于负债，为此在编制合并财务报表时应当将内部债权债务项目予以抵销。

在编制合并资产负债表时需要进行抵销处理的内部债权债务项目包括：（1）应收账款与应付账款；（2）应收票据与应付票据；（3）预付账款与预收账款；（4）持有至到期中债券投资与应付债券；（5）其他应收账款与其他应付账款；等等。

初次编制合并财务报表时，对于内部产生的应收账款，抵销分录为：借记“应收账款”项目，贷记“应收账款”项目；内部应收债权抵销后，与其相对应的坏账准备也应抵销，其抵销分录为：借记“坏账准备”项目（或“应收账款——坏账准备”），贷记“资产减值损失”项目。

应收票据与应付票据等其他内部债权债务项目的抵销，与应收账款与应付账款的抵销处理相似。在进行抵销时，借记“应付票据”、“预收账款”等科目，贷记“应付票据”、“预收账款”等科目。

【例5-5】某母公司个别资产负债表中应收账款150 000元中有80 000元为子公司应付账款；预收账款20 000元中有5 000元为子公司预付款项；应收票据8 000元中有4 000元为子公司应付票据；子公司应付债券400 000元中有120 000元为母公司所持有。假设母公司按0.5%的比例计提坏账准备。

在编制合并资产负债表时，应编制如下抵销分录：

（1）内部应收账款与应付账款的抵销。

借：应付账款　　80 000

　　贷：应收账款　　80 000

（2）内部应收账款所计提坏账准备的抵销。

借：坏账准备　　400

　　贷：资产减值损失　　400

（3）内部预收账款与预付账款的抵销。

借：预收账款　　5 000

　　贷：预付账款　　5 000

（4）内部应收票据与内部应付票据的抵销。

借：应付票据　　4 000

　　贷：应收票据　　4 000

（5）持有至到期投资中债券投资与应付债券的抵销。

借：应付债券　　120 000

　　贷：持有至到期投资　　120 000

某些情况下，企业持有的集团内部债券并不是从发行债券的企业直接购进，而是在证券市场上购进的。在这种情况下，持有至到期投资中的债券投资与发行债券企业的应付债券抵销时，可能会出现差额，该差额应当计入合并利润表的投资收益项目。

（三）存货价值中包含的未实现内部销售损益的抵销

存货价值中包含的未实现内部销售损益是由于企业集团内部商品购销、劳务提供活动引起的。在内部购销活动中，销售企业将集团内部销售作为收入确认并计算销售利润，而购买企业则是以支付购货的价款作为其成本入账。例如A公司、B公司同为大众集团子公司，A公司将其成本为36 000元的甲商品以50 000元（不含增值税）的价格销售给B公司，B公司购入甲商品后本期未对外销售。为此，A公司确认营业收入50 000元，确认营业成本36 000元，即这项销售业务确认了14 000元的销售毛利，B公司则确认存货成本50 000元。在B公司本期内未实现对外销售而形成的期末存货50 000元中，实际上包括了两部分内容：一部分为真正的存货成本36 000元（即销售企业A公司销售该商品的成本）；另一部分为销售企业A公司的销售毛利14 000元。

对于期末存货价值中包括的这部分销售毛利，从企业集团整体来看，并不是真正实现的利润。因为从整个企业集团来看，集团内部企业之间的商品购销活动实际上相当于企业内部物资调拨活动，既不会实现利润，也不会增加商品的价值。从这一意义上来说，将期末存货价值中包括的这部分销售企业作为利润确认的部分，只能称为未实现内部销售损益。因此，在编制合并资产负债表时，应当将存货价值中包含的未实现内部销售损益予以抵销。上述大众集团在编制合并资产负债表时，应当将 B 公司存货价值中包含的未实现内部销售利润 14 000元与 A 公司确认的销售毛利 14 000 元（营业收入 50 000 元与营业成本 36 000 元的差额）进行抵销。

企业集团内部购销商品并且在期末形成存货的情况下，在编制合并资产负债表时编制抵销分录，应当按照销售企业销售该商品的销售收入，借记“营业收入”项目，按照销售企业销售该商品的销售成本，贷记“营业成本”项目，按照当期期末存货价值中包含的未实现内部销售损益的金额，借记或贷记“存货”项目。通过编制抵销分录，既抵销了合并资产负债表中的有关项目，也抵销了合并利润表中有关项目。

上述大众集团在编制合并资产负债表时应编制抵销分录如下：

借：营业收入　　50 000

　　贷：营业成本　　36 000

　　　　存货　　14 000

企业集团内部购销商品并且全部实现对外销售的情况下，内部销售损益通过对外销售得以实现。内部购销活动中的销售企业和购入企业分别确认了营业收入，也分别确认了营业成本，等于两次确认了销售活动，而从整个企业集团来看，只有对外销售才是真正的销售，实际上只发生了一次销售活动，期末并未因为此项销售活动形成存货，因此只需要将销售企业的“营业收入”等项目与购入企业的“营业成本”等项目进行抵销。在编制合并资产负债表时不需要专门编制抵销分录，但在编制合并利润表时则需要编制抵销分录。

假设上述 B 公司购入商品本期全部实现对外销售，大众集团在编制合并资产负债表时应编制抵销分录如下：

借：营业收入　　50 000

　　贷：营业成本　　50 000

企业集团内部购销商品并且部分实现对外销售的情况下，可以将购进的商品分成两部分来看，对外销售部分需要将销售企业的“营业收入”等项目与购入企业的“营业成本”等项目进行抵销，期末形成存货的部分需要将期末存货价值中包含的未实现内部销售损益与营业收入与营业成本的差额进行抵销。借记“营业收入”项目，贷记“营业成本”项目，按照实现对外销售的比例确定当期期末存货价值中包含的未实现内部销售损益的金额，借记或贷记“存货”项目。

【例 5－6】 2011 年 4 月，Z 公司向其母公司 H 公司销售商品 200 件，单位成本 480 元，不含税销售单价为 600 元。H 公司 2011 年底对外销售了该批商品中的 150 件，不含税销售单价为 700 元。

分析：可以将 H 公司购进的该批商品分成两部分来看，对于已实现对外销售的 150 件，应将 H 公司营业成本 90 000 元（600 × 150）与 Z 公司营业收入 90 000 元（600 × 150）进行抵销；对于未实现对外销售的 50 件商品，应将存货价值中包含的未实现内部销售利润 6 000 元[（120 000 － 96 000）÷ 200 × 50]及营业成本 24 000 元，与营业收入 30 000 元进行抵销。

在编制2011年合并财务报表时，应进行如下抵销处理：

借：营业收入　　（90 000 + 30 000）120 000

　　贷：营业成本　　（90 000 + 24 000）114 000

　　　　存货　　6 000

（四）内部固定资产交易的抵销处理

当企业集团内部发生固定资产购销业务，即集团内部一个企业销售而另一企业购入商品并且作为固定资产使用时，销售企业以高于或低于成本或净额的价格销售并由此确认销售损益，而购买企业以支付的价款作为固定资产原价入账并据以计提折旧，购买企业固定资产原价中包含了销售企业因该项内部销售而确认的损益。从企业集团整体来看，这种内部固定资产交易只是固定资产的转移，或者相当于自行建造固定资产或将自产的商品改变用途作为固定资产。这种内部固定资产交易既不能增加或减少固定资产价值，也不能由此产生损益，销售企业因该项内部销售而确认的损益属于未实现内部销售损益，在编制合并财务报表时应予抵销。

购买企业自集团内部购进的固定资产，在其个别资产负债表中以支付的价款作为该固定资产的原价列示，编制合并资产负债表时，首先应将该固定资产原价中包括的未实现内部销售损益予以抵销；其次，购买企业使用该固定资产并计提折旧，其折旧费计入相关资产的成本或当期损益。由于购买企业是以该固定资产的取得成本作为原价计提折旧，在取得成本中包含有销售企业由于该固定资产交易所实现的损益（即未实现内部销售损益），其各期计提折旧的金额要大于或小于按销售企业原成本或净额（不包含未实现内部销售损益）计提折旧的金额，因此还须将当期多计提或少计提的折旧金额从该固定资产当期已计提的折旧费用中予以抵销。其抵销处理程序如下：

首先，将内部交易固定资产相关的销售收入、销售成本及其原价中包含的未实现内部销售损益予以抵销。按销售企业由于该项固定资产交易所实现的销售收入，借记“营业收入”等项目，按照其销售成本，贷记“营业成本”等项目，按照该固定资产的销售收入与销售成本之间的差额（即未实现内部销售损益），贷记“固定资产——原价”项目。

其次，将内部交易固定资产当期多计提或少计提的折旧费用和累计折旧予以抵销。假设购买企业购入的固定资产供管理部门使用，如果内部销售价格高于销售成本，存在未实现内部销售利润，应按当期多计提的金额，借记“固定资产——累计折旧”项目，贷记“管理费用”等项目。如果内部销售价格低于销售成本，存在未实现内部销售损失，应按当期少计提的金额，借记“管理费用”等项目，贷记“固定资产——累计折旧”项目。

【例5－7】2011年1月1日，A公司将其生产的成本为36万元的设备以60万元的价格销售给其母公司B公司。B公司购买后作为管理用固定资产使用，按60万元的原价入账，预计使用寿命5年，预计净残值为零。假设B公司对该固定资产按年限平均法计提折旧。为简化抵销处理，假定B公司当年该内部交易固定资产按12个月计提折旧。

分析：A公司因该项内部固定资产交易确认了营业收入60万元及营业成本36万元，从而确认了未实现内部销售利润24万元，而B公司确认的固定资产原价60万元中除包括36万元的成本外，还包括了未实现内部销售利润24万元。B公司该固定资产折旧年限为5年，原价为60万元，预计净残值为零，当年计提的折旧额为120 000元，而按抵销其原价中包含的未实现内部销售损益后的原价36万元计算应计提的折旧额为72 000元，当年多计提的折旧额为48 000元。在合并工作底稿中应做如下抵销处理：

（1）将与该项固定资产相关的销售收入60万元、销售成本36万元及其原价中包含的未实现内部销售损益24万元进行抵销。

借：营业收入　　600 000

　　贷：营业成本　　360 000

　　　　固定资产——原价　　240 000

（2）将该固定资产当年多计提的折旧进行抵销。

借：固定资产——累计折旧　　48 000

　　贷：管理费用　　48 000

通过上述抵销分录，年末编制合并财务报表时，合并工作底稿中资产负债表项目“固定资产原价”减少240 000元，“固定资产——累计折旧”减少48 000元；利润表项目“营业收入”减少600 000元，“营业成本”减少360 000元，“管理费用”减少48 000元。

（五）其他项目的抵销

企业集团内部发生无形资产等的购销活动，与集团内部发生固定资产购销业务同样存在着未实现内部销售损益的抵销问题，其抵销处理参照内部固定资产交易的抵销处理。

同样，与应收账款、坏账准备的抵销类似，如果已对内部交易形成的存货、固定资产、无形资产等计提了相关减值准备的，在编制合并资产负债表时应进行相应的抵销。

（六）母公司在报告期增减子公司在合并资产负债表的反映

1. 母公司在报告期增加子公司的反映。母公司在报告期增加子公司的，合并当期编制合并资产负债表时，应当区分同一控制下的企业合并增加的子公司和非同一控制下企业合并增加的子公司两种情况。

（1）因同一控制下企业合并增加的子公司，合并当期编制合并资产负债表时，应当调整合并资产负债表的期初数；

（2）因非同一控制下企业合并增加的子公司，不应调整合并资产负债表的期初数。

2. 母公司在报告期内处置子公司的反映。母公司在报告期内处置子公司，编制合并资产负债表时，不应当调整合并资产负债表的期初数。

第三节　合并利润表及其分析

一、合并利润表的格式

合并利润表的格式在个别利润表的基础上，主要增加了两个项目，即在“净利润”项目下增加“归属于母公司所有者的净利润”和“少数股东损益”两个项目，分别反映净利润中由母公司所有者享有的份额和非全资子公司当期实现的净利润中属于少数股东权益的份额。在属于同一控制下企业合并增加子公司当期的合并利润表中，还应在“净利润”项目之下增加“其中：被合并方在合并日以前实现的净利润”项目，用于反映同一控制下企业合并中取得的被合并方在合并当期期初至合并日实现的净利润。

合并利润表的格式详见表5－9。

二、合并利润表的编制

合并利润表是以母公司和子公司的个别利润表为基础，在抵销了母公司与子公司、子公司相互之间发生的内部交易对合并利润表的影响后，由母公司编制的反映母公司和子公司所形成的企业集团一定会计期间经营成果的会计报表。

编制合并利润表时需要进行抵销处理的项目主要有：（1）内部销售商品形成的内部营业收入与内部营业成本项目，以及期末存货项目中包含的未实现内部销售损益；（2）内部销售固定资产、无形资产等形成的内部营业收入与内部营业成本项目，以及内部销售形成的固定资产、无形资产等包含的未实现内部销售损益，因未实现内部销售损益计提的折旧额、摊销额以及计提的资产减值准备等；（3）因内部应收款项计提的坏账准备、对内部交易形成的存货、固定资产、无形资产等计提的减值准备项目等；（4）内部投资收益项目，包括内部利息收入与利息支出项目、内部股权投资的投资收益项目等。

需要注意的是，编制合并利润表与编制合并资产负债表并不是截然分开的，而是在同一工作底稿中进行，有些抵销分录既涉及合并资产负债表项目的抵销，也涉及合并利润表项目的抵销，如〖例5－6〗抵销分录中的“营业收入”、“营业成本”为合并利润表中的项目，“存货”为合并资产负债表项目。下面主要从编制合并利润表的角度分析应进行的抵销处理。

（一）内部营业收入和内部营业成本项目的抵销处理

内部营业收入，是指企业集团内部母公司与子公司、子公司相互之间发生的购销活动所产生的营业收入。内部营业成本是指企业集团内部母公司与子公司、子公司相互之间发生的内部销售商品的营业成本。对内部销售收入和内部销售成本进行抵销时，应区分以下两种情况进行处理。

1. 内部购销业务中购买企业购进的商品期末全部实现对外销售的抵销处理。

在这种情况下，内部购销业务发生时销售企业确认了营业收入和营业成本，购买企业在实现对外销售时也确认了营业收入和营业成本，即在销售企业和购买企业的个别利润表中分别反映了营业收入和营业成本。但从企业集团整体来看，只有对外销售才是真正实现了的销售，营业收入只是购买企业向企业集团之外的企业销售该产品的销售收入，其销售成本只是销售企业向购买企业销售该商品的成本。销售企业向购买企业销售该商品实现的收入属于内部销售收入，而购买企业向企业集团外部企业销售该商品的销售成本则属于内部销售成本。在编制合并利润表时，必须将重复反映的内部营业收入与内部营业成本予以抵销。编制的抵销分录为：借记“营业收入”等项目，贷记“营业成本”等项目。

【例5－8】假设W公司2011年营业收入中有5 000万元系向其子公司S公司销售商品取得的销售收入，该商品销售成本为3 200万元。S公司在本期将该批商品全部售出，其利润表中列示的这项销售收入为6 000万元，相应的销售成本为5 000万元。

分析：编制合并利润表时应将内部销售收入和内部销售成本予以抵销，应编制如下抵销分录（单位：万元）：

借：营业收入　　5 000

　　贷：营业成本　　5 000

2. 内部购销业务中购买企业购进的商品期末未实现对外销售形成存货的抵销处理。

在内部购进的商品未实现对外销售的情况下，销售企业是按照一般的销售业务确认销售收入，结转销售成本，计算销售损益，并在其个别利润表中列示。而购买企业是以支付的购货价款作为存货成本入账，并在其个别资产负债表中作为资产列示，这样存货的价值中就包含有销售企业实现的销售毛利。从整个企业集团来看，这一业务实际上只是商品存放地点发生变动，并没有真正实现对企业集团外部销售，不应确认销售收入、结转销售成本以及计算销售损益。因此，对于该内部购销交易，在编制合并利润表时，应当将销售企业由此确认的内部销售收入和内部销售成本予以抵销，并将存货价值中包含的未实现内部销售损益予以抵销。

【例5-9】假设W公司2011年营业收入中有5 000万元系向其子公司S公司销售商品取得的销售收入，该商品销售成本为3 200万元。期末时S公司尚未将该批商品对外出售，而是形成账面价值5 000万元的存货在资产负债表中列示。

分析：首先确定S公司期末账面价值5 000万元的存货中包含的未实现内部销售损益为1 800万元（5 000－3 200），编制合并利润表时应将内部销售收入5 000万元和内部销售成本3 200万元，以及存货价值中包含的未实现内部销售利润1 800万元（在合并工作底稿资产负债表部分抵销）予以抵销。应编制如下抵销分录（单位：万元）：

借：营业收入　　5 000

　　贷：营业成本　　3 200

　　　　存货　　1 800

对于内部购进的商品部分实现对外销售、部分形成期末存货的情况，可以将内部购买的商品分解为两部分来看待：一部分为当期购进并全部实现对外销售；另一部分为当期购进但未实现对外销售而形成期末存货。

【例5-10】假设W公司2011年营业收入中有5 000万元系向其子公司S公司销售商品取得的销售收入，该商品销售成本为3 200万元。期末时S公司对外出售了该批商品中的40%，另外60%的商品尚未对外出售，形成账面价值为3 000万元的存货在资产负债表中列示。

分析：我们将内部购销活动中的这批商品分解为两部分来看待：S公司对外出售的40%部分，应将这部分的内部销售收入2 000万元和内部销售成本2 000万元予以抵销；对于形成期末存货60%的部分，先确定S公司期末账面价值3 000万元的这部分存货中包含的未实现内部销售损益为1 080万元（5 000×60%－3 200×60%），然后将内部销售收入3 000万元和内部销售成本1 920万元，以及存货价值中包含的未实现内部销售利润1 080万元（在合并工作底稿资产负债表部分抵销）予以抵销。应编制如下抵销分录（单位：万元）：

借：营业收入　　（2 000＋3 000）5 000

　　贷：营业成本　　（2 000＋1 920）3 920

　　　　存货　　（0＋1 080）1 080

对于本例内部销售业务，也可按照如下方法进行抵销：按照内部销售收入的金额 5 000 万元，借记“营业收入”项目，按照期末存货价值中包含的未实现内部销售损益的金额 1 080万元，贷记“存货”项目，其差额 3 920 万元，贷记“营业成本”项目。

（二）购买企业将内部交易中购进的商品作为固定资产使用时的抵销处理

在企业集团内的母公司与子公司、子公司相互之间发生商品购销活动时，销售企业将自产的产品或不需用的固定资产等出售给购买企业，无论销售企业作为主营业务还是其他业务进行会计处理，都要在销售产品时确认销售收入，结转销售成本和计算销售损益，并以此在其个别利润表中列示；而购买企业如果将购入的商品作为固定资产使用，则以购买价格作为固定资产原价入账，该固定资产成本中既包括销售企业生产该产品的成本或原账面净额，也包括销售企业由于该商品销售所实现的内部销售损益。但从整个企业集团来说，不能确认该商品销售所实现的内部销售损益，只能以销售企业生产该产品的成本或原账面净额作为固定资产原价在合并财务报表中反映。编制合并利润表时，应将销售企业由于该内部交易产生的销售收入和销售成本予以抵销；并将内部交易形成的固定资产原价中包含的未实现内部销售损益予以抵销。在对销售商品形成的固定资产所包含的未实现内部销售损益进行抵销的同时，还应当对固定资产的折旧额与未实现内部销售损益相关的部分进行抵销。

【例 5－11】2010 年底 M 公司将其生产的成本为 18 万元的产品，以 20 万元的价格转让给其子公司 H 公司。H 公司购入后作为办公用固定资产，按 5 年的预计寿命采用直线法计提折旧，假设不考虑净残值。2011 年底编制合并利润表时，应进行的抵销处理如下：

（1）将发生内部交易时 M 公司确认的销售收入 20 万元、销售成本 18 万元，与 H 公司确认的固定资产原价 20 万元中包含的未实现内部销售利润 2 万元进行抵销。

借：营业收入	200 000	
贷：营业成本		180 000
固定资产——原价		20 000

（2）H 公司 2011 年按 20 万元固定资产原价计提的折旧额为 40 000 元，而从企业集团整体来看当年应按 18 万元固定资产原价计提折旧 36 000 元，由于固定资产原价 20 万元中包含未实现内部销售利润 2 万元而计提的折旧 4 000 元，应与管理费用进行抵销。

借：固定资产——累计折旧	4 000	
贷：管理费用		4 000

如果内部交易中的购买企业将购入的商品作为无形资产等使用，抵销处理原则与作为固定资产类似，既要抵销该内部交易产生的销售收入和销售成本，也要抵销内部交易形成的固定资产原价中包含的未实现内部销售损益，还要抵销与未实现内部销售损益相关的无形资产的摊销额。

（三）坏账准备、减值准备等的抵销处理

企业计提坏账准备时，借记“资产减值损失”科目，贷记“坏账准备”科目，在编制合并利润表时应将资产减值损失中包含的本期内部应收账款计提的坏账准备进行抵销，按照当期内部应收账款计提的坏账准备的金额，借记“坏账准备”项目（或“应收账款——坏账准备”项目），贷记“资产减值损失”项目，参见〖例 5－5〗。

与坏账准备的抵销类似，如果已对内部交易形成的存货、固定资产、无形资产等计提了相关减值准备的，在编制合并利润表时也应进行相应的抵销处理。

【例 5－12】 接〖例 5－11〗，假设 2011 年底 H 公司对该项内部交易形成的固定资产计提了 5 000 元的减值准备。编制合并利润表时应进行如下抵销处理：

借：固定资产减值准备　　5 000
　　贷：资产减值损失　　5 000

（四）内部投资收益的抵销处理

编制合并利润表时内部投资收益项目的抵销，包括内部利息收入与利息支出项目的抵销，以及内部股权投资形成的投资收益项目的抵销等。

1. 内部利息收入与利息支出项目的抵销。

企业集团内部母公司与子公司、子公司相互之间可能发生持有对方债券的内部交易。在持有母公司或子公司发行企业债券的情况下，发行债券的企业计付的利息费用作为财务费用处理，并在其个别利润表“财务费用”项目中列示；而持有债券的企业，将购买的债券在其个别资产负债表“持有至到期投资”等项目列示（为简化合并处理，假设购买债券的企业将该债券投资归类为持有至到期投资），当期获得的利息收入则作为投资收益处理，并在其个别利润表中列示。从企业集团整体为看，并没有从外部筹集到资金，也未向外部支付利息，因此在编制合并财务报表时，应当在抵销应付债券和持有至到期投资等内部债权债务的同时，将内部应付债券和持有至到期投资相关的利息费用与投资收益（利息收入）相互抵销。应编制的抵销分录为：借记“投资收益”项目，贷记“财务费用”项目。

【例 5－13】 假设 A 公司购入其母公司 B 公司发行的债券作为持有至到期投资，2011 年 B 公司向 A 公司支付了债券利息 80 000 元（假设 B 公司筹资用途为补充流动资金不足）。

分析：B 公司向 A 公司支付债券利息时计入财务费用，而 A 公司收到 B 公司支付的债券利息计入投资收益，在编制合并利润表时，应将内部债券投资收益与应付债券利息费用相互抵销，其抵销分录如下：

借：投资收益　　80 000
　　贷：财务费用　　80 000

2. 内部股权投资形成的投资收益项目的抵销。

由于母公司持有子公司长期股权投资，就会形成内部投资损益，在母公司个别利润表投资收益项目中列示。根据企业会计准则相关的规定，在编制合并财务报表时首先要将母公司对子公司的长期股权投资按权益法进行调整，因此在子公司为全资子公司的情况下，母公司对某一子公司的投资收益就是该子公司当期实现的净利润；在子公司为非全资子公司的情况下，母公司对某一子公司的投资收益为其子公司当期实现的净利润与母公司持股比例的乘积，而由其他少数股东按持股比例享有的投资收益则为少数股东损益。

子公司当期实现的净利润为当期营业收入减去营业成本、营业税费和期间费用、加投资收益、加减营业外收支、减所得税后的余额，因此编制合并利润表时，在将母公司与子公司的收入、成本和费用项目进行合并的同时，要将母公司对子公司长期股权投资产生的投资收益予以抵销。子公司的利润分配包括对母公司和子公司的少数股东的利润分配情况，而合并利润（分配）表是站在整个企业集团角度，反映对母公司股东和子公司的少数股东的利润分配情况。因此，子公司的利润分配各项目的金额，包括提取盈余公积、分派利润和期末未分配利润的金额都必须予以抵销。

在子公司为全资子公司的情况下，子公司本期净利润就是母公司本期对子公司股权投资收益。假定子公司期初未分配利润为零，子公司本期净利润就是企业本期可供分配的利润，是本期子公司利润分配的来源，而子公司本期利润分配（包括提取盈余公积、应付利润等）的金额与期末未分配利润的金额则是本期利润分配的结果。母公司对子公司的长期股权投资收益应与子公司的本年利润分配项目相抵销，应当借记“投资收益”项目，贷记“提取盈余公积”、“应付股利”、“年末未分配利润”项目。而大部分情况下子公司期初未分配利润不为零，应当借记“投资收益”、“年初未分配利润”项目，贷记“提取盈余公积”、“应付股利”、“年末未分配利润”项目。

在子公司为非全资子公司的情况下，母公司本期对子公司股权投资收益与本期少数股东损益之和就是子公司本期净利润。如果子公司期初未分配利润为零，母公司本期对子公司长期股权投资收益与本期少数股东损益之和，应与子公司本年利润分配项目相抵销。应记“投资收益”、“少数股东损益”项目，贷记“提取盈余公积”、“应付股利”、“年末未分配利润”项目。如果子公司期初未分配利润不为零，应当借记“投资收益”、“少数股东损益”、“年初未分配利润”项目，贷记“提取盈余公积”、“应付股利”、“年末未分配利润”项目。

【例 5－14】 X 公司为 Y 公司非全资子公司，Y 公司拥有其 80% 的股份。X 公司本期实现净利润 1 000 万元，Y 公司本期按权益法确认的对 X 公司投资收益为 800 万元（1 000 万元 ×80%），X 公司本期少数股东损益为 200 万元（1 000 万元 ×20%）。假设 X 公司年初未分配利润为零，X 公司本期尚未进行利润分配。应编制抵销分录如下（单位：万元）：

借：投资收益	800	
少数股东损益	200	
贷：年末未分配利润		1 000

【例 5－15】 X 公司为 Y 公司非全资子公司，Y 公司拥有其 80% 的股份。X 公司本期实现净利润 1 000 万元，Y 公司本期按权益法确认的对 X 公司投资收益为 800 万元（1 000 万元 ×80%），X 公司本期少数股东损益为 200 万元（1 000 万元 ×20%）。X 公司期初未分配利润为 250 万元，本期提取盈余公积 100 万元，向股东分配利润 400 万元，未分配利润 750 万元。应编制抵销分录如下（单位：万元）：

借：投资收益	800	
少数股东损益	200	
年初未分配利润	250	
贷：提取盈余公积		100
应付股利		400
年末未分配利润		750

（五）连续编制合并利润表的抵销处理

前面分别介绍了编制合并利润表时对内部销售商品销售、内部销售固定资产交易、内部投资收益等应进行的抵销处理，而这些都是在内部交易发生或形成内部投资收益的当期应进行的抵销处理，即初次编制合并利润表时的抵销处理，与连续编制合并利润表时的抵销处理有所不同。

连续编制合并利润表时，本期编制合并利润表是以本期母公司和子公司的个别利润表为基础编制的，尽管上期编制合并利润表时已进行了有关项目的抵销处理，但本期仍需对以前期间发生的内部交易、内部投资收益等的相关项目进行抵销处理。而利润表是反映一定会计期间经营成果及其分配情况的财务报表，其上期未分配利润就是本期的期初未分配利润，上期利润表中收入、费用项目的发生额最终计入了未分配利润项目。因此连续编制合并利润表时，凡属于对以前期间发生的内部交易、内部投资收益等进行抵销处理的，抵销分录与初次编制合并利润表时的抵销处理基本相同，但应以"年初未分配利润"项目替换应抵销的以前期间的收入、费用等损益项目。

【例 5－16】 资料同〖例 5－9〗假设 2012 年末 S 公司仍未将从 W 公司购入的该批商品对外出售。W 公司编制 2012 年合并利润表时只需将"营业收入"、"营业成本"项目替换为"年初未分配利润"，编制如下抵销分录：

借：年初未分配利润（即上期营业收入）	5 000	
贷：年初未分配利润（即上期营业成本）		3 200
存货		1 800

经简化后应为：

借：年初未分配利润	1 800	
贷：存货		1 800

（六）母公司在报告期增减子公司在合并利润表的反映

1. 母公司在报告期内增加子公司的反映。母公司因追加投资等原因控制了另一个企业，即实现了企业合并。母公司在报告期内在合并当期编制合并利润表时，应当区分同一控制下的企业合并增加的子公司和非同一控制下的企业合并增加的子公司两种情况。

（1）因同一控制下企业合并增加的子公司，应当将该子公司合并当期期初至报告期末的收入、费用、利润纳入合并利润表。

（2）因非同一控制下企业合并增加的子公司，应当将该子公司购买日至报告期末的收入、费用、利润纳入合并利润表。

2. 母公司在报告期内处置子公司的反映。母公司在报告期内处置子公司，编制合并利润表时，应当将该子公司期初至处置日的收入、费用、利润纳入合并利润表。

第四节　合并现金流量表及其分析

一、合并现金流量表的格式

合并现金流量表是综合反映由母公司及其子公司组成的企业集团，在一定会计期间的现金流入、现金流出以及其增减变动情况的会计报表（现金包括现金和现金等价物，下同）。

与个别现金流量表的编制相比，合并现金流量表的编制需要解决的一个特殊问题有关少数股东权益项目的反映，即在子公司为非全资子公司的情况下，涉及子公司与其少数股东之间的现金流入和现金流出的处理问题。

对于子公司与少数股东之间发生的现金流入和现金流出，从整个企业集团来看，影响到其整体的现金流入和流出数量的增减变动，必须在合并现金流量表中予以反映。子公司少数股东之间发生的影响现金流入和现金流出的经济业务包括：少数股东对子公司增加权益性投资、子公司向其少数股东支付现金股利或利润等。为了便于合并财务报表的使用者了解掌握企业集团整体现金流量的情况，必须将与子公司少数股东之间的现金流入和现金流出的情况单独予以反映。

对于子公司的少数股东增加在子公司中的权益性资本投资，在合并现金流量表中应当在“筹资活动产生的现金流量——吸收投资收到的现金”项目下“其中：子公司吸收少数股东投资收到的现金”项目反映。

对于子公司向少数股东支付现金股利或利润，在合并现金流量表中应当在“筹资活动产生的现金流量——分配股利、利润或偿付利息支付的现金”项目下“其中：子公司支付给少数股东的股利、利润”项目反映。

合并现金流量表的格式详见表5－2。

表5－2 **合并现金流量表**

编制单位　　　　年　月　　　　单位：元

项　目	本期金额	上期金额
一、经营活动产生的现金流量		
销售商品、提供劳务收到的现金		
收到的税费返还		
收到的其他与经营活动有关的现金		
经营活动现金流入小计		
购买商品、接受劳务支付的现金		
支付给职工以及为职工支付的现金		
支付的各项税费		
支付的其他与经营活动有关的现金		
经营活动现金流出小计		
经营活动产生的现金流量净额		
二、投资活动产生的现金流量		
收回投资所收到的现金		
取得投资收益所收到的现金		
处置固定资产、无形资产和其他长期资产所收到的现金		
处置子公司及其他营业单位收到的现金净额		

续表

项　目	本期金额	上期金额
收到的其他与投资活动有关的现金		
投资活动现金流入小计		
购建固定资产、无形资产和其他长期资产所支付的现金		
投资所支付的现金		
取得子公司及其他营业单位支付的现金净额		
支付的其他与投资活动有关的现金		
投资活动现金流出小计		
投资活动产生的现金流量净额		
三、筹资活动产生的现金流量		
吸收投资所收到的现金		
其中：子公司吸收少数股东投资收到的现金		
借款所收到的现金		
发行债券收到的现金		
收到的其他与筹资活动有关的现金		
筹资活动现金流入小计		
偿还债务所支付的现金		
分配股利、利润或偿付利息所支付的现金		
其中：子公司支付给少数股东的股利、利润		
支付的其他与筹资活动有关的现金		
筹资活动现金流出小计		
筹资活动产生的现金流量净额		
四、汇率变动对现金的影响		
五、现金及现金等价物净增加额		
加：期初现金及现金等价物余额		
六、期初现金及现金等价物余额		

二、合并现金流量表的编制

(一) 合并现金流量表的编制方法

从理论上说，合并现金流量表是以合并资产负债表和合并利润表为基础，采用与个别现金流量表相同的方法编制。个别现金流量表要求按照收付实现制反映企业经济业务引起的现金流入和流出，其编制方法有直接法和间接法两种。我国明确规定企业对外报送的现金流量表采用直接法编制。

从实务上来看，合并现金流量表应以母公司和子公司的现金流量表为基础，通过编制抵销分录，将母公司与子公司、子公司相互之间发生的内部交易对合并现金流量表的影响抵销后，由母公司合并编制而成。其编制原理、编制方法和编制程序与合并资产负债表、合并利润表的编制基本相同，即首先编制合并工作底稿，将母公司和子公司个别现金流量表各项目的数据全部过入合并工作底稿；然后根据当期母公司与子公司相互之间发生的影响其现金流量增减变动的经济业务，编制抵销分录，将个别现金流量表中重复反映的现金流入数和现金流出数予以抵销；最后，计算出合并现金流量表各项目的合并数，并填制正式的合并现金流量表。

合并现金流量表补充资料通常根据合并资产负债表和合并利润表进行编制。

（二）编制合并现金流量表时应进行的抵销处理

编制合并现金流量表时需要进行抵销处理的项目，主要有：（1）母公司与子公司、子公司相互之间当期以现金投资或收购股权增加的投资所产生的现金流量；（2）母公司与子公司、子公司相互之间当期取得投资收益收到的现金与分配股利、利润或偿付利息支付的现金；（3）母公司与子公司、子公司相互之间以现金结算债权与债务所产生的现金流量；（4）母公司与子公司、子公司相互之间当期销售商品所产生的现金流量；（5）母公司与子公司、子公司相互之间处置固定资产、无形资产和其他长期资产收回的现金净额与购建固定资产、无形资产和其他长期资产支付的现金等；（6）母公司与子公司、子公司相互之间当期发生的其他内部交易所产生的现金流量。

1. 企业集团内部当期以现金投资或收购股权增加的投资所产生的现金流量的抵销处理。母公司直接以现金形式对子公司进行的长期股权投资或以现金从企业集团内的其他子公司处收购股权，在母公司个别现金流量表中作为“投资活动产生的现金流量——投资所支付的现金”项目中列示。子公司接受这一投资（或处置投资）时，表现为现金流入，在其个别现金流量表中作为“筹资活动产生的现金流量——吸收投资所收到的现金”或“投资活动产生的现金流量——收回投资所收到的现金”项目列示。从企业集团整体来看，这些活动既没有引起现金流入也没有现金流出，因此编制合并现金流量表时应当予以抵销。

【例5－17】假设2011年A公司以现金形式对子公司B公司追加投资100万元。编制合并现金流量表时应作抵销分录如下：

借：筹资活动产生的现金流量——吸收投资所收到的现金　　1 000 000
　　贷：投资活动产生的现金流量——投资所支付的现金　　1 000 000

2. 企业集团内部当期取得投资收益收到的与分配股利、利润或偿付利息支付的现金抵销处理。母公司对子公司进行长期股权投资或持有至到期投资，在持有期间收到子公司分派的现金股利（利润）或债券利息，表现为现金流入，在母公司个别现金流量表中作为“投资活动产生的现金流量——取得投资收益所收到的现金”项目列示。子公司在其个别现金流量中“筹资活动产生的现金流量——分配股利、利润或偿付利息支付的现金”项目列示。

编制合并现金流量表时，应当予以抵销。

【例5-18】假设2011年A公司从其子公司B公司分得现金股利100万元。编制合并现金流量表时应作抵销分录如下：

借：筹资活动产生的现金流量
　　——分配股利、利润或偿付利息支付的现金　　1 000 000
　　贷：投资活动产生的现金流量
　　　　——取得投资收益所收到的现金　　1 000 000

3. 企业集团内部以现金结算债权与债务所产生的现金流量的抵销处理。母公司与子公司、子公司相互之间当期以现金结算应收账款或应付账款等债权与债务，表现为现金流入或现金流出，在母公司个别现金流量表中作为“经营活动产生的现金流量——收到其他与经营活动有关的现金”或“经营活动产生的现金流量——支付其他与经营活动有关的现金”项目列示，在子公司个别现金流量中作为“经营活动产生的现金流量——支付其他与经营活动有关的现金”或“经营活动产生的现金流量——收到其他与经营活动有关的现金”项目列示。编制合并现金流量表时，应当予以抵销。

【例5-19】假设2011年A公司以现金偿付以前欠其子公司B公司的其他应付款50万元。编制合并现金流量表时应编制抵销分录如下：

借：经营活动产生的现金流量——支付其他与经营活动有关的现金　　500 000
　　贷：经营活动产生的现金流量——收到其他与经营活动有关的现金　　500 000

4. 企业集团内部当期销售商品所产生的现金流量的抵销处理。母公司向子公司（或子公司向母公司、子公司相互之间）销售商品当期所收到的现金，表现为现金流入，在母公司个别现金流量表中作为“经营活动产生的现金流量——销售商品、提供劳务收到的现金”项目列示。子公司向母公司支付购货款，表现为现金流出，在其个别现金流量中作为“经营活动产生的现金流量——购买商品、接受劳务支付的现金”项目列示。从企业集团整体来看，这种由于内部商品购销产生的现金收支，并不引起整个企业集团的现金流量的增减变动，因此编制合并现金流量表时应当抵销。

【例5-20】A公司2011年向其子公司B公司销售商品实现销售收入4 500万元，当年实际收到B公司货款2 000万元；向C公司销售商品实现销售收入3 000万元，实际收到C公司货款1 000万元。编制合并现金流量表时应作抵销分录如下：

借：经营活动产生的现金流量——购买商品、接受劳务支付的现金　　3 000
　　贷：经营活动产生的现金流量——销售商品、提供劳务收到的现金　　3 000

5. 企业集团内部处置固定资产等收回的现金净额与购建固定资产等支付的现金的抵销处理。母公司向子公司（或子公司向母公司、子公司相互之间）处置固定资产等长期资产，表现为现金流入，在母公司个别现金流量表中作为“投资活动产生的现金流量——处置固定资产、无形资产和其他长期资产收回的现金净额”项目列示。子公司表现为现金流出，在其个别现金流量表中作为“投资活动产生的现金流量——购建固定资产、无形资产和其他长期资产支付的现金”项目列示。从企业集团整体来看，这种固定资产处置与购置的现金收支，并不引起整个企业集团的现金流量的增减变动，编制合并现金流量表时应当予以抵销。

【例5-21】2011年A公司以250万元的价格向其子公司B公司转让设备一台，假设B

公司已于当年付清设备款，双方均未因此发生其他费用。编制合并现金流量表时应编制抵销分录如下：

借：投资活动产生的现金流量

——处置固定资产、无形资产和其他长期资产收回的现金净额 2 500 000

贷：投资活动产生的现金流量

——购建固定资产、无形资产和其他长期资产支付的现金 2 500 000

（三）母公司在报告期增减子公司在合并现金流量表的反映

1. 母公司在报告期内增加子公司在合并现金流量表的反映。母公司在合并当期编制合并现金流量表时，应当区分同一控制下的企业合并增加的子公司和非同一控制下的企业合并增加的子公司两种情况：

（1）因同一控制下企业合并增加的子公司，在编制合并现金流量表时，应当将该子公司合并当期期初至报告期末的现金流量纳入合并现金流量表。

（2）因非同一控制下企业合并增加的子公司，在编制合并现金流量表时，应当将该子公司购买日至报告期末的现金流量纳入合并现金流量表。

2. 母公司在报告期内处置子公司在合并现金流量表的反映。母公司在报告期内处置子公司，应将该子公司期初至处置日的现金流量纳入合同现金流量表。

第五节　合并股东权益变动表及其分析

一、合并股东权益变动表的格式

合并股东权益变动表的格式与个别股东权益变动表的格式基本相同。在存在少数股东的情况下，合并股东权益变动表增加“少数股东权益”栏目，用于反映少数股东权益变动的情况。

合并股东权益变动表格式详见表5－3。

二、合并股东权益变动表的编制

合并股东权益变动表是反映构成企业集团股东权益的各组成部分当期的增减变动情况的财务报表。

编制合并股东权益变动表时需要进行的抵销处理主要有：（1）母公司对子公司的长期股权投资项目与母公司在子公司股东权益中享有的份额的抵销；（2）母公司对子公司、子公司相互之间持有对方长期股权投资取得的投资收益与被投资方利润分配项目的抵销。

应该注意的是，编制合并资产负债表或合并利润（分配）表时也要进行上述抵销处理。这些抵销处理一方面涉及合并资产负债表或合并利润表中的项目；另一方面涉及合并股东权益变动表中的项目。因此，编制合并股东权益变动表与编制合并资产负债表或合并利润

(分配）表是不能截然分开的。下面主要从编制合并股东权益变动表的角度分析应进行的抵销处理。

（一）母公司对子公司的长期股权投资与母公司在子公司股东权益中所享有份额的抵销

母公司对子公司进行长期股权投资，并不会引起整个企业集团的资产、负债和股东权益的增减变动。编制合并财务报表时，应当在母公司与子公司财务报表数据简单相加的基础上，将母公司对子公司长期股权投资项目与子公司股东权益项目予以抵销。

【例5－22】假设母公司X公司拥有其子公司Y公司80%的股份，编制合并财务报表时，长期股权投资经调整后的数额为6 000 000元。该子公司账面股东权益总额为7 500 000元，其中股本为5 000 000元，资本公积为800 000元，盈余公积为1 200 000元，未分配利润为500 000元。编制合并股东权益变动表时应编制抵销分录如下：

借：股本	5 000 000	
资本公积	800 000	
盈余公积	1 200 000	
年末未分配利润	500 000	
贷：长期股权投资		6 000 000
少数股东权益		1 500 000

（二）母公司对子公司、子公司相互之间持有对方长期股权投资取得的投资收益与被投资方利润分配项目的抵销

利润分配会引起投资方股东权益的变动，母公司对子公司、子公司相互之间持有对方长期股权投资取得的投资收益是被投资方利润分配的结果。然而站在整个企业集团角度，利润分配项目反映的是对母公司股东和子公司的少数股东的利润分配情况，因此编制合并股东权益变动表时，子公司的个别股东权益变动表中利润分配各项目的金额，包括提取盈余公积、应付利润和期末未分配利润项目必须与母公司对子公司、子公司相互之间持有对方长期股权投资取得的投资收益项目进行抵销。

应编制的抵销分录为：借记“投资收益”、“少数股东损益”、“年初未分配利润”项目，贷记“利润分配——提取盈余公积”、“应付股利”、“年末未分配利润”项目。

【例5－23】X公司为Y公司全资子公司，X公司本期实现净利润1 000万元，Y公司本期按权益法确认对X公司投资收益为1 000万元。X公司期初未分配利润为250万元，本期提取盈余公积100万元，向股东分配利润400万元，未分配利润750万元。应编制抵销分录如下（单位：万元）：

借：投资收益	1 000	
年初未分配利润	250	
贷：提取盈余公积		100
应付股利		400
年末未分配利润		750

表 5－3

合并所有者权益（股东权益）变动表

______年度

会合 04 表
单位：元

项　目	行次	本年金额							上年金额						
		实收资本（或股本）	资本公积	减：库存股	盈余公积	未分配利润	少数股东权益	母公司所有者权益合计	实收资本（或股本）	资本公积	减：库存股	盈余公积	未分配利润	少数股东权益	母公司所有者权益合计
一、上年年末余额															
加：会计政策变更															
前期差错更正															
二、本年年初余额															
三、本年增减变动金额（减少以“－”号填列）															
（一）净利润															
（二）直接计入所有者权益的利得和损失															
1. 可供出售金融资产公允价值变动净额															
2. 权益法下被投资单位其他所有者权益变动的影响															
3. 与计入所有者权益项目相关的所得税影响															
4. 其他															
上述（一）和（二）小计															

续表

项　　目	行次	本年金额							上年金额						
		实收资本（或股本）	资本公积	减：库存股	盈余公积	未分配利润	少数股东权益	母公司所有者权益合计	实收资本（或股本）	资本公积	减：库存股	盈余公积	未分配利润	少数股东权益	母公司所有者权益合计
（三）所有者投入和减少资本															
1. 所有者投入资本															
2. 股份支付计入所有者权益的金额															
3. 其他															
（四）利润分配															
1. 提取盈余公积															
2. 提取一般风险准备															
3. 对所有者（或股东）的分配															
4. 其他															
（五）所有者权益内部结转															
1. 资本公积转增资本（或股本）															
2. 盈余公积转增资本（或股本）															
3. 盈余公积弥补亏损															
4. 其他															
四、本年年末金额															

第六节　合并财务报表编制实例

本节将通过实例来说明合并资产负债表和合并利润表的编制。

【**例5－24**】2010年1月1日，M公司以银行存款3 000万元取得Z公司80%的股份（假定M公司与Z公司的企业合并属于非同一控制下的企业合并）。M公司备查簿中记录的Z公司在2011年1月1日可辨认资产、负债的公允价值为其账面价值相同。其他有关资料如下：

（1）2010年1月1日，Z公司所有者权益总额为3 500万元，其中股本为2 000万元，资本公积为1 500万元，盈余公积为零，未分配利润为零。

（2）2010年，Z公司实现净利润1 000万元，年末未分配利润为1 000万元，Z公司因持有的可供出售金融资产的公允价值上升计入当期资本公积的金额为100万元（该金额为扣除相关的所得税影响后的净额。可供出售金融资产当期公允价值上升金额为149.25万元，Z公司适用的所得税税率为33%，确认递延所得税负债49.25万元）。

2010年12月31日，Z公司所有者权益总额为4 600万元，其中股本为2 000万元，资本公积为1 600万元，盈余公积为零，未分配利润为1 000万元。

（3）假定Z公司采用的会计政策和会计期间与M公司一致。

（4）M公司与Z公司个别资产负债表如表5－4和表5－5所示，M公司与Z公司2010年度个别利润表的资料见表5－6。

要求：根据上述资料，编制该企业集团2010年合并资产负债表和合并利润表。

表5－4　　**资产负债表**

编制单位：M公司　　2010年12月31日　　单位：万元

资　　产	期末余额	年初余额	负债和所有者权益	期末余额	年初余额
流动资产：			流动负债：		
货币资金	1 000	3 000	应付票据	1 000	1 000
应收票据	3 400	3 000	应付账款	3 000	2 000
其中：应收Z公司票据	400		预收账款	200	300
应收账款	1 800	1 300	其中：预收Z公司账款	100	
其中：应收Z公司账款	475		应付职工薪酬	1 000	2 100
预付账款	770		应交税费	800	1 000
存货	1 000	3 800	流动负债合计	6 000	6 400
其中：向Z公司购入存货	1 000		非流动负债：		

续表

资　　产	期末余额	年初余额	负债和所有者权益	期末余额	年初余额
流动资产合计	7 970	11 100	长期借款	2 000	2 000
非流动资产：			应付债券	600	600
持有至到期投资	200	200	非流动负债合计	2 600	2 600
其中：持有Z公司债券	200	200	负债合计	8 600	9 000
可供出售金融资产					
长期股权投资	4 700	1 700			
其中：对Z公司投资	3 000		所有者权益（股东权益）		
固定资产	4 100	3 300	实收资本（股本）	4 000	4 000
其中：向Z公司购入固定资产	300		资本公积	800	800
			盈余公积	1 000	732
无形资产	630	700	未分配利润	3 200	2 468
非流动资产合计	9 630	5 900	所有者权益（股东权益）合计	9 000	8 000
资产总计	17 600	17 000	负债和所有者权益总计	17 600	17 000

表5－5　　　　资产负债表

编制单位：Z公司　　　　2010年12月31日　　　　单位：万元

资　　产	期末余额	年初余额	负债和所有者权益	期末余额	年初余额
流动资产：			流动负债：		
货币资金	500	300	应付票据	400	300
应收票据	300	100	其中：应付票据——M公司	400	
应收账款	1 360	600	应付账款	500	600
预付账款	400		其中：应付M公司账款	500	
其中：预付M公司账款	100		预收账款		50
存货	1 100	2 900	应付职工薪酬	100	350
流动资产合计	3 660	3 900	应交税费	60	200

续表

资　　产	期末余额	年初余额	负债和所有者权益	期末余额	年初余额
非流动资产：			流动负债合计	1 060	1 500
持有至到期投资			非流动负债：		
其中：持有Z公司债券			长期借款	650.75	700
可供出售金融资产	800	650.75	应付债券	200	200
长期股权投资			其中：应付债券——M公司	200	200
			递延所得税负债	49.25	0
固定资产	2 100	1 349.25	非流动负债合计	900	900
无形资产			负债合计	1 960	2 400
			所有者权益（股东权益）		
非流动资产合计	2 900	2 000	实收资本（股本）	2 000	2 000
			资本公积	1 600	1 500
			其中：可供出售金融资产公允价值变动	100	
			盈余公积	0	0
			未分配利润	1 000	0
			所有者权益（股东权益）合计	4 600	3 500
资产总计	6 560	5 900	负债和所有者权益总计	6 560	5 900

表5-6　　　　　　　　利润表（简表）

2010年度　　　　　　　　单位：万元

项　　目	M公司	Z公司
一、营业收入	8 700	6 300
减：营业成本	4 450	4 570
营业税金及附加	300	125
销售费用	15	10
管理费用	100	12

续表

项　　目	M 公司	Z 公司
财务费用	300	90
资产减值损失	25	
加：公允价值变动损益		
投资收益	500	
二、营业利润	4 010	1 493
加：营业外收入		
减：营业外支出	10	
三、利润总额	4 000	1 493
减：所得税	1 320	493
四、净利润	2 680	1 000

第一步，设计合并工作底稿，将 M 公司、Z 公司个别资产负债表和个别利润表的数据过入合并工作底稿，并计算各项目的合计金额（合并工作底稿见表 5－7）。

第二步，按照权益法调整 M 公司对 Z 公司的长期股权投资。在合并工作底稿作调整分录如下（单位：万元）：

分录（1）确认 M 公司在 2010 年 Z 公司实现净利润 1 000 万元中所享有的份额 800 万元（1 000 × 80%）。

借：长期股权投资——Z 公司　　800
　　贷：投资收益——Z 公司　　800

分录（2）对于 Z 公司所有者权益中除留存收益外其他权益变动，在按照权益法调整时，应确认 M 公司在 2010 年 Z 公司除净损益以外所有者权益的其他变动中所享有的份额 80 万元（资本公积的增加额 100 万元 × 80%），调整长期股权投资的账面价值，同时调整 M 公司的资本公积：

借：长期股权投资——Z 公司　　80
　　贷：资本公积——其他资本公积　　80

分录（1）～（2）项调整分录也可合并为：

借：长期股权投资——Z 公司　　880
　　贷：投资收益——Z 公司　　800
　　　　资本公积——其他资本公积　　80

表 5 –7　　合并工作底稿（资产负债表、利润表部分）

______年度　　单位：万元

项　　目	M 公司				Z 公司	合计金额	抵销分录		少数股东权益	合并金额
	调整前	借方调整	贷方调整	调整后			借方	贷方		
（资产负债表项目）										
流动资产：										
货币资金	1 000			1 000	500	1 500				1 500
应收票据	3 400			3 400	300	3 700		（7）400		3 300
其中：应收 Z 公司票据	400			400		400		（7）400		
应收账款	1 800			1 800	1 360	3 160	（5）25	（4）500		2 685
其中：应收 Z 公司账款	475			475		475	（5）25	（4）500		
预付账款	770			770	400	1 170		（6）100		1 070
其中：预付 M 公司账款					100	100		（6）100		
存货	1 000			1 000	1 100	2 100		（10）200		1 900
其中：向 Z 公司购入存货	1 000			1 000		1 000		（10）200		
流动资产合计	7 970			7 970	3 660	11 630	25	1 200		10 455
非流动资产：										
持有至到期投资	200			200		200		（8）200		0
其中：持有 Z 公司债券	200			200		200		（8）200		
可供出售金融资产					800	800				800
长期股权投资：	4 700	（1）800 （2）80		5 580		5 580		（3）3 880		1 700
其中：对 Z 公司投资	3 000	（1）800 （2）80		3 880		3 880		（3）3 880		

续表

项　　目	M公司				Z公司	合计金额	抵销分录		少数股东权益	合并金额
	调整前	借方调整	贷方调整	调整后			借方	贷方		
固定资产	4 100			4 100	2 100	6 200	（13）10	（12）30		6 180
其中：向Z公司购入固定资产	300			300		300	（13）10	（12）30		
无形资产	630			630		630				630
商誉							（3）200			200
非流动资产合计	9 630	880		10 510	2 900	13 410	210	4 110		9 510
资产总计	17 600	880		18 480	6 560	25 040	235	5 310		19 965
流动负债：										
应付票据	1 000			1 000	400	1 400	（7）400			1 000
其中：应付M公司票据					400	400	（7）400			
应付账款	3 000			3 000	500	3 500	（4）500			3 000
其中：应付M公司账款					500	500	（4）500			
预收账款	200			200		200	（6）100			100
其中；预收Z公司账款	100			100		100	（6）100			
应付职工薪酬	1 000			1 000	100	1 100				1 100
应交税费	800			800	60	860				860
流动负债合计	6 000			6 000	1 060	7 060	1 000			6 060
非流动负债：										
长期借款	2 000			2 000	650.75	2 650.75				2 650.75
应付债券	600			600	200	800	（8）200			600
其中：应付M公司债券					200	20	（8）200			

续表

项　目	M公司				Z公司	合计	抵销分录		少数股东权益	合并
	调整前	借方调整	贷方调整	调整后		金额	借方	贷方		金额
递延所得税负债					49.25	49.25				49.25
非流动负债合计	2 600			2 600	900	3 500	200			3 300
负债合计	8 600			8 600	1 960	10 560	1 200			9 360
所有者权益（股东权益）										
实收资本（股本）	4 000			4 000	2 000	6 000	（3）2 000			4 000
资本公积	800		（2）80	880	1 600	2 480	（3）1 600			880
其中：可供出售金额资产公允价值变动					100					100
盈余公积	1 000			1 000		1 000				1 000
未分配利润	3 200		（1）800	4 000	1 000	5 000	（3）1 000 （9）1 000 （10）200 （11）300	（5）25 （9）1 000 （11）270 （12）10		3 805
少数股东权益									（3）920	920
所有者权益合计	9 000		880	9 880	4 600	14 480	6 100	1 305	920	10 605
负债及所有者权益总计	17 600		880	18 480	6 560	25 040	7 300	1 305	920	19 965
（利润表项目）										
一、营业收入	8 700			8 700	6 300	15 000	（9）1 000 （12）300 （11）3 500			10 200

续表

项目	M公司				Z公司	合计金额	抵销分录		少数股东权益	合并金额
	调整前	借方调整	贷方调整	调整后			借方	贷方		
减：营业成本	4 450			4 450	4 570	9 020	（10）200	（9）1 000 （12）270 （11）3500		4 450
营业税金及附加	300			300	125	425				425
销售费用	15			15	10	25				25
管理费用	100			100	12	112		（13）10		102
财务费用	300			300	90	390		（14）20		370
资产减值损失	25			25		25		（5）25		
加：公允价值变动损益										
投资收益	500		（1）800	1 300		1 300	（14）20 （15）800			480
二、营业利润	4 010		800	4 810	1 493	6 303	5 820	4 825		5 308
加：营业外收入										
减：营业外支出	10			10		10				10
三、利润总额	4 000		800	4 800	1 493	6 293	5 820	4 825		5 298
减：所得税费用	1 320			1 320	493	1 813				1 813
四、净利润	2 680		800	3 480	1 000	4 480				3 485
归属于母公司所有者的净利润										3 285
少数股东损益										200

＊在实际编制合并资产负债表时，未分配利润的金额是来自合并股东权益变动表。有关未分配利润的抵销均在合并工作底稿中合并股东权益变动表部分进行抵销处理，在该部分合并得出未分配利润的合并金额后，直接转入合并工作底稿中资产负债表部分“未分配利润”项目。

第三步，编制抵销分录，将M公司与Z公司之间的内部交易对合并资产负债表及合并利润表的影响予以抵销。下面结合M公司和Z公司实际业务在合并工作底稿中编制抵销分录。

1. 长期股权投资项目与子公司所有者权益项目的抵销。按权益法调整后，M公司对Z公司长期股权投资的金额为3 880万元，与其在Z公司股东权益总额中所享有的金额3 680万元（4 600×80%）之间的差额为200万元，应当作为商誉处理，另外20%的部分，即920万元属于少数股东权益，其抵销分录如下（单位：万元）：

分录（3）借：股本	2 000	
资本公积	1 600	
盈余公积	0	
年初未分配利润	1 000	
商誉	200	
贷：长期股权投资		3 880
少数股东权益		920

2. 内部债权与债务项目的抵销。从M公司2010年个别资产负债表（见表5-4）中可知，应收账款中的475万元为2010年向Z公司销售商品发生的应收账款的净值（该项应收账款的账面价值为500万元，M公司对该笔应收账款计提的坏账准备25万元的差额）。从Z公司2010年个别资产负债表（见表5-5）中可知，应付账款500万元系2010年向M公司购进商品存货发生的应付购货款。对此编制抵销分录如下（单位：万元）：

分录（4）借：应付账款	500	
贷：应收账款		500
分录（5）借：应收账款——坏账准备	25	
贷：资产减值损失		25

从M公司和Z公司2010年个别资产负债表（表5-4、表5-5）中可知，M公司预收账款中的100万元为Z公司预付账款；应收票据中的400万元为Z公司应付票据；Z公司应付债券200万元为M公司所持有。对此应编制如下抵销分录（单位：万元）：

分录（6）借：预收账款	100	
贷：预付账款		100
分录（7）借：应付票据	400	
贷：应收票据		400
分录（8）借：应付债券	200	
贷：持有至到期投资		200

3. 内部商品销售的抵销。2010年Z公司向M公司销售商品1 000万元，销售成本为800万元。M公司购进后当年底全部未实现对外销售形成期末存货。对此进行如下抵销处理（单位：万元）：

分录（9）借：营业收入	1 000	
贷：营业成本		1 000
分录（10）借：营业成本	200	
贷：存货		200

2010 年 M 公司个别利润表的营业收入中有 3 500 万元，系向 Z 公司销售产品取得的销售收入，销售成本为 3 000 万元。Z 公司在本期将该产品全部售出，取得销售收入为 5 000 万元。对此编制抵销分录如下（单位：万元）：

分录（11）借：营业收入　3 500

　　　　　贷：营业成本　3 500

4. 内部固定资产交易的抵销处理。2010 年 Z 公司以 300 万元的价格将其生产的产品销售给 M 公司，成本为 270 万元。M 公司购入作为管理用固定资产使用，按 300 万元的原价入账，并按 3 年的使用寿命采用年限平均法计提折旧，预计净残值为零（假定 M 公司对该项固定资产按 12 个月计提折旧）。对此编制抵销分录如下（单位：万元）：

分录（12）借：营业收入　300

　　　　　贷：营业成本　270

　　　　　　　固定资产——原价　30

分录（13）抵销该固定资产当期多计提的折旧额 10 万元。

借：固定资产——累计折旧　10

　贷：管理费用　10

5. 内部投资收益的抵销。2010 年 Z 公司向 M 公司应支付的债券利息总额为 20 万元。对此编制抵销分录如下（单位：万元）：

分录（14）借：投资收益　20

　　　　　贷：财务费用：　20

根据 Z 公司个别利润表（见表 5－6）可知，2010 年度 Z 公司实现净利润 1 000 万元。M 公司按权益法确认的对 Z 公司本期投资收益为 800 万元（1 000 万元×80%），Z 公司本期少数股东损益为 200 万元（1 000 万元×20%）。假设 Z 公司年初未分配利润为零，Z 公司本期尚未进行利润分配。应编制抵销分录如下（单位：万元）：

分录（15）借：投资收益　800

　　　　　　　少数股东损益　200

　　　　　　　年初未分配利润　0

　　　　　贷：提取盈余公积　0

　　　　　　　应付股利　0

　　　　　　　年末未分配利润　1 000

最后，根据合并工作底稿的合并金额，编制该企业集团 2010 年合并资产负债表（见表 5－8）和合并利润表（见表 5－9）。

表 5－8　　合并资产负债表

编制单位：M 公司　　2010 年 12 月 31 日　　单位：万元

资　产	行次	期末余额	年初余额	负债和所有者权益（或股东权益）	行次	期末余额	年初余额
流动资产：				流动负债：			
货币资金		1 500		短期借款			

续表

资　　产	行次	期末余额	年初余额	负债和所有者权益（或股东权益）	行次	期末余额	年初余额
结算备付金				向中央银行借款			
拆出资金				吸收存款及同业存放			
交易性金融资产				拆入资金			
应收票据		3 300		交易性金融负债			
应收账款		2 685		衍生金融负债			
预付账款		1 070		应付票据		1 000	
发放短期贷款				应付账款		3 000	
应收保费				预收账款		100	
应收分保账款				卖出回购金融资产款			
应收股利				应付职工薪酬		1 100	
应收利息				应付股利			
其他应收款				应付利息			
买入返售金融资产				应交税费		860	
存货		1 900		其他应付款			
一年内到期的非流动资产				未到期责任准备金			
其他流动资产				保险责任准备金			
流动资产合计		10 455		代理买卖证券款			
非流动资产：				代理承销证券款			
发放长期贷款				一年内到期的非流动负债			
持有至到期投资		0		预计负债			
可供出售金额资产		800		递延收益			
长期股权投资		1 700		其他流动负债			
投资性房地产				流动负债合计		6 060	
长期应收款				非流动负债：			
存出法定准备金				长期借款		2 650.75	
固定资产		6 180		应付债券		600	
在建工程				长期应付款			
工程物资				专项应付款			

续表

资　　产	行次	期末余额	年初余额	负债和所有者权益（或股东权益）	行次	期末余额	年初余额
固定资产清理				递延所得税负债		49.25	
生产性生物资产				其他长期负债			
油气资产				非流动负债合计		3 300	
无形资产		630		负债合计		9 360	
开发支出				所有者权益（或股东权益）：			
商誉		200		实收资本（股本）		4 000	
长期待摊费用				资本公积		880	
递延所得税资产				盈余公积		1 000	
其他长期资产				一般风险准备			
非流动资产合计		9 510		未分配利润		3 805	
				减：库存股			
				外币报表折算差额			
				少数股东权益		920	
				所有者权益（或股东权益）合计		10 605	
资产总计		19 965		负债和所有者权益（或股东权益）总计		19 965	

表 5－9　　　　**合并利润表**

编制单位：M 公司　　　　2010 年度　　　　单位：万元

项　　目	行次	本年金额	上年金额
一、营业收入		10 200	
利息收入			
已赚保费			
手续费及佣金收入			
二、营业总成本			
其中：营业成本		4 450	
利息支出			
手续费及佣金支出			

续表

项　　目	行次	本年金额	上年金额
退保金			
赔付支出净额			
提取保险合同准备金净额			
保单红利支出			
分保费用			
营业税金及附加		425	
销售费用		25	
管理费用		102	
财务费用（收益以“－”号填列）		370	
资产减值损失			
加：公允价值变动净收益（净损失以“－”）号填列			
投资收益（损失以“－”号填列）		480	
汇兑收益（损失以“－”号填列）			
三、营业利润（亏损总额以“－”号填列）		5 308	
加：营业外收入			
减：营业外支出		10	
四、利润总额（亏损总额以“－”号填列）		5 298	
减：所得税费用		1 813	
五、净利润（净亏损以“－”号填列）		3 485	
（一）归属于母公司所有者的净利润		3 285	
（二）少数股东损益		200	
六、每股收益：			
基本每股收益			
稀释每股收益			

第七节　合并财务报表分析应注意的问题

无论是个别财务报表还是合并财务报表都反映企业财务状况、经营成果和现金流量情况，所以在分析时，合并财务报表与个别财务报表的分析在原理和方法上基本相同，在此不再赘述。但是，由于合并财务报表本身有区别于个别财务报表的特殊经济本质的特殊性，在分析时，应注意以下一些问题。

一、合并财务报表与个别财务报表的本质差异

由于个别财务报表反映的是单个企业法人的财务状况、经营成果和现金流量，不能有效反映整个企业集团的会计信息。而合并财务报表是在统一母子公司会计政策的前提下，由母公司以纳入合并范围的企业个别财务报表为基础，根据其他有关资料，按照权益法调整对子公司的长期股权投资后，抵销母公司与子公司、子公司相互之间发生的内部交易对合并财务报表的影响，然后按照合并财务报表的项目要求合并个别财务报表的各个项目的数据编制的，基本消除了对集团资产、收益、负债和现金流量的虚估，能够为集团的利益相关者提供诸多决策所需的增量信息。

合并财务报表虽然提供了资产、利润等方面的资料，但是由于运用这些资产是特定法律主体的权利，作为母公司，并不能直接地运用和处置这些法律主体的资产，这也与个别财务报表中反映的资产运用能力存在重大差异。同样，合并利润表中的利润也不只是母公司的利润，还包括子公司的利润。但子公司的利润在未经股利分配前是不能由母公司支配的，也并非母公司现实拥有的。

由于合并财务报表是以个别财务报表为基础编制而成的，在进行合并财务报表分析时，应结合母公司和子公司的个别财务报表来进行分析，掌握其对合并财务报表数据的影响，充分认识这些信息所具有的局限性，以对企业集团的财务状况、经营成果和现金流量情况有一个较为客观的分析和判断。

二、合并财务报表与个别财务报表在项目上的差异

合并财务报表与个别财务报表在项目上存在差异，在合并财务报表分析中也应当加以注意。在合并资产负债表中，与个别资产负债表相比，有3个不同的项目：合并价差、少数股东权益和外币报表折算差额。

（一）合并价差项目

该项目是长期投资（包括股权投资和债权投资）的调整项目。当合并价差是由长期股权投资产生时，反映母公司对子公司权益性资本投资数额与子公司所有者权益总额中母公司所拥有的份额抵销时所形成的差额。如为借方余额，表示母公司对子公司权益性资本投资额大于子公司所有者权益中母公司所拥有的份额；如为贷方余额，表示母公司对子公司权益性资本投资额小于子公司所有者权益中母公司所拥有的份额。一般情况下，合并价差主要是集团内成员企业通过集团外的交易所产生的。

（二）少数股东权益项目

该项目是在负债和所有者权益之间单列的一个项目，反映除母公司以外的其他投资者在子公司的权益，表示其他投资者在子公司所有者权益中所拥有的份额。它具有特别的性质，既不是母公司的债务，又不是母公司的股权，只是在数量上等于子公司的所有者权益与少数股东持股比例的乘积，视同为对少数股东的负债。

（三）外币报表折算差额项目

我国会计制度规定，对以外币表示的会计报表进行折算时，所有资产、负债类项目都必须按照合并财务报表决算日的市场汇率折算为母公司记账本位币；权益类项目，除未分配利润外，均按照发生时的市场汇率折算为母公司记账本位币，折算后资产类项目与负债类和所有者权益类项目合计数的差额，作为“外币报表折算差额”在未分配利润项目后单独列示。

在合并利润表中，与个别利润表不同的项目只有一个，即“少数股东本期收益”，该项目反映企业少数股东在净利润中所占的份额，其金额等于子公司净利润与少数股东持股比例的乘积。

三、合并财务报表与个别财务报表在分析指标上的差异

（一）偿债能力分析

企业集团只是一个经济实体，而不是独立的法律主体。债权人是相对于独立的法人主体而言的，每个公司的债权人只能针对法人财产行使求偿权。因此，母子公司的债权人进行偿债能力分析时应主要依据个别财务报表数据，在此基础上综合考虑合并财务报表数据和集团的资金管理与控制政策，以做出正确的信贷决策。

由于企业集团成员间存在各自的利益取向，即使母公司控制着子公司的财务决策权，也不可能不顾公司中少数股东的利益任意在企业集团内部无偿划拨资金，合并流动比率不能简单地等同于所有母子公司流动比率的加权平均。母子公司的偿债能力是相对独立的，债权人首先要考虑母子公司之间转移现金的能力和这个过程的时间，同时还要进一步考虑内部交易或事项的抵销对流动资产和流动负债的影响，企业集团内部债权债务的抵销和未实现内部损益的抵销对合并短期偿债能力指标的数值影响是双向的，需要根据内部交易情况具体评估。

（二）营运能力分析

在进行企业集团整体营运能力分析时，应具体情况具体分析。如果企业合并是横向合并，即母子公司所从事的经营活动性质相同，合并营运能力指标能够真实反映集团各项资源运用对外实现的运转效率，对于评估集团资源的运用效率是客观的；如果企业合并是纵向合并或混合合并，即为了分散经营风险，企业集团采用多元化经营方式，合并财务报表可能掩盖不同地区、不同行业企业之间资产的周转效率和经营风险水平的差异。特别是各个行业的财务指标衡量标准不同，个别财务报表合并后，便会使得合并财务报表财务分析和财务预测的意义大大削弱。因此，在企业集团跨行业经营的情况下，更应针对企业集团的各成员单位具体分析。

另外，合并财务报表中许多项目是在抵销集团内部往来业务后得出的金额，这也给集团营运能力分析带来一定的困难。如果集团公司内部交易占它们各自交易量的较大比重，抵销后的周转额代表整个集团对外完成周转的存货或流动资产规模，与集团内单一公司完成的周转额并不相同，后者会随中间环节增多而增大，因而合并营运能力指标有可能虚假地反映出周转速度的加快。

（三）盈利能力分析

企业集团作为一个整体，其合并财务报表解决了集团内部交易重复计算的问题，能较个别财务报表更真实地反映出企业集团的整体经营成果和盈利能力。例如：母公司个别利润表中有 1 200 万元是向子公司销售商品取得的营业收入，该批商品的销售成本为 800 万元，当期已全部实现对外销售。母子公司和企业集团的营业利润率见表 5－10。

表 5－10　　营业利润计算表　　单位：万元

项　目	母公司	子公司	抵销分录	合并利润表
营业收入	2 500	2 000	1 200（借）	3 300
营业成本	2 000	1 500	1 200（贷）	2 300
营业利润	500	500		1 000
营业利润率	20%	25%		33.33%

从表中可以看出，母子公司营业利润之和与企业集团营业利润总额的绝对值相等，但母子公司营业利润率之和大于合并营业利润率。这是由内部交易产生的营业收入在母子公司进行重复计算所导致的。因此，合并财务报表是解读企业集团盈利能力的有效工具。

同时，还应注意对合并财务报表的利润构成和利润质量加以分析。在企业集团跨行业经营的情况下，利润构成是盈利能力分析需要关注的重点。例如，零售贸易集团编制合并财务报表时，将其下属的房地产销售收入和利润都并入合并财务报表的营业收入、营业利润项目中，可能会使合并财务报表营业收入、营业利润看起来比较乐观，但它实际上已不再反映母公司的主业经营情况，而是反映母公司占控股地位的投资项目的经营情况（当然也存在着相反的情况）。此外，从现金流量的角度评价企业集团的利润质量也有重要意义，分析会计收益与现金流量的比例关系，关注母子公司之间转移现金的能力，有助于更好地反映企业集团的收益质量。

（四）成长能力分析

成长能力是指企业集团未来的发展趋势和发展速度。反映成长能力的指标主要有销售收入增长率、净利润增长率、股东权益增长率。企业集团的发展能力是由其内部所有成员有机结合所形成的合力决定的，因此在分析企业集团未来发展能力时，一方面必须从企业集团整体的资产结构、融资能力、盈利能力、发展潜力等方面出发进行综合考核；另一方面要关注数值的高低并结合趋势分析法挖掘深层次的原因。例如，合并销售收入增长率较高不足以说明企业发展趋势良好，还要了解销售增长的原因，并结合可比期间的数据进行趋势分析，才能判断企业集团产品的市场占有率是否持续、稳定上升。

此外，在合并会计报表分析中还应注意合并会计报表附注所披露的事项，这样才能全面、准确地了解集团的生产经营情况，对集团的财务状况和经营成果作出准确判断。

复习思考题

1. 合并财务报表的作用是什么?
2. 合并财务报表的特点有哪些?
3. 合并财务报表的合并范围是怎样的?
4. 合并财务报表有哪些局限性?
5. 如何编制和分析合并资产负债表?
6. 如何编制和分析合并利润表?
7. 如何编制和分析合并现金流量表?
8. 如何编制和分析合并股东权益变动表?
9. 分析合并财务报表应注意哪些问题?

10. P公司于2009年12月31日收购了Q公司80%的股本。Q公司当年未分配利润的余额为3 500万元。

两家公司2009年12月31日的资产负债表如下：

单位：万元

科目 \ 公司	P公司	Q公司
流动资产：		
货币资金	600	220
应收账款	1 200	700
存货	1 600	900
流动资产合计	3 400	1 820
长期投资：		
在Q公司的投资	5 000	
固定资产：		
建筑物	4 000	2 000
工厂机器设备	2 500	1 400
固定资产合计	6 500	3 400
总资产	14 900	5 220
流动负债：		
应付账款	900	350
应付股利	200	70
流动负债合计	1 100	420
长期负债：		

续表

科目 \ 公司	P公司	Q公司
应付公司债（12%年息）		1 000
负债合计	2 100	420
股东权益：		
股本	1 700	800
未分配利润	11 100	4 000
股东权益合计	12 800	4 800
负债与股东权益合计	14 900	5 220

注：

（1）假设收购产生的商誉于集团未分配利润中注销。

（2）于2009年12月31日，Q公司欠P公司200万元，乃该年度最后一个月中Q公司向P公司购买货品的货款。

（3）P公司在上述（2）中所述的货品的成本为150万元。截至2009年12月13日，Q公司已经售出其中的40%。

（4）在计算工厂机器设备的折旧时，P公司使用余额递减法，Q公司则使用直线法。如果公司在被收购时改用P公司的折旧方法计算折旧金额，估计Q公司的工厂机器设备的账面价值将减少100万元。

（5）P公司尚未把其于Q公司的应付股利的所占份额入账。

要求：

（1）编制P公司集团2009年12月31日的合并资产负债表。

（2）在进行母公司和子公司的商业交易的会计处理时，应采用什么样的合并原则？

第六章　财务报表附注及其分析

第一节　财务报表附注概述

一、财务报表附注的内容

附注是对在资产负债表、利润表、现金流量表和股东权益变动表等报表中列示项目的文字描述或明细资料，以及对未能在这些报表中列示项目的说明等。

附注应当披露财务报表的编制基础，相关信息应当与资产负债表、利润表、现金流量表和股东权益变动表等报表中列示的项目相互参照。

二、财务报表附注的作用

财务报表附注的重要意义在于：提高会计信息的质量；增进会计信息的可理解性；提高会计信息的可比性；体现会计信息的完整性；帮助使用者了解重要的信息。具体地说，财务报表附注主要起到以下方面的作用。

（一）增进会计信息的可理解性

会计信息之间存在着内在的逻辑关系，理解这种逻辑关系需要一定的理解能力和知识结构。然而，会计报表使用者的情况不同，而且对会计信息的需求也不尽相同，几张主要会计报表并不能满足所有会计报表使用者的需要。会计报表附注是对报表中信息进行详细解释，将一项抽象的信息分解成若干的具体项目，并说明产生各项信息的会计方法等，有助于会计报表使用者正确理解会计报表。

（二）提高会计信息的可比性

会计报表是依据会计准则编制而成的，而会计准则在许多方面规定了可供选择的多种会计政策，企业可结合本行业的特点及其具体情况加以选择，这就导致了不同行业或同一行业的不同企业之间所提供的会计信息之间的差异。此外，由于企业经营环境的变化，有可能需要在遵循会计准则的前提条件下，变更会计政策，这就要求企业在财务报表附注中说明变更的情况、变更的原因及变更的影响，以使本企业前后期及同行业不同企业之间的会计信息具有可比性。

（三）突出重要的会计信息

财务报表中所含有的会计信息很多，内容繁杂，财务报表使用者可能抓不住重点，对其中的重要会计信息了解不够全面。通过财务报表附注，可将财务报表中的重要会计信息进一步予以分解说明，起到帮助财务报表使用者了解哪些是重要的会计信息，在经济决策中时加以考虑。

尽管财务报表附注在许多方面均具有重要的作用，但财务报表附注也存在一定的局限性。这些局限性主要包括：财务报表附注没有财务报表本身直观；由于各个企业经营业务和经营环境的差别，很难规范财务报表附注的编制与披露；财务报表附注的编制具有较大的随意性，因而往往会存在滥用财务报表附注的危险。

三、财务报表附注披露的顺序

附注一般应当按照下列顺序披露：

1. 财务报表的编制基础。

2. 遵循企业会计准则的声明。

3. 重要会计政策的说明，包括财务报表项目的计量基础和会计政策的确定依据等。

4. 重要会计估计的说明，包括下一会计期间内很可能导致资产、负债账面价值重大调整的会计估计的确定依据等。

5. 会计政策和会计估计变更以及差错更正的说明。

6. 对已在资产负债表、利润表、现金流量表和所有者权益变动表中列示的重要项目的进一步说明，包括终止经营税后利润的金额及其构成情况等。

7. 或有和承诺事项、资产负债表日后非调整事项、关联方关系及其交易等需要说明的事项。

此外，企业应当在附注中披露在资产负债表日后、财务报告批准报出日前提议或宣布发放的股利总额和每股股利金额（或向投资者分配的利润总额）。

下列各项未在与财务报表一起公布的其他信息中披露的，企业应当在附注中披露：

1. 企业注册地、组织形式和总部地址。

2. 企业的业务性质和主要经营活动。

3. 母公司以及集团最终母公司的名称。

本章将在后面3节中详细介绍会计政策和会计估计变更以及差错更正、关联方关系及其交易、资产负债表日后事项等内容。

第二节　会计政策、会计估计变更和会计差错更正及其分析

一、会计政策变更

（一）会计政策变更的概念

1. 会计政策的概念。会计政策，是指企业在会计确认、计量和报告中所采用的原则、

基础和会计处理方法。企业采用的会计计量基础（也称会计计量属性）也属于会计政策。

企业应当在会计准则允许采用的会计政策中选择适当的会计政策，并正确地运用所选定的会计政策进行相关交易或事项的确认、计量和报告。按照我国企业会计准则的相关规定，企业应当在报表附注中披露其所采用的会计政策的主要内容。

企业在会计核算中所采用的会计政策，通常应在报表附注中加以披露，需要披露的会计政策项目主要有以下几项：

（1）财务报表的编制基础、计量基础和会计政策的确定依据等。

（2）合并政策，是指编制合并财务报表所采纳的原则。例如，母公司与子公司的会计年度不一致的处理原则；合并范围的确定原则；母公司和子公司所采用会计政策不一致时的处理原则；等等。

（3）外币折算，是指外币折算所采用的方法以及汇兑损益的处理。例如，外币报表折算是采用现行汇率法，还是采用时态法或其他方法；发生的外币业务汇兑损益是计入发生当期的费用，还是资本化计入所购建固定资产的成本。

（4）收入的确认，是指收入确认的原则。例如，建造合同是按完成合同法确认收入还是按完工百分比法或其他方法确认收入。

（5）存货的计价，是指企业存货的计价方法。例如，企业发出和领用的存货是采用先进先出法还是采用国家统一的会计制度所允许的其他计价方法；存货的期末计价是采用历史成本法，还是采用成本与可变现净值孰低法。

（6）长期股权投资的核算，是指长期股权投资的具体会计处理方法。例如，企业对被投资单位的长期股权投资是采用成本法，还是采用权益法核算。

（7）坏账损失的核算，是指坏账损失的具体会计处理方法。例如，企业的坏账损失是采用直接转销法，还是采用备抵法进行核算。

（8）借款费用的处理，是指借款费用的处理方法，即是采用资本化，还是采用费用化。

2. 会计政策变更的概念。会计政策变更是指企业对相同的交易或者事项由原来采用的会计政策改用另一会计政策的行为。为保证会计信息的可比性，使财务报告使用者在比较企业一个以上期间的财务报表时，能够正确判断企业的财务状况、经营成果和现金流量的趋势。一般情况下，企业在不同的会计期间应采用相同的会计政策，不应也不能随意变更会计政策；否则，势必削弱会计信息的可比性，使财务报告使用者在比较企业的经营成果时发生困难。

企业不能随意变更会计政策并不意味着企业的会计政策在任何情况下均不能变更。《企业会计准则——基本准则》规定，企业提供的会计信息应当具有可比性。同一企业不同时期发生的相同或者相似的交易或者事项，应当采用一致的会计政策，不得随意变更。确需变更的，应当将变更的情况、变更的原因及其对企业财务状况和经营成果的影响，在财务会计报告附注中说明。不同企业发生的相同或相似的交易或者事项，应当采用规定的会计政策，确保会计信息口径一致，相互可比。

（二）会计政策变更的条件

会计政策变更，并不意味着以前期间的会计政策是错误的，只是由于情况发生了变化，或者掌握了新的信息、积累了更多的经验，使得变更会计政策能够更好地反映企业的财务状况、经营成果和现金流量。如果以前期间会计政策的选择和运用是错误的，则属于前期差错，应按前期差错更正的会计处理方法进行处理。

在我国，按现行会计准则和会计制度的规定，只有在符合下列两个条件之一的情况下，企业可以变更会计政策：

1. 法律、行政法规或国家统一的会计制度等要求变更。这种情况是指按照法律、行政法规以及国家统一的会计制度的规定，要求企业采用新的会计政策。在这种情况下，企业应按规定改变原会计政策，采用新的会计政策。例如，《企业会计准则第16号——政府补助》发布实施以后，对政府补助的确认、计量和相关信息的披露应采用新的会计政策；再如，实施《企业会计准则第8号——资产减值》的企业，对固定资产、无形资产等计提的资产减值准备不得转回。

2. 会计政策的变更能够使所提供的企业财务状况、经营成果和现金流量信息更可靠、更相关。这一情况是指由于经济环境、客观情况的改变，使企业原来采用的会计政策所提供的会计信息，已不能恰当地反映企业的财务状况、经营成果和现金流量等情况。在这种情况下，应改变原有会计政策，按新的会计政策进行核算，以对外提供更可靠、更相关的会计信息。

需要注意的是，除法律、行政法规或者国家统一的会计制度等要求变更会计政策，应当按照规定执行和披露外，企业因满足上述第2条的条件变更会计政策时，必须有充分、合理的证据表明其变更的合理性，并说明变更会计政策后，能够提供关于企业财务状况、经营成果和现金流量等更可靠、更相关会计信息的理由。对会计政策的变更，应经股东大会或董事会等类似机构批准。如无充分、合理的证据表明会计政策变更的合理性或者未经股东大会等类似机构批准擅自变更会计政策的，或者连续、反复地自行变更会计政策的，视为滥用会计政策，按照前期差错更正的方法进行处理。

对会计政策变更的认定，直接影响到会计处理方法的选择。实务中，企业应当分清哪些属于会计政策变更，哪些不属于会计政策变更。下列两种情况不属于会计准则所定义的会计政策变更：

（1）对初次发生的或不重要的交易或者事项采用新的会计政策。对初次发生的某类交易或事项采用适用的会计政策，并没有改变原来的会计政策，因而不属于会计政策变更。例如，企业以前没有对外长期股权投资业务，当年对外进行长期股权投资，属于初次发生交易，企业采用成本法或权益法进行核算，并不属于会计政策变更。又如，某企业原在生产经营过程中使用少量的低值易耗品，并且价值较低故企业于领用低值易耗品时一次计入费用；该企业于近期转产，生产新的产品，所需低值易耗品比较多，且价值较大，企业对领用的低值易耗品处理方法改为分期摊销的方法计入费用。该企业改变低值易耗品处理方法后，对损益的影响并不大，并且低值易耗品通常在企业生产经营中所占的比例不大，属于不重要的事项，因而不属于会计准则所定义的会计政策变更。

（2）本期发生的交易或者事项与以前相比具有本质区别，因而采用新的会计政策。例如，某企业以往租入的设备均为临时需要而租入的，企业按经营租赁会计处理方法核算，但自本年度起租入的设备均采用融资租赁方式，则该企业自上年度起对新租赁的设备采用融资租赁会计处理方法核算。该企业原租入的设备均为经营性租赁，本年度起租赁的设备均改为融资租赁，由于经营租赁和融资租赁有着本质差别，因而改变会计政策不属于会计政策变更。

（三）会计政策变更的会计处理

1. 企业依据法律、行政法规或者国家统一的会计制度等的要求变更会计政策的，应当按照国家相关规定执行。

例如，财政部发布并于2007年1月1日执行的《企业会计准则第38号——首次执行企业会计准则》对首次执行企业会计准则涉及长期股权投资的会计调整作了如下规定：

（1）根据《企业会计准则第20号——企业合并》属于同一控制下企业合并产生的长期股权投资，尚未摊销完毕的股权投资差额应全额冲销，并调整留存收益，以冲销股权投资差额后的长期股权投资账面余额作为首次执行日的认定成本。

（2）除上述（1）以外的其他采用权益法核算的长期股权投资，存在股权投资贷方差额的，应冲销贷方差额，调整留存收益，并以冲销贷方差额后的长期股权投资账面余额作为首次执行日的认定成本；存在股权投资借方差额的，应当将长期股权投资的账面余额作为首次执行日的认定成本。

2. 会计政策变更能够提供更可靠、更相关的会计信息的，应当采用追溯调整法处理，将会计政策变更累积影响数调整列报前期最早期初留存收益，其他相关项目的期初余额和列报前期披露的其他比较数据也应当一并调整，但确定该项会计政策变更累积影响数不切实可行的除外。

追溯调整法，是指对某项交易或事项变更会计政策视同该项交易或事项初次发生时即采用变更后的会计政策，并以此对财务报表相关项目进行调整的方法。

追溯调整法的运用通常由以下几步构成：

（1）计算会计政策变更的累积影响数。会计政策变更累积影响数，是指按照变更后的会计政策对以前各期追溯计算的列报前期最早期初留存收益应有金额与现有金额之间的差额。会计政策变更的累积影响数，是假设与会计政策变更相关的交易或事项在初次发生时即采用新的会计政策而得出的列报前期最早期初留存收益应有的金额与现有的金额之间的差额。这里的留存收益，包括当年和以前年度的未分配利润和按照相关法律规定提取并累积的盈余公积。会计政策变更的累积影响数，是对变更会计政策所导致的对净损益的累积影响，以及由此导致的对利润分配及未分配利润的累积影响金额，不包括分配的利润或股利。例如，由于会计政策变化，增加了以前期间可供分配的利润，该企业通常按净利润的20%分派现金股利。但在计算调整会计政策变更当期期初的留存收益时，不应当考虑由于以前期间净利润的变化而需要分派的现金股利。

上述变更会计政策当期期初现有的留存收益金额，即上期资产负债表所反映的留存收益期末数，可以从上期资产负债表项目中获得。追溯调整后的留存收益金额指扣除所得税后的净额，即按新的会计政策计算确定留存收益时，应当考虑由于损益变化所导致的补记所得税或减征所得税的情况。

会计政策变更的累积影响数，通常可以通过以下各步计算获得：

第一步，根据新的会计政策重新计算受影响的前期交易或事项；

第二步，计算两种会计政策下的差异；

第三步，计算差异的所得税影响金额；

第四步，确定前期中每一期的税后差异；

第五步，计算会计政策变更的累积影响数。

（2）相关的账务处理。

（3）调整报表相关项目。

（4）报表附注说明。

采用追溯调整法时，会计政策变更的累积影响数应包括在变更当期期初留存收益中。如果提供可比财务报表，对于比较财务报表期间的会计政策变更，应调整各该期间净损益各项目和财务报表其他相关项目，视同该政策在比较财务报表期间一直采用。对于比较财务报表可比期间以前的会计政策变更的累积影响数，应调整比较财务报表最早期间的期初留存收益，财务报表其他相关项目的数字也应一并调整。

【例6－1】2007年1月1日，新华股份有限公司按照企业会计准则规定，对建造合同的收入确认由完成合同法改为按完工百分比法，公司保存的会计资料比较齐备可以通过会计资料追溯计算。依税法，按完工百分比法计算收入并计入应纳税所得额。该公司按净利润的10%提取法定盈余公积，两种方法计算的税前会计利润见表6－1（注：2008年1月1日以前该公司适用的所得税税率均为33%）。

表6－1　　不同方法确认的建造合同税前会计利润　　单位：元

年　　度	完工百分比法	完成合同法
2003年以前	2 000 000	1 500 000
2003年	1 200 000	1 000 000
2004年	900 000	1 200 000
2005年	1 000 000	800 000
2006年	1 300 000	1 100 000
2007年	1 500 000	1 600 000

根据上述资料，该股份有限公司的会计处理如下：

（1）计算改变建造合同收入确认方法后的累积影响数，见表6－2。

表6－2　　改变建造合同收入确认方法后的累积影响数　　单位：元

年　　度	完工百分比法	完成合同法	税前差异	所得税影响	税后差异
2003年以前	2 000 000	1 500 000	500 000	165 000	335 000
2003年	1 200 000	1 000 000	200 000	66 000	134 000
2004年	900 000	1 200 000	－300 000	－99 000	－201 000
2005年	1 000 000	800 000	200 000	66 000	134 000
2006年	1 300 000	1 100 000	200 000	66 000	134 000
小计	6 400 000	5 600 000	800 000	264 000	536 000
2007年	1 500 000	1 600 000	－100 000	－33 000	－67 000
总　计	7 900 000	7 200 000	700 000	231 000	469 000

新华股份有限公司在2007年以前按完工百分比法计算的税前利润为6 400 000元，按完成合同法计算的税前利润为5 600 000元，两者的所得税影响合计为264 000元，两者差异的税后净影响额为536 000元，即为该公司由完成合同法改为完工百分比法的“累积影响数”。

（2）会计处理。

①调整会计政策变更累积影响数。

借：工程施工　　800 000

　　贷：利润分配——未分配利润　　536 000

　　　　递延所得税负债　　264 000

②调整利润分配。

借：利润分配——未分配利润　　（536 000×10%）53 600

　　贷：盈余公积　　53 600

（3）报表调整。新华股份有限公司在编制2007年度的财务报表时，应调整资产负债表的年初数（见表6－3）；利润表、股东权益变动表的上年数（见表6－4、表6－5）应作相应调整。2007年12月31日资产负债表的期末数栏、股东权益变动表的未分配利润项目上年数栏应以调整后的数字为基础编制。

表6－3　　资产负债表

编制单位：新华股份有限公司　　2007年12月31日　　单位：元

资产	年初余额		负债和股东权益	年初余额	
	调整前	调整后		调整前	调整后
……			……		
存货	9 800 000	10 600 000	盈余公积	1 700 000	1 753 600
			未分配利润	600 000	1 082 400
……			……		

表6－4　　利润表

编制单位：新华股份有限公司　　2007年度　　单位：元

项　目	上期金额	
	调整前	调整后
一、营业收入	18 000 000	18 500 000
减：营业成本	13 000 000	13 300 000
……		
二、营业利润	3 900 000	4 100 000
……		
三、利润总额	4 060 000	426 000
减：所得税费用	1 330 800	1 405 800
四、净利润	2 720 200	2 854 200
……		

表 6－5　　股东权益变动表

编制单位：新华股份有限公司　　2007 年度　　单位：元

项　　目	上年金额			
……	……	盈余公积	未分配利润	……
一、上半年年末余额		1 700 000	600 000	
加：会计政策变更		53 600	482 400	
前期差错更正				
二、本年年初余额		1 753 600	1 082 400	
……				

（4）附注说明。2007 年新华股份有限公司按照企业会计准则规定，对建造合同的收入确认由完成合同法改为完工百分比法。此项会计政策变更采用追溯调整法，2006 年的比较报表已重新表述。2007 年运用新的方法追溯计算的会计政策变更累积影响数为 536 000 元。会计政策变更对 2007 年损益的影响为减少净利润 67 000 元，对 2006 年度报告的损益的影响为增加净利润 134 000 元，调增 2006 年的期初留存收益 402 000 元，其中，调增未分配利润 341 700 元。

3. 确定会计政策变更对列报前期影响数不切实可行的，应当从可追溯调整的最早期间期初开始应用变更后的会计政策。在当期期初确定会计政策变更对以前各期累积影响数不切实可行的，应当采用未来适用法处理。

（1）不切实可行的判断。不切实可行，是指企业在采取所有合理的方法后，仍然不能获得采用某项规定所必需的相关信息，而导致无法采用该项规定，则该项规定在此时是不切实可行的。

对于以下特定前期，对某项会计政策变更应用追溯调整法或进行追溯重述以更正一项前期差错是不切实可行的：

① 应用追溯调整法或追溯重述法的累积影响数不能确定。

② 应用追溯调整法或追溯重述法要求对管理层在该期当时的意图做出假定。

③ 应用追溯调整法或追溯重述法要求对有关金额进行重新估计，并且不可能将提供有关交易发生时存在状况的证据（例如，有关金额确认、计量或披露日期存在事实的证据，以及在受变更影响的当期和未来期间确认会计估计变更的影响的证据）和该期间财务报表批准报出时能够取得的信息这两类信息与其他信息客观地加以区分。

（2）未来适用法。未来适用法，是指将变更后的会计政策应用于变更日及以后发生的交易或者事项，或者在会计估计变更当期和未来期间确认会计估计变更影响数的方法。

在未来适用法下，不需要计算会计政策变更产生的累积影响数，也无须重编以前年度的财务报表。企业会计账簿记录及财务报表上反映的金额，变更之日仍保留原有的金额，不因会计政策变更而改变以前年度的既定结果，并在现有金额的基础上再按新的会计政策进行核算。企业如果因账簿、凭证超过法定保存期限而销毁，或因不可抗力而毁坏、遗失，如火灾、水灾等，或因人为因素，如盗窃、故意毁坏等，也可能使会计政策变更的累积影响数无法计算。在这种情况下，会计政策变更可以采用未来适用法进行处理。

【例6-2】奇正公司原来采用先进先出法对存货计价，由于物价持续上涨，公司决定从2010年1月1日起采用加权平均法。2010年1月1日存货按先进先出法计价的成本为600 000元，2010年该公司购入存货的实际成本为1 200 000元，2010年12月31日按加权平均法计算确定的期末存货成本为700 000元，当年销售收入为1 600 000元。假设当年无营业费用，其他间接费用（销售费用、管理费用、财务费用）共180 000元，所得税税率为25%，并假设税法也认可企业采用加权平均法对存货计价，当年应税所得与税前利润相等。2010年12月31日按加权平均法计算存货的期末成本为850 000元。

奇正公司由于经济环境发生变化而改变会计政策，属于会计政策变更。由于采用加权平均法难以进行追溯调整，因此采用未来适用法进行会计处理，即不必计算2010年1月1日及以前各期期末按加权平均法计价的应有余额，以及对留存收益的影响余额，只需从2010年开始采用加权平均法计价。但需要计算确定由于此项会计政策变更对2010年净利润的影响数，以便在报表附注中披露此消息。

存货按加权平均法计价条件下2010年的销售成本＝期初存货成本＋本期购入存货成本－期末存货成本＝600 000＋1 200 000－700 000＝1 100 000（元）

存货按先进先出法计价条件下2010年的销售成本＝期初存货成本＋本期购入存货成本－期末存货成本＝600 000＋1 200 000－850 000＝950 000（元）

会计政策变更对2010年净利润的影响数如表6-6所示。

表6-6　对当前净利润的影响数计算表

单位：元

项　　目	加权平均法	先进先出法
营业收入	1 600 000	1 600 000
减：营业成本和营业税金及附加	1 100 000	950 000
期间费用	180 000	180 000
利润总额	320 000	470 000
减：所得税费用	80 000	117 500
净利润	240 000	352 500
差　　额	-112 500	

可见，该公司2010年存货计价由先进先出法改为加权平均法，这项会计政策变更使当年净利润减少了112 500元。

4. 我国现行会计准则与制度的规定。根据《企业会计准则第28号——会计政策、会计估计变更和差错更正》的规定，企业发生会计政策变更，要分别下列具体情况进行相应的会计处理：

（1）企业依据法律或会计准则等行政法规、规章的要求变更会计政策的：

① 如果国家发布了相关的会计处理办法，则按照国家发布的相关会计处理规定处理。

② 如果国家没有发布相关的会计处理办法，而且会计政策变更的累积影响数能够合理确定，则采用追溯调整法进行会计处理。

（2）如果由于经济环境、客观情况发生变化，企业为了提供更可靠、更相关的有关企业财务状况、经营成果和现金流量等方面的会计信息而变更会计政策，而且会计政策变更的累积影响数能够合理确定，则应采用追溯调整法进行会计处理。

(3) 如果会计政策变更的累积影响数不能合理确定，则无论因何种原因变更会计政策，均采用未来适用法进行会计处理。

可见，在我国企业会计政策变更的会计处理，除了在法律或会计准则等行政法规、规章要求企业变更会计政策，且国家发布了相关的会计处理办法的情况下，要按照国家发布的相关会计处理规定进行处理之外，企业只能根据具体情况确定应采用追溯调整法还是未来适用法。

(四) 会计政策变更的披露

企业应当在附注中披露与会计政策变更有关的下列信息：

1. 会计政策变更的性质、内容和原因。

2. 当期和各个列报前期财务报表中受影响的项目名称和调整金额。

3. 无法进行追溯调整的，说明该事实和原因以及开始应当变更后的会计政策的时点、具体应用情况。

在以后各期的财务报告中，不需要重复披露在以前期间的附注中已披露的会计政策变更。

二、会计估计变更

(一) 会计估计变更的概念及特点

会计估计，是指企业对其结果不确定的交易或事项以最近可利用的信息为基础所作的判断。企业为了定期、及时地提供有用的会计信息，将延续不断的经营活动人为地划分为一定的期间，并在权责发生制的基础上对企业的财务状况和营业成果定期确认、计量和报告。为此，企业需要对尚在延续中、其结果尚未确定的交易或事项予以估计入账，在实际工作中，会计经常需要运用判断和估计。

会计估计具有以下特点：

1. 会计估计的存在是由于经济活动中内在的不确定性因素的影响。在会计核算中，企业总是力求保持会计核算的准确性，但有些交易或事项本身具有不确定性，因而需要根据经验作出估计；同时，采用权责发生制原则编制财务报表这一事项本身，也使得有必要充分估计未来交易或事项的影响。可以说，在会计核算和信息披露过程中，会计估计是不可避免的。例如，估计固定资产折旧年限和净残值，需要根据固定资产消耗方式、性能、技术发展等情况进行估计。会计估计的存在是由于经济活动中内在的不确定性因素的影响所造成的。

2. 会计估计应当以最近可利用的信息或资料为基础。由于经营活动内在的不确定性，企业在会计核算中，不得不经常进行估计。某些估计主要用于确定资产或负债的账面价值，例如经济诉讼可能引起的赔偿等；另一些估计主要用于确定将在某一期间记录的收益或费用的金额，例如某一期间的折旧、摊销费用的金额、在某一期间内采用完工百分比法核算长期建造合同已获取收益的金额，等等。企业在进行会计估计时，通常应根据当时的情况和经验，以最近可利用的信息或资料为基础进行。但是，随着时间的推移、环境的变化，进行会计估计的基础可能会发生变化。因此，进行会计估计所依据的信息或资料不得不经常发生变化。由于最新的信息是最接近目标的信息，以其为基础所作的估计最接近实际，所以进行会计估计时应以最近可利用的信息或资料为基础。

3. 进行会计估计并不会削弱会计核算的可靠性。进行合理的会计估计是会计核算中必不可少的部分，它不会削弱会计核算的可靠性。企业为了定期、及时地提供有用的会计信息，将延续不断的经营活动人为划分为一定的期间，并在权责发生制的基础上对企业的财务状况和经营成果进行定期确认和计量。例如，在会计分期的情况下，许多企业的交易跨越若干会计年度，以至于需要在一定程度上作出决定：哪些费用可以在利润表中作为当期费用处理；哪些费用应当递延至以后各期等。由于存在会计分期和货币计量的前提，在确认和计量过程中，不得不对许多尚在延续中、其结果不确定的交易或事项予以估计入账。但是，估计是建立在具有确凿证据的前提下，而不是随意的。例如，企业估计固定资产预计使用年限，应当考虑该项固定资产的技术性能、历史资料、同行业同类固定资产的预计使用年限、本企业经营性质等诸多因素，并掌握确凿证据后确定。企业根据当时所掌握的可靠证据作出的最佳估计，不会削弱会计核算的可靠性。

下列各项属于常见的需要进行估计的项目：（1）坏账；（2）存货遭受毁损、全部或部分陈旧过时；（3）固定资产的耐用年限与净残值；（4）无形资产的受益期；（5）或有事项中的估计；（6）收入确认中的估计；等等。

会计估计变更，是指由于资产和负债的当前状况及预期经济利益和义务发生了变化，从而对资产或负债的账面价值或者资产的定期消耗金额进行调整。

（二）会计估计变更的原因

由于企业经营活动中内在不确定因素的影响，某些财务报表项目不能精确地计量，而只能加以估计。如果赖以进行估计的基础发生了变化，或者由于取得新的信息、积累更多的经验以及后来的发展变化，可能需要对会计估计进行修订。

通常情况下，企业可能由于以下原因而发生会计估计变更：

1. 赖以进行估计的基础发生了变化。企业进行会计估计，总是依赖于一定的基础，如果其所依赖的基础发生了变化，则会计估计也应相应作出改变。例如，企业某项无形资产的摊销年限原定为10年，以后发生的情况表明，该资产的受益年限已不足10年，则应相应调减摊销年限。

2. 取得了新的信息，积累了更多的经验。企业进行会计估计是就现有资料对未来所作的判断，随着时间的推移，企业有可能取得新的信息、积累更多的经验，在这种情况下，也需要对会计估计进行修订。例如，企业对固定资产原采用年限平均法按15年计提折旧，后来根据新得到的信息——固定资产经济使用寿命不足15年，只有10年，企业改按10年采用年限平均法计提固定资产折旧。

（三）会计估计变更的会计处理

会计估计变更应采用未来适用法处理，即在会计估计变更当期及以后期间，采用新的会计估计，不改变以前期间的会计估计，也不调整以前期间的报告结果。

（1）如果会计估计的变更仅影响变更当期，有关估计变更的影响应于当期确认。

（2）如果会计估计的变更既影响变更当期又影响未来期间，有关估计变更的影响在当期及以后各期确认。例如，应计提折旧的固定资产，其有效使用年限或预计净残值的估计发生变更，常常影响变更当期及资产以后使用年限内各个期间的折旧费用。因此，这类会计估计的变更，应于变更当期及以后各期确认。

会计估计变更的影响数应计入变更当期与前期相同的项目中。为了保证不同期间的财务报表具有可比性，会计估计变更的影响如果以前包括在企业日常活动的损益中，则以后也应包括在相应的损益类项目中；如果会计估计变更的影响数以前包括在特殊项目中，则以后也应作为特殊项目反映。

3. 企业难以对某项变更区分为会计政策变更或会计估计变更的，应当将其作为会计估计变更处理。

【例6－3】藤达公司于2007年1月1日起开始计提折旧的管理用设备一台，价值84 000元，预计使用年限为8年，预计净残值为4 000元，按直线法计提折旧。至2011年初，由于新技术发展等原因，需要对原估计的使用年限和净残值作出修正，修改后该设备预计尚可使用年限为2年，预计净残值2 000元。

该公司对上述会计估计变更的处理方式如下：

（1）不调整以前各期折旧，也不计算累积影响数。

（2）变更日以后发生的经济业务改按新的估计提取折旧。

按原估计，每年折旧额为10 000元，已提折旧4年，共计40 000元，固定资产账面价值为44 000元，则第5年相关科目的期初余额如下：

固定资产	84 000	
减：累计折旧		40 000
固定资产账面价值		44 000

改变预计使用年限后，2011年起每年计提的折旧费用为21 000元[（44 000－2 000）÷2]。2011年不必对以前年度已提折旧进行调整，只需按重新预计的尚可使用年限和净残值计算确定年折旧费用，有关会计处理如下：

借：管理费用	21 000	
贷：累计折旧		21 000

（3）附注说明。本公司一台管理用设备，成本为84 000元，原预计使用年限为8年，预计净残值为4 000元，按直线法计提折旧。由于新技术发展该设备已不能按原预计使用年限计提折旧，本公司于2011年初将该设备预计尚可使用的年限变更为2年，预计净残值变更为2 000元，以反映该设备在目前情况下预计尚可使用的年限和净残值。此估计变更影响本年度净利润减少数为8 250元［（21 000－10 000）×（1－25%）］。

（四）会计估计变更的披露

企业应当在附注中披露与会计估计变更有关的下列信息：

1. 会计估计变更的内容和原因。

2. 会计估计变更对当期和未来期间的影响数。

3. 会计估计变更的影响数不能确定的，披露这一事实和原因。

（五）会计主体变更

严格来说，会计主体变更是指报告主体的变更，即财务报表所反映会计主体的范围发生变化，本期报告主体较上期大，或较上期小。例如：（1）企业原来没有子公司，只需编制个别财务报表，而本期收购了一家达到控股程度的附属公司，因而从本期开始要编制合并报表。同样是该企业编制的报表，所反映的会计主体已不同。（2）原来纳入合并报表范围的某家子公司，因故不纳入本期的合并财务报表。

对于会计主体变更，通常采用追溯调整法。在会计主体发生变更的当年财务报告中，应当揭示这种变更的原因，要用追溯调整法重编制前期报表，要在变更当年的比较财务报表中，揭示这一变更对净利润、每股净利润的影响，但在变更年度以后各期财务报告中则不需要重复这一报告。至于用追溯调整法重编前期财务报表的方法，与前述“会计政策变更”部分所介绍的方法相似，不再重复。

三、前期差错更正

（一）前期差错的概念

前期差错，是指由于没有运用或错误运用下列两种信息，而对前期财务报表造成省略或错报。

1. 编报前期财务报表时预期能够取得并加以考虑的可靠信息。

2. 前期财务报告批准报出日才能够取得的可靠信息。

前期差错通常包括以下方面：

（1）计算错误。例如，企业本期应计提折旧5 000万元，但由于计算出现差错，得出错误数据为4 500万元。

（2）应用会计政策错误。例如。按照现行有关企业会计准则规定，为购建固定资产而发生的借款费用，在固定资产达到预定可使用状态前发生的，满足一定条件时应予资本化，计入所购建固定资产的成本；在固定资产达到预定可使用状态后发生的，计入当期损益。如果企业固定资产达到预定可使用状态后发生的借款费用，也予以资本化，计入该项固定资产价值，则属于采用法律、行政法规或者国家统一的会计制度等所不允许的会计政策。

（3）疏忽或曲解事实以及舞弊产生的影响。例如，企业对某项建造合同应按建造合同规定的方法确认营业收入，但该企业按确认商品销售收入的原则确认收入。又如，企业销售一批商品，商品已经发出，开出增值税专用发票，商品销售收入确认条件均已满足，但企业在期末时未将已实现的销售收入入账。

（4）存货、固定资产盘盈等。例如，企业本期期末对财产进行清查盘点时，出现存货盘盈3 000万元、固定资产盘盈5 000万元，分别占企业当年末存货和固定资产余额的10%以上。

（二）会计差错分析

为了正确更正会计差错，对于发现的会计差错，应当进行认真的分析，会计差错的分析应从以下几方面着手。

1. 辨明会计差错发生的会计期间。会计差错有的是发现差错的当期发生的，也有的是上期发生的，或在更早的以前期间发生的。会计差错发生的期间不同，更正的要求与方法也可能不同。

2. 注意会计差错发生的会计期间。会计差错的更正，与差错发现的时间也有关系。按照《企业会计准则第28号——会计政策、会计估计变更和差错更正》的规定，需要明确会计差错是在上年度财务报告批准报出日前发现的，还是在此日之后发现的。

3. 判断会计差错的性质。对于会计前期差错，要进一步分析其重要性程度。企业应当采用追溯重述法更正重要的前期差错，但确定前期差错累积影响数不切实可行的除外。对于不重要的前期差错，可以采用未来适用法更正。前期差错的重要程度，应根据差错的性质和金额加以具体判断。

4. 分析会计差错对财务报表的影响。会计差错按其对财务报表的影响不同，可分为只影响资产负债表的会计差错、只影响利润表的会计差错、既影响资产负债表又影响利润表的会计差错。

（1）只影响资产负债表的会计差错。某些会计差错只影响资产负债表项目，例如，将一项长期银行借款误记为短期借款。显然，对该项银行借款的再分类只影响资产负债表。因此，如果这项会计差错发生在前期，则不需要编制更正分录；但如果本期要提供比较财务报表，则比较财务报表上的前期有关项目要通过重新归类予更正。

（2）只影响利润表的会计差错。只影响利润表的会计差错通常是由于项目的归类出现差错。例如，将利息收入归入了销售收入。这类会计差错需要重新归类，但不影响净利润。因此，如果这类差错发生在以前期间，则不需要编制更正分录；但如果本期要提供比较财务报表，则比较财务报表上的前期有关项目要通过重新归类予以更正。

（3）既影响资产负债表又影响利润表的会计差错。有的会计差错既影响资产负债表又影响利润表。这类差错中常见的有会计期末漏记一项应计负债。例如，期末漏记一项应计利息，则当期利润表上的利息费用少计，同时期末资产负债表上漏记一项应付利息

（三）前期差错更正的会计处理

企业发现前期差错时，应当根据差错的性质及时纠正。会计处理方法如下：

1. 企业应当采用追溯重述法更正重要的前期差错，但确定前期差错累积影响数不切实可行的除外。

追溯重述法，是指在发现前期差错时，视同该项前期差错从未发生过，从而对财务报表相关项目进行更正的方法。追溯重述法的会计处理与追溯调整法相同。

对于不重要的前期差错，可以采用未来适用法更正。前期差错的重要程度，应根据差错的性质和金额加以具体判断。

2. 确定前期差错影响数不切实可行的，可以从可追溯重述的最早期间开始调整留存收益的期初余额，财务报表其他相关项目的期初余额也应当一并调整，也可以采用未来适用法。

3. 企业应当在重要的前期差错发现当期的财务报表中，调整前期比较数据。

【例6-4】 某公司2010年12月31日发现2009年漏记了一项固定资产的折旧费用150 000元，但在所得税申报表中扣除了该项折旧。假设该公司采用会计方法计提的折旧额与按照税法规定计提的折旧额相同。除该事项外，无其他纳税调整事项。该公司按净利润的10%提取法定盈余公积。

（1）分析错误的后果。

2009 年少计提折旧费用 150 000

少计累计折旧 150 000

多计净利润 150 000

（2）会计处理。

① 补提折旧：

借：以前年度损益调整 150 000

　　贷：累计折旧 150 000

② 将“以前年度损益调整”科目的余额转入利润分配：

借：利润分配——未分配利润 150 000

　　贷：以前年度损益调整 150 000

③ 调整利润分配有关数字：

借：盈余公积 15 000

　　贷：利润分配——未分配利润 15 000

（3）报表调整（略）。

（4）附注说明。本年度发现 2009 年漏计固定资产折旧 150 000 元，在编制 2009 年与 2010 年的比较财务报表时，已对该项差错进行了更正。由于此项错误的影响，2009 年虚增净利润及留存收益 15 000 元，少计累计折旧 150 000 元。

（四）前期差错更正的披露

企业应当在附注中披露与前期差错更正有关的下列信息：

1. 前期差错的性质。

2. 各个列报的前期财务报表中受影响的项目名称和更正金额。

3. 无法进行追溯重述的，说明事实和原因以及对前期差错开始更正的时点、具体更正情况。

在以后期间的财务报告中，不需要重复披露在以前期间的附注中已披露的前期差错更正的信息。

由于会计政策、会计估计变更和会计差错更正之间的界限往往较为模糊，而且这两项内容的变化所涉及的不同会计处理方式会对上市公司的财务状况和经营成果产生不同的影响，因此我们在企业管理和上市公司的财务报表分析中要能够较好地区分哪些属于会计政策、会计估计的变更，哪些又属于会计差错的更正，并掌握合理的会计处理方式。这样才能够较好地把握企业或上市公司的真实经营状况。

第三节　关联方交易及其分析

一、关联方的概念及其特征

（一）关联方的概念

一方控制、共同控制另一方或对另一方施加重大影响，以及两方或两方以上同受一方控制、共同控制或重大影响的，构成关联方。从纵向上看，关联方既包括直接控制、共同控制另一方或对另一方施加重大影响，又包括间接控制、共同控制另一方或对另一方施加重大影响。从横向上看，关联方既包括同受一方控制，又包括同受共同控制或重大影响两方或多方之间。

（二）关联方的特征

1. 关联方涉及两方或多方。关联方之间存在相互关系。关联方关系必须存在于两方或多方之间，任何单独的个体不能构成关联方关系。

2. 关联方以各方之间的影响为前提。关联方以各关联方之间的影响为前提，这种影响包括控制或被控制、共同控制或被共同控制、施加重大影响或被施加重大影响的各方之间。因此，建立控制、共同控制或施加重大影响是关联方存在的主要特征。

3. 关联方的存在可能会影响交易的公允性。企业日常业务往来过程中，必然会涉及到诸多方面，如供应商、特许商、代理商等，在不存在关联方关系的情况下，企业间发生交易时，往往会从各自的利益出发，一般不会轻易接受不利于自身的交易条款。这种在对交易各方互相了解、自由的、不受各方之间任何关系影响的基础上商定条款而形成的交易，视为公平交易。企业对外提供的财务会计报告一般被认为是建立在公平交易基础之上的，但在存在关联方关系时，关联方之间的交易可能不是建立在公平交易基础之上的。因为构成关联方之间交易时，往往不存在竞争性的、自由市场交易的条件，而且交易双方的关系常常以一种微妙的方式影响交易。另外，即使关联方交易是在公平交易基础上进行的，对于重要关联方交易的披露也是有用的，因为它提供了未来可能再发生，而且很可能以不同形式发生的交易类型的信息。

（三）与关联方有关的几个概念

判断是否构成关联方，关键是看两方或多方之间是否具有控制、共同控制和重大影响。

1. 控制。控制是指有权决定一个企业的财务和经营政策，并能据此从该企业的经营活动中获得利益。控制具有以下特点：

（1）决定一个企业的财务状况和经营政策的主要标志。在企业的日常经营活动中，确定经营方针、谋划经营策略、掌握资金调度和财务政策是至关重要的。当一个企业或个人能够决定某个企业的财务状况和经营政策时，可认为该企业或个人能控制这个企业。

（2）获取经济利益是控制的主要目的。一个企业或个人控制另一个企业的主要目的是为了获取一定的经济利益，这与投资的目的相同。比如，通过使用被控制方的专有技术，从而获得超额收益。又如，通过一方控制另一方或多方，形成产供销整体等。控制可以采取不同的途径，主要有：①以所有权方式达到控制的目的。这是指一方拥有另一方半数以上表决权资本，包括直接控制、间接控制、直接或间接控制。②以所有权和其他方式达到控制的目的。这是指一方拥有另一方表决权资本的比例虽不超过半数，但通过其拥有的表决权资本和其他方式达到控制的目的的。如通过与其他投资者的协议，拥有另一方半数以上表决资本的控制权等。③以法律或协议形式达到控制的目的。这是指一方虽然不拥有另一方表决权资本的控制权，但通过法律或协议形式实质上能控制另一方的财务和经营政策。

2. 共同控制。共同控制是指按合同约定对某项经济活动所共有的控制，仅在与该项经济活动相关的重要财务和生产经营决策需要分享控制权的投资方一致同意时存在。这说明即使有长期的合同约定存在，也不能保证长期持续地实现共同控制，一旦分享控制权的投资各方对合同约定的某项经济活动涉及的相关重要财务政策或经营政策存在意见分歧，就无法形成合同约定的共同控制。共同控制的特征在于：两方或多方按合同约定共同决定某项经济活动的财务和经营政策。共同控制的基本方式是：投资各方按照出资比例控制被投资企业，从而形成共同控制；投资企业的财务和经营决策由投资各方共同决定，任何一方不能单方面作出决策，从而形成共同控制。

3. 重大影响。重大影响是指对一个企业的财务和经营政策有参与决策的权利，但并不能够控制或者与其他方一起共同控制这些政策的制定。重大影响的特征在于，当一方拥有另一方20%或以上至50%表决权股份，但实际上具有参与财务和经营决策的能力，一般认为对另一方具有重大影响。在确定一方是否能对另一方施加重大影响时，应视其实际影响能力而定。获得表决权资本是实施重大影响的基本前提，在董事会或类似权力机构中派有代表、相互交换管理人员等，是实施重大影响的几种具体表现形式。重大影响和控制的主要区别在于：控制是指不仅能够参与企业的财务与经营策略的决策，还能够决定是否采纳这些政策；而重大影响仅仅指能够参与企业的财务与经营政策的决策，但不具有是否采纳这些政策的最终决定权。

（四）关联方关系的判断

关联方关系包括纵向关系和横向关系两种。从纵向上说，控制、共同控制和重大影响的企业之间都是关联方，企业与其主要的投资者和关键的管理人员以及这些人的家庭成员之间也构成关联方。从横向上讲，我国现行企业会计准则只是把同受一个企业控制的企业之间的关系认定为关联方关系，而受共同控制和同受重大影响的企业不作为关联方；同样，共同控制者之间，能施加重大影响的各方也不作为关联方。但是，企业主要投资者个人、关键管理人员或与其关系密切的家庭成员控制、共同控制或施加重大影响的其他企业与该企业视做关联企业。下列各方构成企业的关联方：

（1）该企业的母公司。

（2）该企业的子公司。

（3）与该企业受同一母公司控制的其他企业。

（4）对该企业实施共同控制的投资方。

（5）对该企业施加重大影响的投资方。

（6）该企业的合营企业。

（7）该企业的联营企业。

（8）该企业的主要投资者个人及与其关系密切的家庭成员。主要投资者个人，是指能够控制、共同控制一个企业或者对一个企业施加重大影响的个人投资者。

（9）该企业或其母公司的关键管理人员及与其关系密切的家庭成员。关键管理人员是指有权力并负责计划、指挥和控制企业活动的人员；与主要投资个人或关键管理人员关系密切的家庭成员，是指在处理与企业的交易时可能影响该个人或受该个人影响的家庭成员。例如，甲企业为乙企业的子公司，则乙企业董事长李某及其配偶王某均为甲企业的关联方。

（10）该企业主要投资者个人、关键管理人员或与其关系密切的家庭成员控制、共同控制或施加重大影响的其他企业。例如：甲企业董事长李某的子女拥有乙企业 30% 的股权，则甲企业与乙企业为关联方，双方的关系及交易应当披露。

另外，在判断是否存在关联方关系时，还应当注意以下几个问题：

（1）与该企业发生日常往来的资金提供者、公用事业部门、政府部门和机构，不构成企业的关联方。

（2）与该企业发生大量交易而存在经济依存关系的单个客户、供应商、特许商或代理商，不构成企业的关联方。

（3）与该企业共同控制合营企业的合营者，不构成企业的关联方。该条款体现了实质重于形式的原则，即关联方关系的判断注重关系的实质，不仅仅是法律形式。例如，A 企业、B 企业共同合营甲企业，若 A 企业与 B 企业之间不存在经济业务关联或不能通过合营的甲企业建立业务关系，则 A 企业与 B 企业相互不应视为关联方。

（4）仅仅同受国家控制而不存在其他关联方关系的企业，不构成关联方。

二、关联方交易及其披露

（一）关联方交易的概念

关联方交易是指关联方之间转移资源、劳务或义务的行为，而不论是否收取价款。这一定义的要点有：

1. 按照关联方的判断标准，构成关联方关系的企业之间、企业与个人之间的交易。即通常是在关联方关系已经存在的情况下，关联各方之间的交易。

2. 资源、劳务或义务的转移是关联方交易的重要特征。通常情况下，在资源、劳务或义务转移的同时，风险和报酬也相应转移。

3. 关联方之间资源、劳务或义务的转移价格是了解关联方交易的关键。关联方交易通常来说能在一般商业条款中使参与双方共同受益。一般商业条款是指那些不会比非关联方交易可望合理受益更多或更少的商业条款。

会计上确认资源、劳务或义务的转移通常以风险和报酬的转移为依据，并以各方同意的价格为计量标准。而在非关联方之间的交易中则没有这种弹性。非关联方之间的价格往往是公允价格。

（二）关联方交易的类型

关联方交易的类型通常有：

1. 购买或销售商品。购买或销售商品是关联方交易较常见的交易事项，例如，企业集团成员之间互相购买或销售商品，从而形成了关联方交易。

2. 购买或销售除商品以外的其他资产。例如，母公司出售给子公司设备或建筑物等。

3. 提供或接受劳务。例如，A 公司为 B 公司的联营企业，A 公司专门从事设备维修服务，B 公司的所有设备均由 A 公司负责维修，B 公司每年支付一定的设备维修费用。

4. 担保。担保是指在借贷和重大的交易合同中，为了保证企业债权债务关系的实现而提供担保。当存在关联关系时，一方往往为另一方提供为取得借贷、买卖等经济活动中所需的担保。

5. 提供资金（贷款或股权投资）。提供资金是指对关联企业的实物或货币贷款以及对关联企业权益性投资的变化。

6. 租赁。租赁通常包括经营租赁和融资租赁等。关联方之间的租赁合同也是主要的交易事项。

7. 代理。代理主要是依据合同条款，一方可为另一方代理某些业务，如代理销售货物，或代理签订合同等。

8. 研究与开发项目的转移。当存在关联方关系时，有时某一企业所研究或开发的项目会由于另一方的要求而放弃或转移给关联企业。

9. 许可协议。指关联方之间通过合同签订或协议的约定，承诺给企业的某种许可，如使用自己的品牌等。

10. 代表企业或由企业代表另一方进行债务结算。这是一种典型的在关联企业之间转移义务的情况，从而在关联企业之间转移风险。

11. 关键管理人员薪酬。实务工作中，一般只披露报告期和前一期的报酬总额，包括货币、实物形式和其他形式的工资、福利、奖金、特殊待遇及有价证券等。

（三）关联方交易的披露

关联方交易的披露要求包括：

1. 企业应披露所有关联方关系及其交易的相关信息。对外提供合并财务报表的，对于已经包括在合并范围内各企业之间的交易不予披露，但应当披露与合并范围外各关联方的关系及其交易。也就是说，已经包括在合并范围内各企业之间的交易可以豁免披露外，与合并财务报表一同提供或发布的母公司财务报表中以及全资的子公司的财务报表中应当披露关联方交易。这是因为，母公司或全资子公司与其关联方的交易及其未结算余额的信息，对外部信息使用者理解母公司或全资子公司的财务状况很有帮助，特别是对于了解企业受到来自其关联方的支持程度非常重要。如果不加披露，可能无法达到公允的目的。

2. 企业无论是否发生关联方交易，均应当在附注中披露与母公司和子公司有关的下列信息：

（1）母公司和子公司的名称。母公司不是该企业最终控制方的，还应披露最终控制方的名称。母公司和最终控制方均不对外提供财务报表的，还应当披露母公司之上与其最相近的对外提供财务报表的母公司名称。

（2）母公司和子公司的业务性质、注册地、注册资本（或实收资本、股本）及其变化。

（3）母公司对该企业或者该企业对子公司的持股比例和表决权。

3. 企业与关联方发生关联方交易的，应当在附注中披露该关联方关系的性质、交易类型及其交易要素。披露的交易要素至少包括：交易的金额；未结算项目的金额、条款和条件，以及有关提供或取得担保的信息；未结算应收项目的坏账准备（当期计提额、转销额以及余额）；定价政策。

4. 关联方交易应当分别按关联方以及交易类型予以披露。类型相似的关联方交易，在不影响财务报表阅读者正确理解关联方交易对财务报表影响的情况下，可全面披露。

5. 企业只有在提供确凿证据的情况下，才能披露关联方交易是公平交易。此条款强调关联方交易的公允性原则。企业应披露关联方交易的定价政策，但只有在提供充分证据的情况下，企业才能披露关联方交易采用了与公平交易相同的条款。例如，甲企业与其子公司乙企业发生商品交易，若有确凿证据表明该笔商品交易价格是参照同类商品的市场价格制定的，且企业对非关联方同期销售同类商品的比例占全部销售量的40%以上，企业可披露其交易为公平交易。

（四）关联方披露应关注的问题

关联方披露的目的是有利于信息使用者了解主体受关联方影响程度，评价主体的经营情况，包括主体所面临的风险和机会。关联方交易的信息要作为对其投资、融资等决策的重要财务信息予以考虑。在日常工作中，关联方披露需要关注以下几个方面的问题：

1. 充分披露关联方关系及其交易，增强会计信息的真实性和完整性。从国际、国内情况看，一些企业为了使投资者相信企业经营业绩好或出于其他目的，往往利用财务会计报告提供虚假信息，其中利用关联方交易就是重要手段之一。因此，对关联方交易充分、真实的披露，有助于会计信息使用者了解关联方的实质和企业对关联方交易的依赖程度可以在某种程度上杜绝虚假关联方交易，为进一步提高会计信息质量提供保证。

2. 遵循关联方关系的判断标准，正确确认和计量关联方交易。正确判断关联方关系是否存在，是正确理解和合理运用会计准则的关键。在运用关联方关系是否存在判断标准时，应当遵循实质重于形式的原则，结合企业各项因素加以综合考虑。在某些情况下，表面上看似乎不存在关联方交易，但实质上却是一种关联方交易，只是这种交易的表现形式不同而已。在确定存在关联方关系后，对于关联方交易的实质及结果，还应当运用会计核算原则加以正确确认和计量，因为关联方交易是以资源、劳务或义务的转移为主要特征的，并随着资源、劳务或义务的转移，相关的风险和报酬也相应转移。

3. 充分披露关联方交易的定价政策，增强关联方交易价格的透明度。充分披露关联方之间的定价政策或者交易价格，有助于信息使用者充分了解关联方交易对企业财务状况、经营成果和现金流量的影响程度，以及关联方各方受益的具体情况。交易价格的公允性通常建立在公平交易的基础上，即在交易各方互相了解，自由的、不受各方之间任何关系影响的基础上商定条款并进行交易，公平交易为价值公允性提供了前提条件。同时，交易价格的公允性体现在交易各方均为维护自身利益确定最适宜的价格，双方所商定的价格通常是从各自的利益出发而协商的结果，一般不会轻易接受不利于自身利益的交易条款。当然，采用公平交易的条款披露关联方交易，一方面使企业报表信息更加公允，但另一方面给企业增加了取得证据的难度和披露成本。另外，公允价值的公允性还体现在交易双方的自愿性上，而在关联方交易中，其价格的公允性受到一定程度的影响，即使交易价格是公允的，充分披露关联方交易价格也有助于信息使用者了解其价格的公允性以及对关联各方财务状况及经营成果的影响。

4. 完善关联方信息披露制度，加大对信息违规披露的处罚力度。会计准则的制定是一个动态调整的过程，要适时根据企业关联方交易中可能出现的新情况、新问题，及时进行补充和完善；要有一定的前瞻性和指导性，争取能最大限度地避免不公平关联方交易的发生。此外，在完善关联方交易信息披露的同时，还应注意一些相关的方面，如对广大中小投资者的宣传教育、证券市场监管机制的健全完善、独立审计人员的公正鉴证、大力发挥独立董事的作用等。对于企业随着操纵关联方交易、粉饰会计报表或将某些关联方交易隐瞒不报、拒不披露或歪曲重要信息的行为，应当制定相应的处罚细则，加大对信息违规披露的处罚力度。

三、对关联方交易的分析

（一）对关联方交易的目的分析

关联方交易的目的主要可以分为两类：

首先是通过关联方交易实施利润转移和利润操纵。在具体操作上存在两种相反的利润流动方向：一是通过关联方交易将利润从子公司转出；二是母公司利用此种方式包装上市公司业绩，成为一些业绩差的公司迅速扭亏为盈的方法。尤其是当被收购公司在前2年满足配股资格，第3年出现效益滑坡时，新控股股东通过一次性利润输送确保当年可以配股。对于某些上市公司被收购前已经出现亏损，必须等满3年才有可能获得融资机会。新控股公司为了较快收回收购成本，常常采用大规模输送利润的手法从账面上提高上市公司每股收益，利用投资者根据当期市盈率确定股价的心理，操纵股票市场价格大幅度上涨，并从中牟取暴利。

其次是通过关联方交易达到避税的目的。关联方通过转移支付，高买低卖等手段，可以将利润私自隐藏在企业内部，而对外界呈现出低利润或亏损状况，以达到少纳税的目的。另外，由于政府对兼并重组具有税收优惠政策，关联方可以通过虚假的兼并重组得到真正的税收减免。

（二）关联方交易分析时的主要关注事项

关联方交易中滋生了大量的不等价交易、虚假交易，损害了大量中小投资者的利益，并有可能造成国有资产的流失。

在关联方交易的分析中，重点应关注关联方交易的实质，即关联方交易对财务状况和经营成果的影响。发现反常现象，深入审查，特别要注意以下几种情况：

1. 购销价格反常、售后短期内又重新购回、低价售给无须经手的中间企业、货款久拖不还、货款未清又赊欠等购销业务。如某企业，将刚开挖的地基高价售给自己的子公司，形成巨额虚假利润，造成股票暴涨，坑害股民。再如某企业为保证其上市子公司的业绩，将自己的产品按正常渠道销给客户后，指使客户将货款汇给子公司，然后在账上记录此业务是先销给子公司，再由子公司销给客户，中间的价差转给子公司，使子公司盈利。

2. 资金拆借低于或高于市场利率、借给不具备偿债能力的企业、逾期不还等资金融通业务。如某企业将款项借给其关联公司后，称该关联公司无力偿还，便分3次将该笔借款作为坏账注销，此种做法实质上是转移资金和利润。

3. 劳务、咨询、管理费价格不合理，对不存在或无法实现的咨询服务付费等费用支出业务。如某中外合资企业外方股东购入两套设备，价格比国际市场同类设备高出60%，企业称高出部分是技术服务费，其实外方股东是一家贸易公司，根本没有能力也从未提供过技术服务；再如，某企业每年向其设在深圳的子公司交纳近千万元的咨询服务费，名义为从特区窗口获取信息，实则是出国出境的招待费；等等。

4. 反常的投资收益、利息收入、租金收入。如某上市公司为粉饰业绩，让子公司或其他关联企业先支付给它高额的投资收益、利息和租金，以抬高自己的利润等。

第四节　资产负债表日后事项及其分析

一、资产负债表日后事项概述

（一）资产负债表日后事项的概念

所谓资产负债表日后事项，是指从年度资产负债表日至财务报告批准报出日之间发生的需要调整或说明的事项。

1. 资产负债表日是指会计年度末和会计中期期末。按照《会计法》规定，我国的会计年度采用公历年度，即1月1日～12月31日。因此，年度资产负债表日是指每年的12月31日，中期资产负债表日是指各会计中期期末，包括月末、季末和半年末。

2. 财务报告批准报出日是指董事会或类似机构批准财务报告报出的日期。通常是指对财务报告的内容负有法律责任的单位或个人批准财务报告对外公布的日期。

公司制企业（包括有限责任公司和股份有限公司），董事会有权批准对外公布财务报告。因此，公司制企业财务报告批准报出日是指董事会批准财务报告报出的日期，不是股东大会审议批准的日期，也不是注册会计师出具审计报告的日期。非公司制企业，财务报告批准报出日是指经理（厂长）会议或类似机构批准财务报告报出的日期。

3. 资产负债表日后事项包括有利事项和不利事项，即对于资产负债表日后有利或不利事项的处理原则相同。资产负债表日后事项，如果属于调整事项，对有利和不利的调整事项均应进行处理，并调整报告年度或报告中期的财务报表；如果属于非调整事项，对有利和不利的非调整事项均应在报告年度或报告中期的附注中进行披露。

4. 资产负债表日后事项不是在这个特定期间内发生的全部事项，而是与资产负债表日存在状况有关的事项，或虽然与资产负债表日存在状况无关，但对企业财务状况具有重大影响的事项。例如，资产负债表日正在进行的诉讼案件，在资产负债表日后事项期间结案，这一事项是与资产负债表日存在状况有关的事项；再如，某公司董事会在资产负债表日后事项期间内通过以发行可转换公司债券方式筹集资金的决议，此事项与资产负债表日存在状况不存在直接的关系，但如果发行了可转换公司债券，则将对公司的财务状况产生重大影响。

（二）资产负债表日后事项涵盖的期间

资产负债表日后事项涵盖的期间是资产负债表日后至财务报告批准报出日之间的这一期间。这一期间包括：

1. 报告年度次年的1月1日或报告期间下一期第一天至董事会或类似机构批准财务报告对外公布的日期，即以董事会或类似机构批准财务报告对外公布的日期为截止日期。

2. 董事会或类似机构批准财务报告对外公布的日期，与实际对外公布日之间发生的与资产负债表日后事项有关的事项，由此影响财务报告对外公布日期的，应以董事会或类似机构再次批准财务报告对外公布的日期为截止日期。

如果公司管理层由此修改了财务报表，注册会计师应当根据具体情况实施必要的审计程序，并针对修改后的财务报表出具新的审计报告。新的审计报告日期不应早于董事会或类似机构批准修改后的财务报表对外公布的日期。

【例6-5】某上市公司2009年度的财务报告于2010年2月15日编制完成，注册会计师完成整个年度审计工作并签署审计报告的日期为2010年4月18日，董事会批准财务报告对外公布的日期为2010年4月22日，财务报告实际对外公布的日期为2010年4月25日，股东大会召开日期为2010年5月6日。

根据资产负债表日后事项涵盖期间的规定，财务报告批准报出日为2010年4月22日，资产负债表日后事项涵盖的期间为2010年1月1日~2010年4月22日。假如该上市公司在4月22日~4月25日之间发生了重大事项，需要调整财务报表相关项目，经调整的财务报告再经董事会批准对外报出的日期为2010年4月28日，实际对外公布的日期为2010年4月30日，则资产负债表日后事项涵盖的期间为2010年1月1日~2010年4月28日。

（三）资产负债表日后事项的内容

资产负债表日后事项包括资产负债表日后调整事项和资产负债表日后非调整事项。

1. 调整事项。资产负债表日后调整事项，是指对资产负债表日已经存在的情况提供了新的或进一步证据的事项。

调整事项的特点是：（1）在资产负债表日已经存在，资产负债表日后得以证实的事项；（2）对按资产负债表日存在状况编制的财务报表产生重大影响的事项。

企业发生的资产负债表日后调整事项，通常包括下列各项：（1）资产负债表日后诉讼案件结案，法院判决证实了企业在资产负债表日已经存在现时义务，需要调整原先确认的与该诉讼案件相关的预计负债，或确认一项新负债；（2）资产负债表日后取得确凿证据，表明某项资产在资产负债表日发生了减值或者需要调整该项资产原先确认的减值金额；（3）资产负债表日后进一步确定了资产负债表日前购入资产的成本或售出资产的收入；（4）资产负债表日后发现了财务报表舞弊或差错。

【例6-6】甲公司应收乙公司账款100 000元，按合同约定应在2009年11月10日前偿还。在2009年12月31日结账时，甲公司尚未收到这笔款项，并已知乙公司财务状况不佳，近期内难以偿还债务，甲公司对该应收账款提取了20%的坏账准备。2010年2月10日，在甲公司对外报出财务报告之前收到乙公司通知，乙公司已经宣告破产，无法偿还部分欠款。

甲公司于2009年12月31日结账时已经知道乙公司财务状况不佳，在2009年12月31日，公司财务状况不佳的事实已经存在，未得到乙公司破产的确切证据，表明根据2009年12月31日存在情况提供的资产负债表反映的应收乙公司款项中的大部分已经成为坏账，依据资产负债表日存在状况编制的财务报表所提供的信息已不能真实反映企业的实际情况，因此，应据此对财务报表相关项目的数字进行调整。

2. 非调整事项。资产负债表日后非调整事项，是指表明资产负债表日后发生情况的事项。资产负债表日后非调整事项虽然不影响资产负债表日的存在情况，但不加以说明将会影响财务报告使用者做出正确估计和决策。

企业发生的资产负债表日后非调整事项，通常包括下列各项：（1）资产负债表日后发生重大诉讼、仲裁、承诺；（2）资产负债表日后资产价格、税收政策、外汇汇率发生重大变化；（3）资产负债表日后因自然灾害导致资产发生重大损失；（4）资产负债表日后发行股票和债券以及其他巨额举债；（5）资产负债表日后资本公积转增资本；（6）资产负债表日后发生巨额亏损；(7) 资产负债表日后发生企业合并或处置子公司。

二、资产负债表日后调整事项

(一) 调整事项的处理原则

企业发生的资产负债表日后调整事项，应当调整资产负债表日已编制的财务报表。由于资产负债表日后事项发生在次年，上年度的有关账目已经结转，特别是损益类科目在结账后已无余额。因此，资产负债表日后发生的调整事项，应具体分别以下情况进行处理：

1. 涉及损益的事项，通过“以前年度损益调整”科目核算。调整增加以前年度利润或调整减少以前年度亏损的事项，记入“以前年度损益调整”科目的贷方；调整减少以前年度利润或调整增加以前年度亏损的事项，记入“以前年度损益调整”科目的借方。

由于以前年度损益调整增加的所得税费用，记入“以前年度损益调整”科目的借方，同时贷记“应交税费——应交所得税”等科目；由于以前年度损益调整减少的所得税费用，记入“以前年度损益调整”科目的贷方，同时借记“应交税费——应交所得税”等科目。调整完成后，应将“以前年度损益调整”科目的贷方或借方余额，转入“利润分配——未分配利润”科目。

2. 涉及利润分配调整的事项，直接在“利润分配——未分配利润”科目核算。

3. 不涉及损益以及利润分配的事项，调整相关科目。

4. 进行上述账务处理的同时，还应调整财务报表相关项目的数字，包括：

(1) 资产负债表日编制的财务报表相关项目的期末或本年发生数；

(2) 当期编制的财务报表相关项目的期初数或上年数；

(3) 提供比较财务报表时，还应调整相关财务报表的上年数；

(4) 上述调整如果涉及附注内容的，还应当调整附注相关项目的数字。

(二) 调整事项的具体会计处理方法

1. 资产负债表日后诉讼案件结案，法院判决证实了企业在资产负债表日已经存在现时义务，需要调整原先确认的与该诉讼案件相关的预计负债，或确认一项新负债。

这一事项是指在资产负债表日已经存在的现时义务尚未确认，资产负债表日后至财务报告批准报出日之间获得了新的或进一步的证据，表明符合负债的确认条件，应在财务报告中予以确认，从而需要对财务报表相关项目进行调整；或者资产负债表日已确认的某项负债，在资产负债表日至财务报告批准日之间获得新的或进一步的证据，表明需要对已经确认的金额进行调整。

【例6-7】甲公司与乙公司签订一项供销合同，约定甲公司在2009年11月份供应给乙公司一批物资。由于甲公司未能按照合同发货，致使乙公司发生重大经济损失。乙公司通过法律程序要求甲公司赔偿经济损失55 000万元，该诉讼案件在12月31日尚未判决，甲公司确认了45 000万元的预计负债，并将该项赔款反映在12月31日的财务报表中，乙公司未确认应收赔偿款。2010年2月7日，经法院一审判决，甲公司需要偿付乙公司经济损失50 000万元，甲公司不再上诉，赔款已经支付。假定甲、乙两公司均于2010年2月15日完成了2009年度所得税汇算清缴；根据《税法》规定，上述预计负债产生的损失不允许在税前扣除。假定甲、乙公司财务报告批准报出日都是次年 3 月 31 日，不考虑报表附注中有关现金流量表项目的数字，试进行调整事项的会计处理，金额单位以万元表示。

本例中，2009 年 2 月 7 日法院的判决证实了甲、乙两公司在资产负债表日分别存在现时义务和获赔权利，因此都应按调整事项的处理原则进行会计处理。

甲公司的会计处理（以万元为单位）。

（1）记录支付的赔偿款：

借：以前年度损益调整　　5 000

　　贷：其他应付款　　5 000

借：预计负债　　45 000

　　贷：其他应付款　　45 000

借：其他应付款　　50 000

　　贷：银行存款　　50 000

注：资产负债表日后事项如涉及现金收支项目，均不调整报告年度资产负债表的货币资金项目和现金流量表各项目数字。本例中，虽然已经支付了赔偿款，但在调整会计报表相关数字时，只需调整上述第一笔和第二笔分录，第三笔分录作为 2010 年的会计事项处理。

（2）调整递延所得税资产：

借：以前年度损益调整　　（45 000 ×25%）11 250

　　贷：递延所得税资产　　11 250

（3）将“以前年度损益调整”科目余额转入利润分配：

借：利润分配——未分配利润　　16 250

　　贷：以前年度损益调整　　16 250

（4）调整利润分配有关数字：

借：盈余公积　　1 625

　　贷：利润分配——未分配利润　　（16 250 ×10%）1 625

（5）调整报告年度会计报表相关项目的数字（财务报表略）。

① 资产负债表项目的调整：

调减递延所得税资产 11 250 万元，调增其他应付款项目 50 000 万元，调减预计负债 40 000万元；调减盈余公积 1 625 万元；调减未分配利润 14 625 万元。

② 利润表项目的调整：

调增营业外支出 5 000 万元，调减所得税费用 11 250 万元。

③ 所有者权益变动表项目的调整：

调减净利润 21 250 万元，调减提取盈余公积 1 625 万元。

（6）调整 2010 年 2 月份资产负债表相关项目的年初数。甲公司在编制 2010 年 1 月份的资产负债表时，按照调整前 2009 年 12 月 31 日的资产负债表的数字作为资产负债表的年初数，由于发生了资产负债表日后调整事项，甲公司除了调整 2009 年度资产负债表相关项目的数字外，还应当调整 2010 年 2 月份资产负债表相关项目的年初数，其年初数按照 2009 年 12 月 31 日调整后的数字填列。

乙公司的会计处理（以万元为单位）。

（1）记录已收到的赔偿款：

借：其他应收款　　50 000

　　贷：以前年度损益调整　　50 000

借：银行存款　　50 000

　　贷：其他应收款　　50 000

（2）调整应交所得税：

借：以前年度损益调整　　12 500

　　贷：应交税费——应交所得税　　（50 000×25%）12 500

（3）将“以前年度损益调整”科目余额转入利润分配：

借：以前年度损益调整　　37 500

　　贷：利润分配——未分配利润　　（50 000－12 500）37 500

（4）调整利润分配有关数字：

借：利润分配——未分配利润　　（37 500×10%）3 750

　　贷：盈余公积　　3 750

（5）调整报告年度财务报表相关项目的数字和2010年2月资产负债表项目的年初数（略）。

2. 资产负债表日后取得确凿证据，表明某项资产在资产负债表日发生了减值或者需要调整该项资产原先确认的减值金额。这一事项是指在资产负债表日，根据当时的资料判断某项资产可能发生了损失或减值，但没有最后确定是否会发生，因而按照当时的最佳估计金额反映在财务报表中；但在资产负债表日至财务报告批准报出日之间，所取得的确凿证据能证明该事实成立，即某项资产已经发生了损失或减值，则应对资产负债表日所作的估计予以修正。

企业在年度资产负债表日至财务报告批准报出日之间发生的涉及资产减值准备的调整事项，如发生在报告年度所得税汇算清缴之前，应相应调整报告年度的所得税；如果发生在报告年度汇算清缴之后，应将与资产减值准备有关的事项产生的纳税调整金额，作为本年度的纳税调整事项，相应调整本年度应交所得税。

【例6－8】甲公司2009年4月销售给乙公司一批产品，货款为58 000万元（含增值税），乙公司于5月份收到所购物资并验收入库，按合同规定，乙公司应于收到所购物资后1个月内付款。由于乙公司财务状况不佳，到2009年12月31日仍未付款。甲公司于12月31日编制2009年度财务报表时，已为该项应收账款提取坏账准备2 900万元（假定坏账准备提取比例为5%）；12月31日资产负债表上“应收账款”项目的金额为76 000万元，其中55 100万元为该项应收账款。甲公司于2010年2月2日（所得税汇算清缴前）收到乙公司通知，乙公司已宣告破产清算，无力偿还所欠部分货款，甲公司预计可收回应收账款的40%。

本例中，公司在收到乙公司通知时，先判断是否属于资产负债表日后事项中的调整事项，根据调整事项的处理原则进行处理如下（以万元为单位）：

（1）补提坏账准备：

应补提的坏账准备＝58 000×60%－2 900＝31 900（万元）

借：以前年度损益调整　　31 900

贷：坏账准备　　31 900

（2）调整递延所得税资产：

借：递延所得税资产　　7 975

贷：以前年度损益调整　　（31 900 ×25%）7 975

（3）将“以前年度损益调整”科目的余额转入利润分配：

借：利润分配——未分配利润　　23 925

贷：以前年度损益调整　　（31 900 －7 975）23 925

（4）调整利润分配有关数字：

借：盈余公积　　2 392. 5

贷：利润分配——未分配利润　　（23 925 ×10%）2 392. 5

（5）调整报告年度财务报表相关项目的数字（财务报表略）。

① 资产负债表项目的调整：调减应收账款 31 900 万元；调增递延所得税资产 7 975 万元；调减盈余公积 2 392. 5 万元；调减未分配利润 21 532. 5 万元。

② 利润表项目的调整：调增管理费用 31 900 万元；调减所得税费用 7 975 万元。

③ 所有者权益变动表项目的调整：调减净利润 23 925 万元，调减提取盈余公积 2 392. 5 万元。

（6）调整 2010 年 2 月份资产负债表相关项目的年初数（资产负债表略）。甲公司在编制 2010 年 1 月份的资产负债表时，按照调整前 2009 年 12 月 31 日的资产负债表的数字作为资产负债表的年初数，由于发生了资产负债表日后调整事项，甲公司除了调整 2009 年度资产负债表相关项目的数字外，还应当调整 2010 年 2 月份资产负债表相关项目的年初数，其年初数按照 2009 年 12 月 31 日调整后的数字填列。

3. 资产负债表日后进一步确定了资产负债表日前购入资产的成本或售出资产的收入。这类调整事项包括两方面的内容：

（1）若资产负债表日前购入的资产已经按暂估金额等入账，资产负债表日后获得证据，可以进一步确定该资产的成本，则应该对已入账的资产成本进行调整。例如，购建固定资产已经达到预定可使用状态，但尚未办理竣工决算，企业已办理暂估入账；在资产负债表日后办理决算时，应根据竣工决算的金额调整暂估入账的固定资产成本等。

（2）企业符合收入确认条件确认资产销售收入，但资产负债表日后获得关于资产收入的进一步证据，如发生销售退回等，此时也应调整财务报表相关项目的金额。需要说明的是，资产负债表日后发生的销售退回，既包括报告年度或报告中期销售的商品在资产负债表日后发生的销售退回，也包括以前期间销售的商品在资产负债表日后发生的销售退回。

发生在资产负债表所属期间或以前期间所售商品的退回，在会计处理时作为资产负债表日后调整事项处理。按照《税法》规定，企业年度申报纳税汇算清缴后发生的属于资产负债表日后事项的销售退回所涉及的应纳税所得额的调整，应作为本年度的纳税调整，而不作为报告年度的纳税调整。因此，发生于资产负债表日后至财务报告批准报出日之间的销售退回事项，可能发生于年度所得税汇算清缴之前，也可能发生于年度所得税汇算清缴之后。

第一种情况：资产负债表日后事项中涉及报告年度所属期间的销售退回发生于报告年度所得税汇算清缴之前，应调整报告年度利润表的收入、成本等，并相应调整报告年度的应纳税所得额以及报告年度应缴的所得税等。

第二种情况：资产负债表日后事项中涉及报告年度所属期间的销售退回发生于报告年度所得税汇算清缴之后，应调整报告年度会计报表的收入、成本等，但按照税法规定在此期间的销售退回所涉及的应缴所得税，应作为本年度的纳税调整事项。

4. 资产负债表日后发现了财务报表舞弊或差错。这一事项是指资产负债表日至财务报告批准日之间发生的属于资产负债表期间或以前期间存在的财务报表舞弊或差错，这种舞弊或差错应当作为资产负债表日后调整事项，调整报告年度的年度财务报告或中期财务报告相关项目的数字。具体会计处理可以参见本章第二节。

三、资产负债表日后非调整事项

（一）非调整事项的处理原则

资产负债表日后发生的非调整事项，是指表明资产负债表日后发生的情况的事项，不影响资产负债表日存在状况，不应当调整资产负债表日的财务报表。但由于事项重大，如不加以说明，将会影响财务报告使用者作出正确估计和决策，因此应在附注中加以披露。

资产负债表日后，企业利润分配方案中拟分配的以及经审议批准宣告发放的股利或利润，不确认为资产负债表日后负债，但应当在附注中单独披露。

（二）非调整事项的具体会计处理方法

资产负债表日后发生的非调整事项，应当在报表附注中披露每项重要的资产负债表日后非调整事项的性质、内容，及其对财务状况和经营成果的影响。无法作出估计的，应当说明原因。

资产负债表日后非调整事项的主要例子有：

1. 资产负债表日后发生重大诉讼、仲裁、承诺。

例如，甲公司销售房地产，2009 年与丁企业签订该房地产的购销合同。2010 年 1 月，丁企业通知甲公司，其在获得银行贷款方面有困难，但仍然能够履行合同。之后不久，甲公司将该房地产另售他人。2010 年 2 月，丁企业通过法律手段起诉甲企业违背受托责任。2010 年 3 月，甲公司同意付给丁企业 500 000 元的现金以使其撤回法律诉讼。

由于资产负债表日后发生的重大诉讼、仲裁、承诺等事项影响较大，为防止误导投资者及其他财务报告使用者，应当在报表附注中进行相关披露，即甲公司和丁企业应在 2009 年度报表附注中披露诉讼事项的信息。

2. 资产负债日后资产价格、税收政策、外汇汇率发生重大变化。

例如，某公司有一笔长期美元贷款，在编制 2009 年 12 月 31 日的财务报表时已按 2009 年末的汇率进行折算（假设 2009 年年末的汇率为 1 美元兑换 6. 8 元人民币）。假设由于金融危机等因素 2010 年人民币对美元的汇率发生重大变化。

由于该公司在资产负债表日已经按照当天的资产计量方式进行处理，或按规定的汇率对有关账户进行调整，因此无论资产负债表日后的资产价格和汇率如何变化，均不应影响资产负债表日的财务状况和经营成果。但是，如果资产负债表日后资产价格、外汇汇率发生重大变化，应对由此产生的影响在报表附注中进行披露。同样，国家税收政策发生重大改变将会影响企业的财务状况和经营成果，也应当在报表附注中及时披露该信息，即该公司应在报表附注中披露汇率的变化。

3. 资产负债表日后因自然灾害导致资产发生重大损失。

例如，甲公司拥有日本某上市公司（乙企业）15%的股权，无重大影响，投资成本2 000 000元。在编制2010年12月31日的资产负债表时，甲公司对乙企业投资的账面价值按初始投资成本反映。2011年3月，日本发生海啸，造成乙企业的股票市场价值大幅下跌，甲公司对乙企业的股权投资遭受重大损失。

由于自然灾害导致资产重大损失对企业资产负债表日后财务状况的影响较大，如果不加以披露，有可能使财务报告使用者作出错误的决策，因此应作为非调整事项在报表附注中进行披露。本例中海啸发生在2011年3月，是资产负债表日后才发生或存在的事项，应当作为非调整事项在2010年度报表附注中进行披露。

4. 资产负债表日后发行股票和债券以及其他巨额举债。

例如，Y公司于2011年1月15日经批准发行3年期债券500 000万元，面值100元，年利率10%，企业按110元的价格发行，并于2011年3月15日结束发行。

企业发行股票、债券以及向银行或非银行金融机构举借巨额债务都是比较重大的事项，虽然这一事项与企业资产负债表日的存在状况无关，但这一事项的披露能使财务报告使用者了解与此有关的情况及可能带来的影响，故应披露。

5. 资产负债表日后资本公积转增资本。

例如，W公司2011年2月，经批准将5 600万元资本公积转增资本。

由于企业以资本公积转增资本将会改变企业的资本（或股本）结构，影响较大，需要在报表附注中进行披露。

6. 资产负债表日后发生巨额亏损。

例如，F公司2011年1月出现巨额亏损，净利润由2010年12月的18 000万元变为亏损300万元。

由于企业资产负债表日后发生巨额亏损将会对企业报告期以后的财务状况和经营成果产生重大影响，应当在报表附注中及时披露该事项，以便为投资者或其他财务报告使用者作出正确决策提供信息。

7. 资产负债表日后发生企业合并或处置子公司。

例如，K公司2011年1月20日将其全资子公司丙企业出售给乙企业。

企业合并或者处置子公司的行为可以影响股权结构、经营范围等方面，对企业未来生产经营活动会产生重大影响。因此，甲企业应在2010年报表附注中披露处理子公司的信息。

第五节　财务情况说明书及其分析

一、财务情况说明书的内容

财务报表附注主要是以文字和数字形式对基本财务报表的内容以及其他有助于理解财务报表的有关事项进行必要的说明，包括基本的会计政策以及运用的主要会计方法等内容。而财务情况说明书则是对公司当期财务分析结果进行总结的文字说明，能够披露一些与上市公司财务分析有关的其他重要信息。既应包括对企业在报告期的财务状况和经营成果的总评价，还应包括哪些业务经营得好，哪些业务经营得不好等具体信息。

一个完整的财务情况说明书应包括多方面内容：

（一）企业生产经营的基本情况

1. 企业主营业务范围和附属其他业务，纳入年度会计决算报表合并范围内企业从事业务的行业分布情况；未纳入合并的应明确说明原因；企业人员、职工数量和专业素质的情况；报表编报口径说明。

2. 本年度生产经营情况，包括主要产品的产量、主营业务量、销售量（出口额、进口额）及同比增减量，在所处行业中的地位，如按销售额排列的名次；经营环境变化对企业生产销售（经营）的影响；营业范围的调整情况；新产品、新技术、新工艺开发及投入情况。

3. 开发、在建项目的预期进度及工程竣工决算情况。

4. 经营中出现的问题与困难，以及需要披露的其他业务情况与事项等。

（二）利润实现、分配及企业亏损情况

1. 主营业务收入的同比增减额及主要影响因素，包括销售量、销售价格、销售结构变动和新产品销售，以及影响销售量的滞销产品种类、库存数量等。

2. 成本费用变动的主要因素，包括原材料费用、能源费用、工资性支出、借款利率调整对利润增减的影响。

3. 其他业务收入、支出的增减变化，若其收入占主营业务收入 10%（含 10%）以上的，则应按类别披露有关数据。

4. 同比影响其他收益的主要事项，包括投资收益，特别是长期投资损失的金额及原因；补贴收入各款项来源、金额以及扣除补贴收入的利润情况；影响营业外收支的主要事项、金额。

5. 利润分配情况。

6. 利润表中的项目，如两个期间的数据变动幅度达 30%（含 30%）以上，且占报告期利润总额 10%（含 10%）以上的，应明确说明原因。

7. 会计政策变更的原因及其对利润总额的影响数额，会计估计变更对利润总额的影响数额。

8. 其他。

（三）资金增减和周转情况

1. 各项资产所占比重，应收账款、其他应收款、存货、长期投资等变化是否正常，增减原因；长期投资占所有者权益的比率及同比增减情况、原因、购买和处置子公司及其他营业单位的情况。

2. 资产损失情况，包括：待处理财产损溢主要内容及其处理情况；按账龄分析 3 年以上的应收账款和其他应收款未收回原因及坏账处理办法；长期积压商品物资、不良长期投资等产生的原因及影响。

3. 流动负债与长期负债的比重，长期借款、短期借款、应付账款、其他应付款同比增

加金额及原因；企业偿还债务的能力和财务风险状况；3 年以上的应收账款和其他应付款金额、主要债权人及未付原因；逾期借款本金和未还利息情况。

4. 企业从事证券买卖、期货交易、房地产开发等业务占用资金和效益情况。

5. 企业债务重组事项及对本期损益的影响。

6. 资产、负债、所有者权益项目中，如两个期间的数据变动幅度达 30%（含 30%）以上，且占报告期资产总额 5%（含 5%）以上的，应明确说明原因。

（四）所有者权益增减变动情况

1. 会计处理追溯调整影响年初所有者权益（或股东权益）的变动情况，并应具体说明增减差额及原因。

2. 所有者权益（或股东权益）本年初与上年末因其他原因变动情况，并应具体说明增减差额及原因。

3. 所有者权益（或股东权益）本年度内经营因素增减情况。

4. 对国有资本保值增值产生影响的主要客观因素情况及增减数额。

（五）对企业财务状况、经营成果和现金流量有重大影响的其他事项

（六）对企业收支及利润指标进行全面分析，根据数据阐述问题的原因，从而分析得出企业的经营情况，对存在的问题进行阐述，新年度拟采取的改进管理和提高经营业绩的具体措施

二、财务情况说明书的编制

编制财务情况说明书时应注意几下几点：

（一）突出重点、兼顾一般

对上级领导比较关心的问题和当前经济运行重点、热点、变动指标比较大的情况进行分析，如涨价、加息、地震等因素对支出的影响，宏观调控对支出影响，等等。

（二）观点明确、抓住关键

有主有次抓住问题，要让人明白、让人看出你写的当期经营情况到底怎么样，不能模棱两可。总之一句话，让使用财务情况说明书者知道你讲什么。

（三）注重实效、抓住关键

时效性对报告质量影响很大，目前由于清算数出得慢已经严重影响了报表质量，因为时效不强会对决策意义不大，甚至出现负面影响。

（四）客观公正、真实可靠

依赖于财务报表的质量，报表数据越真实、完整，报告就越有科学性。

（五）报告清楚、文字简练

财务情况说明书是对公司当期财务分析结果进行总结的文字说明，只有报告结构清楚，使用者看着才舒服；如果缺乏条理、缺乏逻辑，即使分析得再好也可能达不到预期效果。

复习思考题

1. 财务报表附注的作用是什么？
2. 财务报表附注披露的顺序是怎样的？
3. 什么是会计政策变更，如何进行披露？
4. 什么是会计估计变更，如何进行披露？
5. 什么是前期会计差错，如何进行更正及披露？
6. 什么是关联方交易，如何进行披露？
7. 如何分析关联方交易？
8. 什么是资产负债表日后事项，如何进行处理？
9. 财务情况说明书的内容有哪些？

第七章　分部财务报告及其分析

第一节　分部报告概述

一、上市公司分部报告及其意义

（一）分部报告的含义

分部报告是分部财务会计报告的简称，就是将一家企业的所有分支机构的重要财务状况和经营成果等信息，按地区、行业、产品等划分归类而编制的财务报告。

随着市场竞争日益激烈，世界经济的一体化进程不断加快，跨国公司的大量涌现，企业的活动范围已不再受到国家和地区的限制而走向全球化。为了抵御风险，抢占市场，越来越多的企业走上了多元化的经营道路。现代信息技术、交通技术的飞速发展，也为跨行业、跨地区、跨国界经营提供了条件。对于从事多种业务的企业来说，有关各种业务的信息，常常与有关企业整体的信息一样重要。所以，自20世纪60年代以来，国际上就出现了有关分部信息披露的制度规定。英、美是最早提出分部财务报告要求的国家。1965年英国的股票交易所率先要求上市公司编制分部财务报告。1976年美国财务会计准则委员会（FASB）发布了FASB第14号《分部及相关信息的披露》，并于1997年进行了修订。1981年国际会计准则委员会（IASC）发布了国际会计准则第14号《分部报告的会计信息》，并于1997年重新进行了修订。

当今分部会计报告日益受到人们广泛的关注，许多国家纷纷制定分部报告会计准则，规定除编制母公司及子公司的一般财务报告以及合并财务报告外，还需要编制分部报告。我国财政部于2001年11月印发了《企业会计准则——分部报告》（征求意见稿）。征求意见稿基本上与国际会计准则保持了一致，有利于同国际会计惯例接轨。2006年财政部发布了《企业会计准则第35号——分部报告》，为了便于准则的应用和操作，还发布了《〈企业会计准则第35号——分部报告〉解释》和《〈企业会计准则——分布报告〉应用指南》。

（二）分部报告的意义及分部业务的确定

企业提供分部报告是为了帮助会计报表使用者评估不同因素对企业的影响，分析风险和报酬，以便更好地理解企业的经营业绩，从整体上对企业的经营情况作出更准确的判断，为其进行决策提供依据。具体来说，分部报告的意义主要表现在以下几个方面。

（1）为企业投资者、债权人进行决策提供更为具体、准确的经济信息。企业的投资者包括现有的投资者和潜在的投资者。企业现有的投资者通过分部报告，了解企业对其投资在企业不同行业、地区的使用情况、盈利能力及风险大小，为其是否追加投资或转移投资提供依据；企业潜在的投资者，可利用分部报告，了解企业各分部的经营现状，预测企业的成长性及各分部的风险，从而决定是否进行投资。对于债权人来说，通过分部报告，不仅可以了解其借出资金在各分部的风险和盈利能力，还可以了解企业是否按借款合同的规定在某一分部使用资金，防止其利益被损害。

（2）为企业加强内部管理和科学决策提供依据。对于跨地区、多元化经营的企业来说，企业的整体风险与回报是由企业生产经营分部、各生产经营地区的风险和回报所构成的。企业生产的各种产品及提供的服务所具有的风险和回报是不相同的，在不同地区的生产经营也具有不同的风险和回报。企业管理当局可以通过分部报告了解企业各行业、各部分和各地区的风险及经营业绩，有助于比较、评价和考核其不同行业、部门和地区的盈利能力，预测其在不同行业、部门和地区的投资风险和发展前景，及时发现其在不同行业、部门和地区在经营中存在的问题，将那些风险大、回报率低、没有成长潜力或影响公司整体业务发展的子公司、部门或产品生产线剥离出企业，使资源集中于经营重点，从而使其更具竞争力。

（3）为国家经济管理部门进行宏观调控和管理提供依据。国家宏观经济管理部门可通过分部报告所提供的信息，进行宏观分类统计，了解各行业、各地区的经济发展状况，分析和考核国民经济总体的运行情况及行业和地区经济发展中存在的问题，制定科学合理的经济政策、法规，适时进行宏观经济调控。另外，如果跨地区、多元化经营的企业不披露分部信息，那么那些在单一地区、单一经营的企业就会处于竞争劣势，因为与这些企业相比，跨地区、多元化经营的企业披露的信息透明度较低，含糊不清。因此，政府宏观管理部门，可通过企业分部信息的披露，促进行业之间、地区之间的公平竞争，搞好综合平衡，保持整个国民经济健康运行。

（三）分部报告与合并会计报表的关系

著名会计学家迈克尔顿·查特菲尔德曾经指出：“会计的发展应是反映性的。”分部报告的产生也不例外，社会经济环境的变化、信息使用者需求的提高，使分部报告有了产生的必要，而会计理论与实务的支持则加速了分部报告的产生。

深沪两个证券交易所在党中央、国务院的亲切关怀下，本着发展与规范并举、服务与监管并得的原则，在筹资功能和资源优化配置功能上取得了长足的发展。到目前为止，在两个市场上市的 A 股股票已达 800 多家，随着一大批国有企业的成功上市，证券市场更担当起国企改革的重任。我国的上市公司，几乎涵盖了关系国计民生的所有行业，从地区分布看，遍布我国所有的省、自治区和直辖市。上市公司的收购、兼并、重组及资源的国际流动，造就了大批跨行业、跨地区、跨国界的集团公司。同时，随着较大型投资基金的不断上市，散户投资逐渐向专家理财转变。因此，在我国，存在着对分部报告信息需求的必要性和可行性。

信息使用者对跨行业、跨国界集团公司财务信息的需求，导致了合并会计报表与分部报告的产生和规范。从各国的实践情况来看，对合并会计报表编制、披露的相关制度规定早于对分部报告的有关规定。合并会计报表通过对集团内企业间的内部交易进行抵销，使信息使用者可以从整体上把握整个企业集团的财务状况和经营成果。合并会计报表的缺点在于尽管它可以展示出集团的全貌，但它所表达的集团财务状况和经营成果仅是对各个经营分部的盈利水平、增长趋势和风险情况的简单平均，未能反映出集团对各个经营分部的依赖程度，不利于信息使用者对集团整体风险与报酬进行更精确的预测。

正因如此，作为对合并会计报表解释与补充的分部报告就应运而生了。合并会计报表与分部报告之间是一种综合—分解—再综合的关系。首先是合并会计报表在抵销内部交易的基础上对各个经营分部财务状况、经营成果进行简单综合；接着是分部报告按风险与报酬标准（IASC 的做法）或内部管理框架（FASB 的做法）对合并会计报表进行分解；最后是信息使用者在分部分析的基础上综合形成对企业整体经营情况、未来前景的判断。从这个意义上说，企业集团的合并会计报表是企业分部报告的立足点。

二、分部的确定

在披露分部报告时，首先必须确定报告主体的分部。分部是指企业内部可区分的、专门用于向外部提供信息的一部分。为了更好地发挥分部报告的作用，首先必须确定分部标准。分部标准可以按业务、地区、客户、组织结构、独立核算单位、生产线、产品等划分。但使用最多的是业务和地区这两个标准。

（一）业务分部

业务分部是指企业内可区分的组成部分，该组成部分提供单项产品或劳务，或一组相关的产品或劳务，并且承担着不同于其他业务分部所承担的风险和报酬。业务分部与一般意义的部门并不完全相同。由于提供分部信息的主要目的在于分析企业的经营业绩，把握企业的经营风险，对于某些企业来说，某一业务部门可以是一个业务分部，也可以由若干个业务部门组成一个业务分部；可以将生产某一产品或提供某种劳务的部门作为一个业务分部，也可将若干种产品生产或劳务提供的部门组成一个业务分部。在这种情况下，这些若干产品或劳务提供部门，其生产的产品或提供劳务应是具有相似风险和报酬的产品或劳务。

由于企业经营风险的主要来源影响着企业如何组织生产经营活动。如何对生产经营活动进行管理，也就是说企业往往根据其经营风险来确定其组织结构以及其内部财务会计报告系统，因此企业的组织结构和内部报告系统应作为确定分部的基础。

在确定业务分部时，应当结合企业内部管理要求，并考虑下列因素：

（1）各单项产品或劳务的性质，包括产品或劳务的规格、型号、最终用途等。

（2）生产过程的性质，包括采用劳动密集或资本密集方式组织生产、使用相同或者相似设备和原材料、采用委托生产或加工方式等。

（3）产品或劳务的客户类型，包括大宗客户、零散客户等。

（4）销售产品或提供劳务的方式，包括批发、零售、自产自销、委托销售、承包等。

（5）生产产品或提供劳务受法律、行政法规的影响，包括经营范围或交易定价限制等

（二）地区分部

地区分部，是指企业内可区分的、能够在一个特定的经济环境内提供产品或劳务的组成部分。该组成部分承担了不同于在其他经济环境内提供产品或劳务的组成部分的风险和报酬。

地区也是重要的分部标准。各地区因市场、交通、基础设施、工业基础、人员素质、财政负担、政治状况等不同，其经营的获利能力、发展前景也会大相径庭。尤其是在国外经营，由于受汇率、利率、通货膨胀率、收入水平、政治等多种因素的影响，设在各国分公司以及国外分公司与国内分公司之间，在获利能力、投资风险等方面也会存在很大差别。因而有必要以地区为分部标准，编列分部财务报告。

地区分布中的“地区”与一般意义上的地区不完全相同。划分地区分部的一个重要依据就在于各分部之间具有不同的经营风险和报酬，而不单纯是以某行政区域作为其划分依据。地区分部是具有相似经营风险和报酬的生产和经营区域，这一区域可以是单一国家，也可以是两个或两个具有相同或相近经营风险和报酬的国家的组合，可以是一个国家内的一个行政区域，也可以是一个国家两个或两个以上行政区域的组合。对于在具有重大不同风险和报酬环境中的经营的区域，则不能将其作为同一地区分部处理。

由于企业的风险和报酬既受其经营的地理位置的影响，即受其产品生产或劳务提供活动的基础的影响；也受市场位置的影响，即受其产品销售或劳务提供地的影响。因此，地区分部可以按企业生产产品或提供劳务设施及其他资产所在地进行划分，还可以按其市场或客户所在地进行划分。也就是说，地区分部可以按资产所在地为基础确定，也可以按客户所在地为基础确定。

在确定地区分部时，应当结合企业内部管理要求，并考虑下列因素：

（1）所处经济、政治环境的相似性，包括境外经营所在地区经济和政治的稳定程度等。

（2）在不同地区经营之间的关系，包括在某地区进行产品生产，而在其他地区进行销售等。

（3）经营的接近程度大小，包括在某地区生产的产品是否需在其他地区进一步加工生产等。

（4）与某一特定地区经营相关的特别风险，包括气候异常变化等。

（5）外汇管理规定，即境外经营所在地区是否实行外汇管制。

（6）外汇风险。

企业应当以业务分部或地区分部为基础确定报告分部。两个或两个以上的业务分部或地区分部同时满足下列条件的，可以予以合并：具有相近的长期财务业绩，包括具有相近的长期平均毛利率、资金回报率、未来现金流量等；确定业务分部或地区分部所考虑的因素类似。

三、分部的标准

根据重要性原则，会计信息要力求真实、可靠、全面、正确，但它的范围和深度只应限于那些重要的、实质性的信息，即会对使用这些信息的决策产生重大影响的信息。对于这些信息，必须刻意求精，不惜多花工夫。至于那些相对来说影响细小、无足轻重的信息，就不必要求过严，可以核算得粗一些，过分求全反而会延误编制财务报告的时间，而且所花成本也可能大于信息的效用。因此，不要求对所有的分部都分别披露，而只要将主要几个行业和地区的经营信息反映出来，至于那些对整个企业财务状况和经营成果影响不大的行业和地区则可放在次要地位。为了达到突出重点的目的，可以采用各种方法限制分部报告中业务和地区的数量，例如，只编制几个行业和地区的信息，或年利润、年营业收入在整个企业中占一定百分比的行业和地区，其他不重要的行业和地区则汇总编列。

一般认为，符合下列标准的业务分部或地区分部，方可作为报告分部披露其相关的会计信息。

（一）分部收入占所有分部收入合计的10%

一个分部是否作为报告分部，取决于其是否具有重要性，对于具有重要性的分部，则应将其作为报告分部。业务分部或地区分部大部分收入是对外交易收入，且满足下列条件之一的，应当将其确定为报告分部：

1. 该分部的分部收入占所有分部收入合计的10%或者以上。当某一分部仅对内部其他分部提供产品和劳务，并不对外销售产品或提供劳务时，则不能将其作为报告分部对待。各分部从企业外部取得的利息收入，以及分部相互之间发生的应收款项（列入分部可辨认资产者）而取得的利息收入，应当将其作为分部收入处理。对其他分部预付款或贷款所发生的利息收入，则不能包括在分部收入中。但当企业内部设立有融资机构时，由于其主要业务为融资、贷款给其他部门，其贷款收入则应计入该融资分部的分部收入之中。

2. 该分部的分部利润（亏损）的绝对额，占所有盈利分部利润合计额或者所有亏损分部亏损合计额的绝对额两者中较大者的10%或者以上。在这里，分部利润（或亏损）是指分部收入扣除分部费用后的余额。其中，分部费用是指，分部从经营活动中产生的、可直接归属于该分部的费用，以及能按合理的方法分配给该分部的费用份额。

3. 该分部的分部资产占所有分部资产合计额的10%或者以上。但当某一分部的营业收入、营业利润或营业亏损及其可辨认的资产，每一项均达到全部分部合计数90%以上时，则企业的合并会计报表即可以提供该分部在风险及经营业绩的会计信息。此时，只需在会计报表附注中予以说明即可，而无必要提供分部报告。

业务分部或地区分部未满足以上条件的，可以按照下列规定处理：不考虑该分部的规模，直接将其指定为报告分部；不将该分部直接指定为报告分部的，可将该分部与一个或一个以上类似的、未满足《企业会计准则第35号——分部报告》第八条规定条件的其他分部合并为一个报告分部；不将该分部指定为报告分部且不与其他分部合并的，应当在披露分部信息时，将其作为其他项目单独披露。

（二）报告分部的收入合计额达到合并总收入的75%

企业的业务分部或地区分部符合上述三项10%的标准确认为报告分部后，确定为报告分部的各业务分部或地区分部对外营业收入合计额应达到合并总收入（或企业总收入）的75%的比例。也就是说，在分部报告中披露的对外营业收入合计额必须达到合并总收入（或企业总收入）的75%。如果报告分部的对外交易收入合计额占合并总收入或企业总收入的比重未达到75%的，应当将其他的分部确定为报告分部（即使它们未满足《企业会计准则第35号——分部报告》第八条规定的条件），直到该比重达到75%。

（三）数量一般不超过10个

作为报告分部的数量不宜过多，一般不得超过10个。因为如果将过多的分部作为报告分部，对其会计信息予以披露，则将导致披露的信息过多，使对外披露的会计信息过杂，反而不利于会计信息使用者的使用。如果重要的业务分部或地区分部超过 10 个时，则应当将某些相类似的业务分部或地区分部予以合并，使报告分部的数量达到这一要求。将两个或多个业务分部或地区分部合并为单一的业务分部或地区分部时，必须考虑其实质上相似。所谓实质上相似，是指两个或多个业务分部或地区分部表现出相似的长期财务业绩，以及在经营风险和报酬等方面相似。

除遵循上述标准外，某一分部确定是否应作为报告分部，还应当注意与其他会计期间的情况相比较，注意保持报告分部在不同会计期间的一贯性。对于某一分部，因某一会计年度特殊事项而导致其不符合上述标准时，在该会计年度仍然应当将其作为报告分部披露其会计信息。反之，在正常情况下不符合报告分部的定义，而由某一特殊事项而导致其达到 10%的标准时，在该会计年度也不应将其作为报告分部披露其会计信息。但是，当某一分部以前年度未达到上述报告分部的标准，但在本会计年度达到上述标准，并且预计在以后的会计年度也将达到上述标准的要求时，则应将该分部作为报告分部披露其相关的会计信息。在这种情况下，对该报告分部以前会计年度相关的分部信息应当予以重编，以便该报告分部相关信息的相互可比。

企业的内部管理是按照垂直一体化经营的不同层次来划分的，即使其大部分收入不通过对外交易取得，仍可将垂直一体化经营的不同层次确定为独立的报告业务分部。

对于上期确定为报告分部的，企业本期认为其依然重要，即使本期未满足准则规定条件的，仍应将其确定为本期的报告分部。

四、分部报告的形式

分部报告的形式分为主要分部报告形式和次要分部报告形式。主要分部报告形式，是指在财务会计报告中按该分部披露其基本信息的分部。不作为主要分部报告形式披露的分部信息，则属于次要报告形式。主要分部报告形式可以采用业务分部作为主要分部报告形式，也可以采用地区分部作为主要分部报告形式。企业应根据自身的经营风险和报酬的主要来源及其性质，确定其主要分部报告形式。确定分部报告的主要报告形式和次要报告形式的原则如下。

企业应当区分主要报告形式和次要报告形式披露分部信息。

（一）以经营风险和报酬的主要来源确定主要报告形式

确定分部报告形式时，应当依据企业经营风险和报酬的来源进行确定。经营风险和报酬的主要来源应作为确定分部报告的主要报告形式的依据；其风险和报酬的次要来源应作为确定分部报告的次要报告形式的依据。

一般来说，风险和报酬主要受企业的产品和劳务差异的影响，披露分部信息的主要形式应当是业务分部，次要形式是地区分部。但当企业的风险和报酬主要受其在不同的国家或其他地区经营方面的影响时，应当采用地区分部作为分部报告的主要报告形式，而将业务分部作为次要报告形式。

风险和报酬主要受企业在不同的国家或地区经营活动影响的，披露分部信息的主要形式应当是地区分部，次要形式是业务分部。当风险和报酬同时较大地受企业产品和劳务的差异以及经营活动所在国家或地区差异影响的，披露分部信息的主要形式应当是业务分部，次要形式是地区分部。

（二）考虑企业内部组织和管理结构确定主要报告形式

在确定主要报告形式时，企业还必须考虑其内部组织和管理结构及其内部财务会计报告制度。对于大多数企业来说，一般根据其经营风险和报酬确定企业的组织和管理形式，企业的组织和管理机构及其内部财务会计报告制度，通常能够表明该企业主要风险和报酬来源。因此，企业的内部组织和管理结构及其内部财务会计报告制度，通常是确定企业面临的风险的主要来源、性质以及不同报酬的基础，也是确定采用何种报告形式为主要报告形式、何种形式为次要报告形式的基础，企业应当根据内部组织和管理结构，来具体确定其主要报告形式。

当企业的内部组织和管理结构及其内部财务会计报告制度，既不以单项产品或劳务、或相关产品和劳务的组合为基础，也不以地区为基础时，企业则应分析确定企业的风险和报酬是较多地与其生产的产品和提供的劳务相关，还是较多地与其经营所在地相关，在此基础上确定是采用以业务分部作为主要的分部报告形式，还是以地区分部作为主要的分部报告形式。

第二节　分部报告的披露与分析

一、分部信息的披露

（一）主要报告形式的披露

对于主要报告形式，企业应当在附注中披露分部收入、分部费用、分部利润（亏损）、分部资产总额和分部负债总额等。

1. 分部收入，是指可归属于分部的对外交易收入和对其他分部交易收入。分部的对外交易收入和对其他分部交易收入，应当分别披露。

2. 分部费用，是指可归属于分部的对外交易费用和对其他分部交易费用。分部的折旧费用、摊销费用以及其他重大的非现金费用，应当分别披露。

3. 分部利润（亏损），是指分部收入减去分部费用后的余额。在合并利润表中，分部利润（亏损）应当在调整少数股东损益前确定。

4. 分部资产，是指分部经营活动使用的可归属于该分部的资产，不包括递延所得税资产。分部资产的披露金额应当按照扣除相关累计折旧或摊销额以及累计减值准备后的金额确定。

披露分部资产总额时，当期发生的在建工程成本总额、购置的固定资产和无形资产的成本总额，应当单独披露。

5. 分部负债，是指分部经营活动形成的可归属于该分部的负债，不包括递延所得税负债。

分部的日常活动是金融性质的，利息收入和利息费用应当作为分部收入和分部费用进行披露。企业披露的分部信息，应当与合并财务报表或企业财务报表中的总额信息相衔接。分部收入应当与企业的对外交易收入（包括企业对外交易取得的、未包括在任何分部收入中的收入）相衔接；分部利润（亏损）应当与企业营业利润（亏损）和企业净利润（净亏损）相衔接；分部资产总额应当与企业资产总额相衔接；分部负债总额应当与企业负债总额相衔接。

（二）次要报告形式的披露

分部信息的主要报告形式是业务分部的，应当就次要报告形式披露下列信息：

（1）对外交易收入占企业对外交易收入总额10%或者以上的地区分部，以外部客户所在地为基础披露对外交易收入。

（2）分部资产占所有地区分部资产总额10%或者以上的地区分部，以资产所在地为基础披露分部资产总额。

分部信息的主要报告形式是地区分部的，应当就次要报告形式披露下列信息：

（1）交易收入占企业对外交易收入总额10%或者以上的业务分部，应当披露对外交易收入。

（2）资产占所有业务分部资产总额10%或者以上的业务分部，应当披露分部资产总额。

（三）分部会计政策的披露

企业应当披露分部会计政策，但分部会计政策与合并财务报表或企业财务报表一致的除外。分部会计政策，是指编制合并财务报表或企业财务报表时采用的会计政策，以及与分部报告特别相关的会计政策。与分部报告特别相关的会计政策包括分部的确定、分部间转移价格的确定方法，以及将收入和费用分配给分部的基础等。分部报告选择什么样的会计政策，直接影响到分部报表项目的确认与计量。在确定的会计政策下，报表使用者需要详细分析分部收入、费用、盈利或亏损、资产、负债、现金流量等有关项目的确认与计量是否正确。尤其对于一些需要分配的事项，要判断企业选用的分配标准是否合理。如果分部报表中的项目确认、计量不准确，对分部报告的深度分析就失去意义。

分部会计政策变更影响重大的，应当按照《企业会计准则第28号——会计政策、会计估计变更和差错更正》进行披露，并提供相关比较数据。提供比较数据不切实可行的，应当说明原因。分部间转移交易应当以实际交易价格为基础计量。转移价格的确定基础及其变更情况，应当予以披露。

企业改变分部的分类且提供比较数据不切实可行的，应当在改变分部分类的年度，分别披露改变前和改变后的报告分部信息。

企业在披露分部信息时，应当提供前期比较数据，但是提供比较数据不切实可行的除外。

二、分部报告的分析

企业经营管理者、投资者、债权人以及社会有关方面进行决策时，对分部报告进行分析是非常必要的。信息使用者必须十分了解有关报告基础的定义、共同收入与成本的分配方法、内部转移价格的定价方式等情况，否则他们可能得出错误的结论。因此，分析分部报告的前提是正确理解分部报告。在企业分部、可报告分部确定合理，分部报表项目确认、计量恰当的基础上，就可以采用一定的分析方法，对分部报告进行分析，以获取有用的信息。分析分部报告的目的一般是为了评价企业的经营和财务风险、利润的来源以及未来的发展前景。

传统的财务报表分析方法，如比率分析法、趋势分析法、比较分析法等也适合于分部报告的分析。由于对分部的分析主要是为了评价企业整体的风险和报酬，分析方法应以比较分析法和因素分析法为主。

从分部报告的目的出发，结合企业管理部门的设定目标、管理战略，分析人员可以通过以下方式对可报告分部业绩进行更好地分析，并加以利用。

1. 通过对各报告分部的外销收入与内销收入的比较分析，了解各个分部的收入对外部客户的依赖程度。一个分部的销售可能全部为内销，表现为企业集团内部的资源流转，可能部分内销部分外销，也可能全部为外销。在确定可报告分部时，没有将内销收入剔除，主要考虑到内销对整个企业来说也是重要的。如果一个分部的销售主要来自于外销，那么该分部对外部客户的依赖程度就很高，随时存在着来自客户的风险。因此，对于外销业务较多的分部，要慎重地分析相应客户的情况，以确定其可能存在的潜在风险。在美国，要求分部报告应提供其依赖主要客户程度的信息，如果与某个外部客户交易的收入达到企业收入的10%以上，则企业应披露该事实。

2. 计算各个分部的外销收入、外销利润对整个企业销售与利润的贡献大小，以确定各个分部的相对重要性。企业最终的利润来自于外销，而非公司间销售。公司间销售在集团内表现为未实现的内部销售，在编制合并报表时会予以消除。外销收入和利润越多的分部，对整个集团的收入和利润的贡献也就越大，这一分部也就越重要。通过这种对比，对管理层来说，可以影响到公司战略计划的调整，使资源由外销收入少、获利能力小的分部向外销收入高、获利能力强的分部转移，以达到企业资源的优化配置。对于外部信息使用者来说，可以了解到公司的收入和利润主要来自于什么业务、什么经营部门、什么地区，使信息使用者在对这些业务、部门和地区进行分析的基础上，对公司做出有依据的评价，以决定资源是否投向他处。

3. 计算和比较各个分部的收入、利润及资产增长率水平，揭示整个企业增长率变动原因。可以采用趋势分析法来计算各分部的增长率水平、销售水平和盈利水平的变化，以此为基础可以解释整个公司增长率变动的原因。因为整体是由分部构成的，分部的增长率就会影响到整个公司的增长率水平。通过这一分析，可以帮助管理层判断哪些分部发展较快，哪些分部发展较慢；哪些行业属于朝阳行业，哪些行业属于夕阳行业；哪一分部的管理水平高，发展速度快，哪一分部的管理水平低，发展速度慢。这可能会导致管理层产品结构的调整，以及管理人员的变动。对于外部信息使用者来说，可以分析研究整个公司增长率变动主要是由哪些分部的增长率变动引起的，而这些分部的前景和持续发展能力，以及存在的潜在风险，是外部信息使用者在这一分析过程中最为关注的问题。

4. 计算和比较各个分部的资产收益率与销售利润率，以确定各分部的相对获利能力，并同企业整体获利能力进行比较。应报告分部的经营成果构成了整个企业的经营成果的主要部分，计算每一应报告分部的经营收益率和资产经营报酬率，主要是判断每一报告分部经营成果对企业整体业绩水平变动的影响程度，借以判断可报告分部的重要性。报表使用者在阅读企业的母公司报表及合并报表时，面对公司的整体收益，必须通过分部收益的分解，才能得到较好的评价结果，离开分部信息，合并收益往往会误导信息使用者。借此分析，信息使用者可以清楚地了解公司的盈利主要来自于哪些方面，公司盈利水平的提高或降低主要是由哪些分部引起的。对那些盈利水平较高或亏损较大的分部，信息使用者应给予特别的关注，因为，它们往往是促成企业将来成功或失败的关键。

5. 通过计算企业总资产在各个分部的百分比分布及各个分部资产变动趋势的分析，更好地了解企业管理层有关资本配置决策和各分部的重要性。采用趋势分析法可计算出每一报告分部的总资产变动趋势。一般而言，总资产不断增加的分部，应是那些有发展前景、销售收入和获利能力较高的分部。而对于发展前景不被看好的分部，甚至经营亏损分部，即使当前不被关停并转，管理层也不会较多地追加投资，通常会减少对这些分部的投资，体现了管理层资源配置的有序性，以及经营战略的不断优化组合。对于发展速度较快的分部，往往需要较多的资金投入，根据企业的战略规划，计算出每一可报告分部对资本的需求，通过全面预算，就可以计算出整个公司发展对资本的需求。这一分析，有利于公司战略计划的安排，对外部信息使用者来说，则有利于了解公司管理层资源配置的情况，以及工作重心的转移情况。

6. 应用百分比分布分析各个分部的本年新增的固定资产和无形资产支出，以及计算各分部的资本支出对折旧费、摊销费的比例，更好地了解企业有关资本的投向情况、企业对各个分部的支持力度和各分部资本支出现状与需求，评价公司资产的变动特点。分部资产的分布百分比对整个公司而言，是指每一报告分部的资产占公司总资产的比重，占有资产比重较大的分部，一般是管理层较为重视的分部，代表着公司未来的发展方向。结合趋势分析，可以从资产分布百分比的变化看出企业资产的流向。

7. 计算和比较各个分部的资产周转率，以确定每一分部资产管理效率以及各个分部对整个企业资产管理效率的影响。分部资产周转率的快慢，反映了每一分部资产管理水平的高低。一般而言，资产周转率快的分部，资产管理水平也就越高；反之资产管理水平也就越低。但资产周转率过快，应视为异常现象而予以特别关注。这一分析，可帮助管理层评价分部管理人员资产运作的能力，也是内部业绩考核的重要指标之一。

8. 运用资产周转率、经营获利率和资产报酬率等指标进行综合分析，以确定资产周转率和获利指标对每一分部资产报酬率指标的影响，并解释每一分部对整个公司资产回报变动的影响。

分部报告分析是一个比较复杂的过程，除了具有一定专业知识，掌握一定的分析方法外，还必须深入了解公司管理战略、内部外部环境、经济政治因素、相关行业、地理环境等相关信息。分析还应结合各分部所处行业的发展趋势、区域经济条件、产品生命周期、主要客户财务状况和经营成果，甚至国内外的政治情况等各种因素，以确定这些环境因素对各分部发展前景以及对整个企业的预期报酬与承担的风险产生的影响。对于外部信息使用者来说，影响分部报告分析效率的另一个重要因素，是来自于编报公司方面的压力。当公司管理层认为分部报告的内容和形式与公司的利益不相符合，强制性披露对公司产生不利后果，如可能会被竞争对手、客户反面利用这些信息时，公司可能会对披露分部信息产生抵触情绪，而对所披露的信息进行粉饰。同时，在分部报告中存在着较多的成本费用被武断分配的情况，这也增加了分析者的分析难度。在分析分部报告时，还要注意分析分部报告的目的是为了更好地理解企业整体，而不能以偏概全。

复习思考题

1. 什么是分部报告，分部报告的意义是什么？
2. 财务报表附注披露的顺序是怎样的？
3. 什么是会计政策变更，如何进行披露？
4. 什么是会计估计变更，如何进行披露？
5. 什么是前期会计差错，如何进行更正及披露？
6. 什么是关联方交易，如何进行披露？
7. 如何分析关联方交易？
8. 什么是资产负债表日后事项，如何进行处理？
9. 财务情况说明书的内容有哪些？

第八章　上市公司综合财务分析

第一节　上市公司综合财务分析方法

常用的财务分析方法有比率分析法、因素分析法和趋势分析法三种。财务分析的内容主要包括偿债能力分析、营运能力分析、盈利能力分析和现金流量分析四个方面。

财务综合分析就是将企业营运能力、偿债能力和盈利能力等方面的分析纳入到一个有机的分析系统之中，全面地对企业财务状况、经营状况进行解剖和分析，从而对企业经济效益做出较为准确的评价与判断。

财务综合分析的方法主要有两种：杜邦财务分析体系和沃尔比重评分法，二者都是建立在定性基础上的定量分析方法。

第二节　杜邦财务分析体系

一、杜邦财务分析体系的基本思路

（一）杜邦财务分析体系的特点

1910 年，美国著名的化学制品生产商杜邦（Dupont）公司为了考核集团下属企业的业绩，特制定了以投资报酬率为核心的财务比率考核体系，其基本原理是利用几种主要的财务比率之间的关系来综合地分析企业的财务状况。由于这种分析方法最早由美国杜邦公司使用，故称为杜邦分析法或杜邦财务分析体系。杜邦分析法是财务分析的重要方法，其基本思想是将企业净资产收益率逐级分解为多项财务比率乘积，用来评价公司赢利能力和股东权益回报水平，这样有助于深入分析比较企业经营业绩，从财务角度评价企业绩效。这一分析体系出现后，在全球范围内迅速传播，从最初用于内部考核的目的发展到用于投资者和债权人分析企业的目的。

杜邦模型最显著的特点是将若干个用以评价企业经营效率和财务状况的比率按其内在联系有机地结合起来，形成一个完整的指标体系，并最终通过权益收益率来综合反映。采用这一方法，可使财务比率分析的层次更清晰、条理更突出，为报表分析者全面仔细地了解企业的经营和盈利状况提供方便。

杜邦分析法有助于企业管理层更加清晰地看到权益资本收益率的决定因素，以及销售净利润率与总资产周转率、债务比率之间的相互关联关系，给管理层提供了一张明晰的考察公司资产管理效率和是否最大化股东投资回报的路线图。

（二）杜邦分析法的基本思路

1. 净资产收益率是一个综合性最强的财务分析指标，是杜邦分析系统的核心。

2. 资产净利率是影响权益净利率的最重要的指标，具有很强的综合性，而资产净利率又取决于销售净利率和总资产周转率的高低。总资产周转率是反映总资产的周转速度，对资产周转率的分析，需要对影响资产周转的各因素进行分析，以判明影响公司资产周转的主要问题在哪里。销售净利率反映销售收入的收益水平，扩大销售收入，降低成本费用是提高企业销售利润率的根本途径，而扩大销售，同时也是提高资产周转率的必要条件和途径。

3. 权益乘数表示企业的负债程度，反映了公司利用财务杠杆进行经营活动的程度。资产负债率高，权益乘数就大，这说明公司负债程度高，公司会有较多的杠杆利益，但风险也高；反之，资产负债率低，权益乘数就小，这说明公司负债程度低，公司会有较少的杠杆利益，但相应所承担的风险也低。

杜邦分析法的财务指标关系如图 8－1 所示。

杜邦分析法中的几种主要的财务指标关系为：

权益净利率（股东权益报酬率、资产净利率）＝资产净利率×权益乘数

而：资产净利率＝销售净利率×资产周转率

即：权益净利率（股东权益报酬率、资产净利率）＝销售净利率×资产周转率×权益乘数

其中：

权益乘数＝1/（1－资产负债率）

资产负债率＝负债总额/资产总额

销售净利率＝净利润/销售收入

资产周转率＝销售收入/平均资产总额

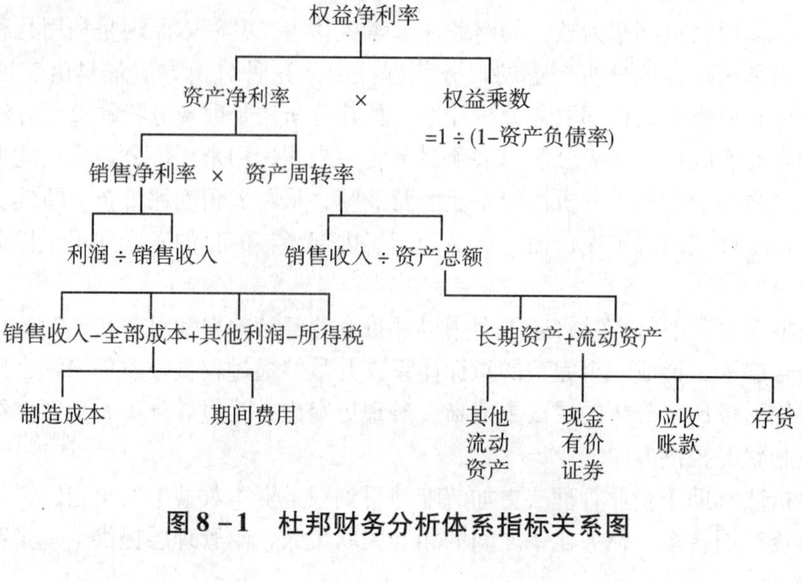

图 8－1　杜邦财务分析体系指标关系图

由图8－1可见，一家公司的股东权益报酬率等于销售净利润率、总资产周转率和权益乘数的乘积。而销售净利润率又可分解为毛利率、期间费用率（如营业费用率、管理费用率）；总资产周转率可分解为流动资产周转率、固定资产周转率，流动资产周转率进一步可分解为存货周转率、应收账款周转率等。因此，一家公司的毛利率的改善或费用率的降低，存货周转率的改善或应收账款平均收账期的缩短，权益乘数的提高都可能提高股东权益报酬率。对影响股东权益报酬率的各项“子指标”的研究，使我们能更深刻地了解公司盈利能力、资产管理效率和财务杠杆等之间的变化和互动是如何最终影响公司的核心财务比率的。

二、杜邦分析法的运用

（一）杜邦分析法的基本步骤

1. 从权益报酬率开始，根据会计资料（主要是资产负债表和利润表）逐步分解计算各指标；

2. 将计算出的指标填入杜邦分析图；

3. 逐步进行前后期对比分析，也可以进一步进行企业间的横向对比分析。

（二）杜邦分析法的分析要点

首先，净资产收益率是一个综合性极强的投资报酬指标，决定因素主要是资产净利率和权益乘数。

其次，资产净利率是影响净资产收益率的关键指标，把企业一定期间的净利润与企业的资产相比较，表明企业资产利用的综合效果。其本身也是一个综合性的指标，从图示可以看出，资产净利率同时受到销售净利率和资产周转率的影响。销售净利率和资产周转率越大资产净利率越大，而资产净利率越大则净资产收益率越大；反之亦然。销售净利率高低的分析，需要从销售收入和销售成本两个方面进行。这个指标可以分解为销售成本率、销售其他利润率和销售税金率。销售成本率还可进一步分解为毛利率和销售期间费用率。深层次的指标分解可以将销售利润率变动的原因定量地揭示出来，如售价、成本或费用的高低等，进而分析投入付出和产出回报的关系，为企业决策服务。当然还可以根据企业的一系列内部报表和资料进行更详尽的分析。要想提高销售净利率，一方面要扩大销售收入，另一方面要降低成本费用。

资产周转率是反映企业通过资产运营实现销售收入能力的指标。影响资产周转率的一个重要因素是资产总额，还需要对影响资产周转的各因素进行分析。除了对资产的各构成部分从占用量上是否合理进行分析外，还可以通过对流动资产周转率、存货周转率、应收账款周转率等有关资产组成部分使用效率的分析，判明影响资产周转的问题出在哪里。

再次，权益乘数表示企业负债程度，受资产负债率影响。企业负债程度越高，负债比率越大，权益乘数越高，说明企业有较高的负债程度，给企业带来较多的杠杆利益，同时也给企业带来了较多的风险。

权益乘数对净资产收益率具有倍率影响，反映了财务杠杆对利润水平的影响。财务杠杆具有正反两方面的作用。在收益较好的经营周期，它可以使股东获得的潜在报酬增加，但股东要承担因负债增加而引起的风险；在收益不好的经营周期，则可能使股东潜在的报酬下降。当然，从投资者角度而言，只要资产报酬率高于借贷资本利息率，负债比率越高越好。企业的经营者则应审时度势，全面考虑，在制定借入资本决策时，必须充分估计预期的利润和增加的风险，在二者之间权衡，从而做出正确决策。在资产总额不变的条件下，适度开展负债经营，可以减少所有者权益所占的份额，达到提高净资产收益率的目的。最终不断把“蛋糕做大”，促进企业成长，拓宽企业发展空间。

【例8－1】升隆达公司属于饮料制造业，公司2010年股东权益报酬率为27.38%，高于同业9.21%的平均水平。从决定股东权益报酬率的3项要素即销售净利润率、资产管理效率和权益乘数来看，该公司的销售净利润率为19.42%，而同业平均水平为14.22%，说明每1元销售收入带来的净利润较高；该公司流动资产周转率为每年0.9281次，而同业平均水平0.4554次，前者是后者的2.04倍，说明公司销售情况良好，单位资产创造收入的能力较高；公司权益乘数为1.44倍，同业平均水平同样为1.44倍，说明公司负债程度为行业平均水平，财务风险不大。

进一步研究发现：其毛利率为51.16%，而同业平均水平为42.7%，前者高出后者8.46个百分点；其存货周转天数为149.43天，而同业平均水平为285.32天，前者比后者短135.89天；其应收账款的平均周转天数为5.44天，而同业平均水平为85.74天，前者比后者短80.3天；其营业周期为149.72天，行业平均为316.89天，前者比后者短167.17天。说明该公司的盈利能力和资产管理效率较高。结论是，该公司的股东权益报酬率高于同业平均水平是因为其盈利能力和资产管理效率都高于同业平均水平。

三、杜邦财务分析体系在实际应用中应注意的问题

1. 杜邦分析应用的财务指标反映的是企业过去的经营业绩，衡量工业时代的企业能够满足要求。但在目前的信息时代，顾客、供应商、雇员、技术创新等因素对企业经营业绩的影响越来越大，而杜邦分析法在这些方面是无能为力的。

2. 杜邦分析对短期财务结果过分重视，有可能助长公司管理层的短期行为，因而会忽略企业长期的价值创造，要避免此种应用行为。

3. 企业的无形资产对提高企业长期竞争力至关重要，杜邦分析法却不能解决无形资产的估值问题，改进后的杜邦分析和传统杜邦分析都做不到。

第三节　沃尔比重分析法

一、沃尔比重分析法的基本思路

（一）沃尔比重分析法的特点

沃尔比重分析法也称沃尔比重评分法，是指将选定的财务比率用线性关系结合起来，并分别给定各自的分数比重，然后通过与标准比率进行比较，确定各项指标的得分及总体指标的累计分数，从而对企业的信用水平作出评价的方法。

1928年，亚历山大·沃尔（Alexander. Wole）在其编著的《财务报表比率分析》中首

次提出了综合比率评价体系，即把若干个财务比率用线性关系结合起来，以此来评价企业的财务状况和信用水平。他选择了7个财务比率即流动比率、产权比率、固定资产比率、存货周转率、应收账款周转率、固定资产周转率和自有资金周转率，分别给定各指标的比重，然后确定标准比率（以行业平均数为基础），将实际比率与标准比率相比，得出相对比率，将此相对比率与各指标比重相乘，得出总评分。

（二）沃尔比重分析法的基本思路

通过上市公司各项指标与行业平均值的比较分析，给予综合评分，并按档次评定其财务水平级别，从而反映企业位于行业中的经营管理水平。

沃尔比重分析法评价指标体系如表8-1所示。

表8-1　　沃尔比重分析法评价指标体系表

指标类型	具体指标	重要性系数
（一）偿债能力	1. 流动比率	0.06
	2. 速动比率	0.05
（二）财务杠杆	1. 资产负债率	0.06
	2. 已获利息倍数	0.05
（三）盈利能力	1. 销售利润率	0.09
	2. 毛利率	0.05
（四）投资报酬率	1. 总资产报酬率	0.08
	2. 股东权益报酬率	0.20
（五）经营效率	1. 流动资产周转率	0.09
	2. 营业周期	0.09
（六）成长性	1. 三年净利润平均增长率	0.09
	2. 三年销售平均增长率	0.09
合　　计		1

评价方法：

1. 确定评价标准值。在确定好评价体系指标之后，确定评价标准值。其标准值是依据上市公司同行业、同一时期、同一指标而计算出的平均值。

2. 计算关系比率。计算本企业财务各项指标的实际值，将实际值与标准值相比，得出关系比率。其中：如果$\frac{实际值}{标准值}<1$，关系比率$=\frac{实际值}{标准值}$。如果$\frac{实际值}{标准值}\geqslant 1$，关系比率=1

3. 计算综合系数。计算各项指标的综合系数。这一综合系数可作为综合评价财务状况的依据。各项比率的综合系数=各项指标的关系比率×重要性系数。

$$综合系数的合计数=\sum 各项比率的综合系数\leqslant 1$$

4. 给出评分。按100分制对某一企业进行沃尔比重分析法综合评分，各项比率的得分=该比率综合系数×100，企业综合评分=综合系数合计×100，综合评价结果按A、B、C、D、E（或优、良、中、低、差）五档划分如下：

优（A）：综合评价得分达到85分以上（含85分）；

良（B）：综合评价得分达到70～85分以上（含70分）；

中（C）：综合评价得分达到50～70分以上（含50分）；

低（D）：综合评价得分达到40～50分以上（含40分）；

差（E）：综合评价得分达到40分以下。

二、沃尔比重分析法的运用

（一）沃尔分析法的基本步骤

1. 选择评价指标并分配指标权重；
2. 根据各项财务比率的重要程度，确定其标准评分值；
3. 确定各项评价指标的标准值；
4. 对各项评价指标计分并计算综合分数；
5. 形成评价结果。

（二）沃尔分析法的运用

【例8-2】我们以上述沃尔比重分析方法对升隆达公司2010年的财务业绩综合评分（见表8-2）。

表8-2　　升隆达公司2010年财务业绩的沃尔比重法分值

具体指标①	实际值②	平均值③	关系比率 ④=②/③	重要性 系数⑤	综合系数 ⑥=④×⑤	得分 ⑦=⑥×100
流动比率（%）	211.73	240.42	0.8807	0.06	0.0528	5.28
速动比率（%）	141.6	166.63	0.8498	0.05	0.0425	4.25
资产负债率（%）	30.63	30.64	1	0.06	0.06	6.00
已获利息倍数	n/a	21	1	0.05	0.05	5.00
销售净利润率（%）	19.42	14.22	1	0.09	0.09	9.00
毛利率（%）	51.16	42.7	1	0.05	0.05	5.00
总资产报酬率（%）	23.63	8.64	1	0.08	0.08	8.00
股东权益报酬率（%）	27.38	9.21	1	0.20	0.20	20.00
流动资产周转率（%）	0.9281	0.4554	1	0.09	0.09	9.00

续表

具体指标①	实际值②	平均值③	关系比率 ④=②/③	重要性 系数⑤	综合系数 ⑥=④×⑤	得分 ⑦=⑥×100
营业周期（天数）	149.72	316.89	1	0.09	0.09	9.00
三年净利润平均增长率（%）	31.05	1.4	1	0.09	0.09	9.00
三年销售平均增长率（%）	21.5	6.78	1	0.09	0.09	9.00
合　计				1		98.53

注：

1. 升隆达公司2010年的利息费用为0，已获利息倍数无值，此时可理解为倍数为正的无穷大，关系比率可取1。

2. 营业周期实际值小于或等于行业平均值，关系比率=1；反之，关系比率=平均值/实际值。

3. 当其他指标的实际值≥平均值时，关系比率=1；反之，关系比率=实际值/平均值。

4. 上述平均值为北京开元通宝软件技术有限公司《股筛》软件提供的同业上市公司对应财务指标的平均数。

按上述沃尔比重分析方法，我们可得升隆达公司的综合财务评分为98.53分，为同业中的优秀企业。

三、沃尔比重分析法在实际应用中应注意的问题

沃尔比重分析在给企业做绩效评价时，有一定的局限性。比如，在评介体系指标的选取上，只有12种指标可供选择；权重设计的合理性有待进一步完善。另外，受它自身方法的限制，基准值取行业平均数为标准，超过了就取满分，很难判断平均水平以上的企业中的优秀企业。因此，在运用沃尔比重分析时，投资者对其所作出的结论应谨慎判断。

由于各项评价指标的得分=各项指标的权重×（指标的实际值÷指标的标准值），就意味着当某项指标实际值大于标准值时，该指标的得分就会越高。在实务中，有些指标可能是低于标准值才是代表理想值。但是，用该公式计算出来的分数却是低于标准分，显然与实际不符。因此，在指标选择上，应注意评价指标的同向性，对于不同向的指标应进行同向化处理或是选择其他替代指标，例如资产负债率就可以用其倒数的值来代替。

其次，当某一个指标值严重异常时，会对总评分产生不合逻辑的重大影响。例如，当某一单项指标的实际值畸高时，会导致最后总分大幅度增加，掩盖了情况不良的指标，从而出现“一美遮百丑”的现象。

第四节　上市公司审计报告及其分析

一、上市公司审计报告

（一）审计报告的含义

审计报告是指注册会计师根据独立审计准则的规定，在实施审计工作的基础上对被审计

单位财务报表发表审计意见的书面文件。它是对财务收支、经营成果和经济活动全面审查后作出的客观评价，用于向公司董事会、全体股东及社会公众报告公司的财务运行情况，是审计工作的最终结果。

（二）审计报告与财务报告的关系

财务报告是反映企业财务状况和经营成果的书面文件，包括资产负债表、利润表、现金流量表、所有者权益变动表、附表及会计报表附注和财务情况说明书。

财务报告向投资者提供公司财务状况、经营成果与资金变动等方面的信息。注册会计师按独立审计原则提供的审计报告，对财务报告的质量作出专业的评判。审计报告的重要作用是对财务报告的合法性、公允性和一贯性加以鉴证。没有注册会计师鉴证，财务报告的可信性及使用价值就会打折扣。审计报告的正确性取决于两个方面：一是审计证据的充分与可靠；二是审计结论或意见的适当表述。财务报告是由公司经营管理层编制和提供的，如果没有注册会计师对其审计、监督，财务报告提供信息的可靠性、真实性就值得怀疑。财务报告的使用者就可能在不可靠信息的指引下作出错误的判断与决策。

审计报告是审计工作的结果。注册会计师以第三者身份，对企业或有关组织管理当局提供的财务报表进行检查，并对财务报表的合法性、公允性和一贯性作出独立鉴证，以增强财务报表的可信性。审计报告只是注册会计师表述审计结论的手段，它本身不包括被审计企业或组织的财务信息或具体数据资料，不能代替财务报表。审计报告与财务报表是属于性质不同的两种报告文件。

审计报告又与财务报告密切相关。财务报告属于审计对象，其编制质量的最终责任是由企业或管理当局而非注册会计师来承担。注册会计师的责任只限于审查财务报告的合法性、公允性和一贯性。根据审查结果，注册会计师可以发表不同形式的审计报告来表达意见，但他无权修改或编制财务报告。它们相互依存，通常要同时并列呈送委托人或正式对外公布。

（三）审计报告的内容与格式

1. 标题。审计报告的标题统一规范为“审计报告”。

2. 收件人。审计报告的收件人是指审计业务委托人。审计报告应当载明收件人的全称，如“××股份有限公司全体股东”、“××有限责任公司董事会”等。

3. 范围段。审计报告的范围段应当说明以下内容：

（1）已审计财务报表的名称、反映的日期或期间；

（2）会计责任和审计责任；

（3）审计依据，即“中国注册会计师独立审计准则”；

（4）已实施的主要审计程序。

4. 意见段。审计报告的意见段应说明以下内容：

（1）财务报表的编制是否符合现行《企业会计准则》和国家其他有关财务会计法规的规定；

（2）财务报表在所有重大方面是否公允地反映了被审计单位资产负债表日的财务状况和所审计期间的经营成果、现金流量情况；

（3）会计处理方法的选用是否遵循了一贯性原则。

5. 说明段。当注册会计师出具保留意见、否定意见或拒绝表示意见的审计报告时，应当在范围段和意见段之间增加一个说明段，清晰地说明所持意见的理由，并在可能的情况下，指出其对财务报表反映的影响程度。

当注册会计师出具无保留意见（或保留意见）的审计报告时，如果认为必要，可以在意见段之后，增加对重要事项的说明。

6. 签章和审计组织地址。

7. 报告日期。审计报告日期是指注册会计师完成外勤审计工作的日期。

（四）审计报告的基本类型

审计报告按照审计意见可以分为四类：无保留意见的审计报告、保留意见的审计报告、否定意见的审计报告和拒绝表示意见的审计报告。

它们一般可以分为标准审计意见和非标准审计意见两大类。前者指的是无保留审计意见，而后者包括带说明段的无保留审计意见、保留意见、拒绝表示意见和否定意见四种情况。

1. 无保留意见的审计报告。

（1）标准无保留意见的审计报告。同时满足下列条件时，注册会计师应出具标准无保留意见的审计报告：

① 财务报表的编制符合现行《企业会计准则》和国家其他有关财务会计法规的规定；

② 财务报表在所有重大方面公允地反映了被审计单位的财务状况、经营成果和现金流量情况；

③ 会计处理方法的选用符合一贯性原则；

④ 注册会计师已按照审计准则的要求，实施了必要的审计程序，在审计过程中未受阻碍和限制；

⑤ 不存在应调整而被审计单位未予调整的重要事项。

（2）带说明段的无保留意见的审计报告。在审计过程中，有些情况的出现并不影响注册会计师出具无保留意见的审计报告，但当存在这些情况时，注册会计师一般应在意见段后面增加说明段予以强调或说明。有必要在说明段中加以强调或说明的重要事项主要包括：

① 重大不确定事项。

② 一贯性的例外事项。

③ 注册会计师同意偏离已颁布的会计准则。在某些特殊情况下，注册会计师会认为被审计单位的某项重要处理偏离会计准则是必要的，可以更公允地反映经济业务的性质，避免财务报表使用者的误解。如服装生产企业的缝纫机，单位价值多数低于 2 000 元，如依制度规定只能属于低值易耗品，不能列入固定资产。但若将其列为固定资产，显然更公允地反映经济业务的性质，注册会计师应予支持。

④ 强调某一事项。

⑤ 涉及其他注册会计师的工作。注册会计师有时要依赖其他单位的注册会计师代为完成部分审计工作。如果对其他注册会计师的工作无法进行复查，或由其他注册会计师代为完成的部分在整个财务报表中很重要，则应在审计报告意见段后面增加说明段，以说明其他注册会计师的工作。

2. 保留意见的审计报告。存在下述情况之一时，应出具保留意见的审计报告：

（1）个别重要财务会计事项的处理或个别重要财务报表项目的编制不符合现行《企业会计准则》及国家其他有关财务会计法规的规定，被审计单位拒绝进行调整。

（2）因审计范围受到重要的局部限制，使注册会计师无法按照审计准则的要求取得应有的审计证据。

（3）个别重要会计处理方法的选用不符合一贯性原则。

3. 否定意见的审计报告。当未调整事项、未确定事项、违反一贯性原则的事项等对财务报表的影响程度在一定范围时，注册会计师可以发表保留意见。但如果这些事项的性质十分严重，或者其影响程度超出了一定的范围，以至于整个财务报表无法被接受时，注册会计师就应当出具否定意见的审计报告。

存在下述情况之一时，应当出具否定意见的审计报告：

（1）会计处理方法的选用严重违反了现行企业会计准则及国家有关财务会计法规的规定，被审计单位拒绝进行调整。

（2）财务报表严重歪曲了被审计单位的财务状况、经营成果和现金流量情况，被审计单位拒绝进行调整。

4. 拒绝表示意见的审计报告。当注册会计师由于某些限制而不能对某些重要事项取得证据，没有完成取证工作，因而无法判断问题的归属时，就应当出具拒绝表示意见的审计报告。

拒绝表示意见也是一种审计意见，表达注册会计师因无法收集到充分、适当的审计证据，而对被审财务报表拒绝表示审计意见。它意味着注册会计师对被审计单位的财务报表不能发表意见，既不能有所保留，也不能加以肯定或否定。

应该说，拒绝表示意见的审计报告是各方都不愿意接受的审计报告，只有当注册会计师在审计过程中，由于受到委托人、被审计单位或客观环境的严重限制，不能获取必要的审计证据，以致无法对财务报表整体表示审计意见时，迫不得已才出具拒绝表示意见的审计报告。

二、对审计报告的财务分析

审计报告是注册会计师在对上市公司财务报表的合法性、公允性以及会计政策的一贯性进行审计后所出具的报告，投资者在阅读审计报告时须重点关注审计意见。关于审计报告类型的阐述表明注册会计师对公司年报或者中报的审计意见是非常重要的，我们可以从不同类型的审计意见报告中得到关于公司财务状况、经营成果和资金变动情况的重要信息。

1. 非标准类型审计报告的分析。以 2000 年度为例，据统计该年被出具非标准审计意见的公司有 157 家，占已公布年报公司 14.06%，其中带说明段的无保留审计意见的公司有 95 家，保留意见的公司有 48 家，拒绝表示意见公司 13 家，否定意见公司 1 家。通过对 2000 年报被出具非标准审计意见的事项进行分析，可以发现如下几个方面是注册会计师出具非标准审计意见的焦点。

（1）重大事项的说明。注册会计师对这些重大事项的说明主要是在审计意见中的说明段中反映，具体事项有募集资金项目暂不实施或停产，未决诉讼，或有事项，资产转让或关联购销手续不全，违法事项引致公司报表调整。如涉嫌厦门远华案的厦门国贸，2001 年 2 月 25 日，厦门市中级人民法院就该公司在 1996 ~ 1998 年期间走私普通货物判处公司罚金 4 000万元，公司将上述罚金作为以前年度损益调整入账，追溯调整相应年度的财务报表。注册会计师为此在审计报告中加注了说明段。

（2）上市公司损益的确定。上市公司损益的确定是注册会计师与上市公司关注的焦点，注册会计师在对上市公司财务报表进行审计后，根据重要性原则确定所出具的审计意见或者为带说明段的无保留意见，或者为保留意见。通过对注册会计师所揭示的事项进行分析，我们可以发现提前或尽量多确认收入，减少费用或延长、停止费用摊销、转让亏损子公司或实现不良债权的转移、提前确认所得税返还收入、准备金计提不充分是注册会计师所主要关注的事项。

（3）上市公司资产质量的判定。资产是上市公司所拥有的赖以获取经济利益的资源，资产的质量关系到上市公司的持续盈利能力。审计意见中涉及资产质量的事项主要集中在两个方面，一是上市公司资产中存在的风险，其中以往来款项的质量最为堪忧。如某上市公司，截至 2010 年 12 月 31 日该上市公司的集团公司销售有限公司欠该上市公司货款 66 712 万元，而截至审计报告日该公司已连续 3 年亏损。二是资产的价值及其相关损益难以判定。如难以判定存货价值、资产的价值及其相关损益、应收款项的确认与收回、无形资产减值、长期投资和股权投资差额等。

（4）一贯性原则的例外事项。上市公司对会计事项的处理应当遵循一贯性原则，以提高财务报表的可比性。随着经营环境的变化，公司若变更其会计程序和方法，则应当在财务报表附注中予以充分披露。一贯性原则的例外事项主要包括会计核算方法的改变和报告主体的改变。

（5）持续经营能力。持续经营是会计核算的基本假设，近年来注册会计师对上市公司的持续经营能力也越来越关注，并根据上市公司的实际情况出具的不同类型的审计意见，具体有：

① 注册会计师在说明段中揭示上市公司的持续经营能力受到一定影响。

② 注册会计师对上市公司的持续经营能力仍存在疑虑。

③ 注册会计师对上市公司的持续经营的合理性难以判断。在 2000 年度被注册会计师出具发表拒绝表示审计意见的 13 家公司中，12 家公司均被指出存在持续经营的不确定性，如 × × 上市公司无法偿还到期债务，且已连续发生较大数额的亏损，该公司的持续经营将依赖于未来所实施的重大资产重组及其他措施。

④ 上市公司的持续经营能力已受到重大影响，注册会计师出具否定意见。2010 年 × × 上市公司被出具否定意见，注册会计师在其审计报告中指出，“由于贵公司或有事项、承诺事项及重大事项涉及金额巨大，且贵公司 2007 年度、2008 年度、2009 年度及 2010 年度产生巨额亏损，导致贵公司 2010 年 12 月 31 日的净资产为负数，主要财务指标显示其财务状况严重恶化，存在巨额逾期债务无法偿还，因此贵公司的持续经营能力已受到极大影响。”

（6）审计范围受到限制。由于审计范围受到限制，注册会计师无从判定相关事项对公司财务状况和经营成果的影响程度。引起审计范围受到限制的事项有：由于客观条件所限，财务管理混乱，境外限制及其他限制；由于公司法律诉讼事项较多，众多资产被查、拍卖以及存在其他资产负债事项的不确定性。而该公司未能提供相关完整的资料，以致无法实施必要的审计程序。

（7）法人治理结构。对于上市公司法人治理结构中存在的一些现象，注册会计师也在审计意见中多有涉及。

综上所述，审计意见有很高的信息含量，审计意见的严厉程度与公司的财务状况呈现一致，相关性很高。可以这样说，审计报告类别越“严厉”，公司资产负债率越高，资产的流动性、盈利能力和投资报酬率越差。

2. 标准无保留意见的审计报告。在我国，会计信息失真已成为一种社会公害。最早的就是深圳的“原野事件”，典型的有1996年的“渤海事件”，1997年的“琼民源事件”，1998年的“红光事件”等。这说明，一些标准无保留意见的审计报告需要深入分析。

例如：××公司2010年度报告，董事会在“重要提示”一栏声称：“会计师事务所为本公司出具了标准无保留意见的审计报告。”但公司的财务信息还是存在一定程度的失真。该公司2010年度利润主要来自“投资收益”，即在投资收益项下列示的转让××上海房地产公司与××进出口公司股权获得的收益2.55亿元。但是，在年报中载有如下文字：“本公司出售××上海房地产开发公司和××进出口公司股权”，“目前正在按规定办理有关手续”。参照财政部有关企业在购并、债务重组过程中对购并日、重组日必须是有关手续办理完毕或行为完成日的规定，可以确认上述行为在报告期不属于“实际发生”的经济业务事项。这意味着××公司的2010年度财务报表有通过提前确认利润操纵盈余的嫌疑。

第五节 上市公司综合财务分析的局限性

一、上市公司综合财务分析的局限性

对上市公司的财务报表进行分析对于我们全面地把握公司的财务情况和感知其未来无疑具有重要的意义，但是我们也应清醒地认识到财务报表分析的局限性。

1. 历史成本的原则所导致的资产和成本不是按现行价值反映的。在通货膨胀的情况下，有可能引起资产报酬率或权益报酬率的高估。另外，历史成本的原则还导致对同业新老企业进行比较的困难。

2. 公司的本期财务比率应与同业平均水平比较，还是与更高的行业标准值比较。

3. 同业中不同产品和细分市场的公司之间的比较问题。如同属建材行业的玻璃生产企业和玻璃纤维生产企业的比较。

4. 报表信息并未完全反映企业可以利用的经济资源。如人力资源和企业自身的商誉在资产负债表上没有反映，然而它们却又是企业所拥有的重大资源。

5. 企业会计政策运用上的差异使企业自身的历史与未来的对比、企业间的对比出现问题。

6. 企业对会计信息的操纵可能会误导报表使用者。如年底时通过加紧回收应收账款并偿还应付账款来改善时点上的“流动性”。

7. 历史是否代表或预示未来。财务报表反映的是企业的过去，而我们分析企业的目的是为了了解其目前的情况和感知其未来的发展。如果上市公司报告之间的时间间隔太长，那

么信息对于报表使用者的相关性就越小；处于环境变化很快的行业中的企业，历史的数据对于我们判断未来的适用性也将降低。

8. 会计估计的普遍存在，会计原则之间的矛盾。折旧政策的制定、坏账准备、短期投资跌价损失准备等的计提都需要人们作出判断和估计，而不同的人，即使都是专业人士可能对同一经济事项作出不同的判断和估计。另外，财务会计的基本假设和原则之间存在天然的矛盾，内在逻辑并不完全一致。

二、综合财务分析应注意的问题

尽管经过几十年的发展，综合财务分析的方法已日臻完善，但进行上市公司财务分析时仍需注意下列问题：

1. 不同上市公司采取的会计政策不相同。例如，某上市公司采取的固定资产折旧政策在同业上市公司中是比较谨慎的，即其年折旧率比其他钢铁公司要高。这势必影响该公司与其他公司盈利能力的可比性。

2. 不同公司所处的行业不同。不同行业有不同的风险和收益特征以及不同的成长性。如通讯及相关设备制造业市场的成长性在目前国内行业中是排第一位的，但是经营现金流量严重匮乏。而交通运输辅助业的市场成长性适中，而经营现金流量充裕。因此，将处于不同行业的上市公司相比较时，应注意行业的不同风险、收益和成长性特征。

3. 非财务信息的作用。上市公司之间，即使是同业间的比较，仅仅看它们之间财务上的差异是不够的，我们还应该注意它们在管理团队、员工素质、核心技术的掌握、产品的先进性和营销渠道等方面的差别。

复习思考题

1. 上市公司常用的综合财务分析方法有哪些？
2. 杜邦分析法的基本思路是怎样的，如何运用？
3. 应用杜邦财务分析体系应注意哪些问题？
4. 沃尔比重分析法的基本思路是怎样的，如何运用？
5. 应用沃尔比重分析法应注意哪些问题？
6. 如何对审计报告进行财务分析？
7. 上市公司综合财务分析的局限性有哪些？
8. 综合财务分析应注意哪些问题？

第九章　上市公司财务会计报告的粉饰与识别

第一节　粉饰财务会计报告的动机

一、财务会计报告粉饰的含义

财务会计报告粉饰是指未能遵循财务会计报告标准，无意识或有意识地采用各种方式和手段歪曲地反映企业财务状况、经营成果和现金流量，对企业的经营活动情况做出不实陈述的会计报告，有目的地向信息使用者传递虚假的会计信息。纵览我国资本市场中的会计报表粉饰行为，几乎都是为了隐瞒真实信息，掩饰企业的财务状况、经营业绩及现金流量，向投资者传递所谓的“利好”消息，以非法牟取利益。

财务会计报告粉饰极具危害性，它不仅误导投资者和债权人，使他们根据失实的财务信息作出错误的判断和决策，而且会导致政府等监管部门不能及时发现、防范和化解企业集团和金融机构的财务风险。

自18世纪20年代英国“南海”公司出现的全世界第一例会计报表粉饰案，至20世纪30年代、60年代及21世纪初，美国遭受的一次次像“安然骗局”等一系列会计案件表明，会计报表粉饰问题已成为全球性证券市场的“毒瘤”。在我国的上市公司和拟上市公司中，粉饰会计报表的行为也相当普遍。先后出现的“琼民源”、“红光实业”、“大庆联谊”、“银广夏”等几宗会计报表粉饰大案，引起了社会对会计信息的真实性和“诚信原则”的广泛讨论。对于国有企业来说，从“中农信”倒闭、“株洲有色”巨亏，到中创集团、海南发展银行被接管，以及广东国际信托投资公司被关闭等，都从一个侧面暴露出会计报表粉饰的严重危害性。

有鉴于此，在财务报告的分析过程中，有必要对财务报告粉饰的动机、类型、常见手段和识别方法作出探讨，为报表的使用者正确判断和使用信息作出一定的指导。

二、财务会计报告粉饰的动机

（一）业绩考核动机

企业基于业绩考核而粉饰会计报表是其最常见的动机。企业的经营业绩考核分为企业内部考核和企业外部考核（如行业排行榜）。企业内部考核通常是比较相对数形式的财务指标，如利润（或扭亏）计划的完成情况、投资回报率、产值、销售收入、国有资产保值增值率、资产周转率、销售利润率等。企业外部考核则主要是根据绝对数形式的财务指标如销售收入、资产总额、利润总额等。而无论是相对数形式还是绝对数形式的财务指标，其最终来源都是会计报表中的数据。同时，在一些企业中，管理人员的工资水平、福利待遇等直接与其经营业绩相挂钩。在这些利益的驱动下，企业就难免要对其会计报表进行包装、粉饰。

（二）信贷融资动机

资金是企业运营所必不可少的资源之一。然而在我国，现在以至以后较长时间内仍然会是资金的卖方市场，企业普遍面临资金紧缺的难题。企业要想持续、有效运转，就必须想方设法筹资。与此同时，银行等金融机构出于风险考虑和自我保护的需要，在放款之前通常会对企业的经营情况、偿债能力进行分析，一般不愿意贷款给亏损企业和缺乏资信的企业。因此，为获得金融机构的信贷资金或其他供应商的商业信用，一些经营业绩欠佳、财务状况不健全的企业，难免要对其会计报表修饰打扮一番。

（三）降低税收动机

所得税是在会计利润的基础上，通过纳税调整，将会计利润调整为应纳税所得额，再乘以适用的所得税税率而得出的。因此，基于偷税、漏税、减少或推迟纳税等目的，企业往往对会计报表进行粉饰。当然，也有少数国有企业和上市公司，基于资金筹措和操纵股价的目的，有时甚至不惜虚构利润，多交所得税，以“证明”其盈利能力。

（四）股票发行动机

股票发行分为首次发行和后续发行（配股）。在首次发行情况下，根据《公司法》等法律法规的规定，企业必须连续 3 年盈利，且经营业绩要比较突出，才能通过证监会的审批。此外，股票发行价格的确定也与盈利能力有关。为了多募集资金，塑造优良业绩的形象。企业在设计股改方案时往往对会计报表进行粉饰。

（五）收入平衡动机

企业的利润水平是否稳定，在很大程度上决定了企业的股价、借款能力。各个会计年度利润相对平稳的企业往往比那些利润水平在各年度大起大落的企业更易引起投资者的兴趣。因此，企业管理当局为了使得企业的经营业绩看起来稳定，极可能粉饰其会计报表。

（六）间接利益动机

公司披露良好的盈利水平，其间接的经济利益是很明显的。首先，当公司面临被兼并或被收购的危机时，可以用良好的盈利能力和财务实力进行反兼并和反收购；其次，有利于维护、提高公司股票的价值，树立公司良好的形象；再次，与公司相关的各方会更有信心与公司合作，从而使公司在激烈的市场竞争中处于主动地位。

（七）推卸责任动机

一些企业更换高级管理人员时进行的离任审计，一般会暴露出许多问题。新任总经理就任当年，为明确责任或推卸责任，往往大刀阔斧地对陈年老账进行清理。典型的做法是把坏账、积压存货、长期投资损失、闲置固定资产、待处理财产损失等所谓虚拟资产一次性处理为损失，导致当期利益大幅降低。在会计准则、会计制度发生重大变化时，不少公司也会提前消化潜亏，并将责任归咎于新的会计准则和会计制度。另外一些企业在发生自然灾害，或高级管理人员卷入经济案件时，企业也很可能粉饰会计报表。

（八）政治动机

从某种意义上说，国有企业扭亏为盈、创造良好经营业绩已成为一项政治任务。对于厂长经理而言，完成这项任务可能意味着仕途光明，否则可能会职位难保，甚至下岗分流。在这种政治压力下，一些国有企业很有可能会粉饰其会计报表。

第二节　粉饰财务会计报告的常见手段

在上一节中，我们介绍了上市公司粉饰财务报告的动机，接下来，我们将讨论粉饰财务会计报告的常见类型和手段。

一、财务会计报告粉饰的类型

1. 粉饰经营业绩。

（1）利润最大化。这种类型的财务报告粉饰在上市前一年和上市当年尤其明显。典型做法是提前确认收入、推迟结转成本、亏损挂账、资产重组和关联交易。

（2）利润最小化。当企业达不到经营目标或上市公司可能出现连续 3 年亏损，面临被摘牌时，采用这种类型的财务报告粉饰就不足为奇了。典型做法是推迟确认收入、提前结转成本和转移价格。

（3）利润均衡化。企业为了塑造绩优股的形象或获得较高的信用等级评定，往往采用这种类型的财务报告粉饰。典型做法是：利用其他应收、应付款、待摊费用、递延资产、预提费用等科目调节利润，精心策划利润稳步增长的趋势。

（4）利润清洗。利润清洗亦称巨额冲销。当企业更换法定代表人，新任法定代表人为了明确或推卸责任，往往采用这种类型的财务报告粉饰。典型做法是将坏账、存货积压、长期投资损失、闲置固定资产、待处理流动资产和待处理固定资产等所谓虚拟资产一次性处理为损失。

2. 粉饰财务状况。

（1）高估资产。当对外投资和进行股份制改组，企业往往倾向于高估资产，以便获得较大比例的股权。典型做法是编造理由进行资产评估、虚构业务交易和利润。

（2）低估负债。企业贷款或发行债权时，为了证明其财务风险较低，通常有低估负债的欲望。典型做法是账外账或将负债隐匿在关联企业。

值得注意的是，财务报告粉饰的动机决定财务报告粉饰的类型。基于业绩考核、获取信贷资金、发行股票和政治目的，财务报告粉饰一般以利润最大化、利润均衡化的形式出现；基于纳税和推卸责任等目的，财务报告粉饰一般以利润最小化和利润清洗的形式出现。就国有企业和上市公司而言，危害性最大的财务报告粉饰是利润最大化，即所谓的虚盈实亏、隐瞒负债。

二、财务会计报告粉饰的常见手段

财务会计报告粉饰的常见手段主要包括以下几种：

（一）操纵收入确认

一些上市公司为了在年度结束后能交给股东一份“满意”的答卷，往往借助时间差调节利润。传统的做法是在12月份虚开发票，次年再以质量不合格为由冲回。较为高明的做法是，借助与第三方签订“卖断”收益权的协议，提前确认收入。

（二）利用资产评估消除潜亏

按照会计制度的规定和谨慎原则，企业的潜亏应当依照法定程序，通过利润表予以体现。然而，我国现在的各种规章制度建设太过落后，致使许多企业，特别是国有企业，往往在股份制改组、对外投资、租赁、抵押时，通过资产评估，将坏账、滞销和毁损存货、长期投资损失、固定资产损失以及递延资产等潜亏确认为评估减值，冲抵“资本公积”，从而达到粉饰会计报表，虚增利润的目的。

（三）利用其他应收应付款科目

其他应收款、其他应付款是会计报表的“垃圾桶”（用于隐藏潜亏）和“聚宝盆”（用于隐瞒利润）。正常情况下，期末余额不会太大，但有些公司这两个账户的余额甚至超过应收账款、应付账款的余额。这说明很可能利用其隐藏潜亏、关联交易、费用挂账，抬高或压低利润。

（四）利用各种“利润调节器”

由于当期利润水平较高，企业试图平滑各年利润水平或基于某种目的，加大当年亏损，将以后年度的损失考虑足够。减轻以后年度的费用负担，以使以后年度出现较高的盈利水平。

（五）会计估计变更

对不确定的交易或事项以最近可利用的信息所做的判断。需要做出会计估计的交易有：固定资产残余价值、坏账准备的计提比率、折旧的年限、无形资产摊销年限、应付债券溢折价的摊销、或有事项的估计等。由于会计估计需要运用职业判断，会计估计变更会用来粉饰报告。

（六）利用关联交易调节利润

我国的许多上市公司由国有企业改组而成，在股票发行额度有限的情况下，上市公司往往通过对国有企业局部改组的方式设立。股份制改组后，上市公司与改组前的母公司及母公司控制的其他子公司之间普遍存在着错综复杂的关联关系和关联交易。所以，利用关联交易粉饰会计报表，调节利润已成为上市公司乐此不疲的“游戏”。利用关联交易调节利润，其主要方式包括：⑴虚构经济业务，人为抬高上市公司业务和效益。⑵用大大高于或低于市场价格的方式，进行购销活动、资产置换和股权置换。⑶以“旱涝保收”的方式委托经营或受托经营，抬高上市公司经营业绩。⑷低息或高息发生资金往来，调节财务费用。虽然不能肯定这些关联企业间资金拆借利率是否合理，但有一点是可以肯定的——这些公司的利润主要来源于与关联企业资金往来的利息收入。

（七）利用资本经营

资本经营作为一种全新的经营方式，涵盖资产重组、财务重组、资本重组，试图以价值管理为红线通盘考虑企业的价值资源，通过兼并、租赁、收购、上市、托管等，达到资本不断增值、企业财富最大化。

（八）利用补贴收入

补贴收入的主要形式有税收优惠、财政补贴、利息减免以及资产优惠。政府对某些公司的补贴由于没有成本，直接作为企业利润的组成部分，对公司业绩的提高起到立竿见影之效。但它只是偶然所得，不具持续性，并不能代表企业的长期获利能力和发展能力。

第三节　财务会计报告粉饰的识别方法

一、财务报告会计粉饰的识别方法

面对着纷繁复杂的粉饰财务会计报告手段，不论是市场的投资者，还是审计人员，或者是财务管理人员，只有努力掌握财务会计报告粉饰的识别方法，练就一双“火眼金睛”，才能保障自身的利益不受损害。本节将介绍几种重要的财务会计报告粉饰的识别方法①。

（一）异常利润剔除法

异常利润剔除法是指将其他业务利润、投资收益、补贴收入、营业外收入从企业的利润总额中剔除，以分析和评价企业。要求科学地协调税费关系，建立合理的租、税、费体系。首先，加快税费调整，改变税费体系混乱的局面。保留补偿性、资源性和证照性的收费项目，对一部分纳入国家预算、管理比较规范的基金和收费项目亦可考虑保留，实行基金化管理。

（二）不良资产剔除法

这里所说的“不良资产”除包括待摊费用、待处理流动资产净损失、待处理固定资产

① 参考钮长生著：《上市公司财务报告粉饰的手段识别与防范研究》，载于《中国乡镇企业会计》2007 年第 11 期；孔平果著：《上市公司财务报告粉饰常见手段及防范》，载于《煤炭经济研究》2005 年第 6 期；邵晓玲著：《会计报表粉饰：手段及其对策》，载于《商业研究》2006 年第 15 期。

净损失、开办费、长期待摊费用等虚拟资产项目外，还包括可能产生潜亏的资产项目，如高龄应收账款、存货跌价和积压损失、投资损失、固定资产损失等。不良资产剔除法的运用，一是将不良资产总额与净资产比较，如果不良资产总额接近或超过净资产，既说明企业的持续经营能力可能有问题，也可能表明企业在过去几年因人为夸大利润而形成“资产泡沫”；二是将当期不良资产的增加额和增减幅度与当期的利润总额和利润增减幅度比较，如果不良资产的增加额及增加幅度超过利润总额的增加额及增加幅度，说明企业当期的利润表有“水分”。

（三）现金流量分析法

现金流量分析法是指将经营活动产生的现金净流量、投资活动产生的现金净流量、现金净流量分别与主营业务利润、投资收益和净利润进行比较分析，以判断企业的主营业务利润、投资收益和净利润的质量。一般而言，没有相应现金净流量的利润，其质量是不可靠的。如果企业的现金净流量长期低于净利润，将意味着与已经确认为利润相对应的资产可能属于不能转化为现金流量的虚拟资产，表明企业可能存在着粉饰会计报表的现象。

（四）关联交易剔除法

关联交易剔除法是指将来自关联企业的营业收入和利润总额予以剔除，分析某一特定企业的盈利能力在多大程度上依赖于关联企业，以判断这一企业的盈利基础是否扎实、利润来源是否稳定。如果企业的营业收入和利润主要来源于关联企业，会计信息使用者就应当特别关注关联交易的定价政策，分析企业是否以不等价交换的方式与关联方发生交易进行会计报表粉饰。关联交易剔除法的延伸运用是，将上市公司的会计报表与其母公司编制的合并会计报表进行对比分析。如果母公司合并会计报表的利润总额（应剔除上市公司的利润总额）大大低于上市公司的利润总额，就可能意味母公司通过关联交易将利润“包装注入”上市公司。

二、抑制财务会计报告粉饰的建议

从财务报告粉饰的动机看，要从根本上解决这一问题，需要从制度和机制上入手，做好如下工作：

1. 完善法人治理机构，加强股东等财务信息需求者参与监控的动机和能力。完善以法人治理机构为核心的产权制度是真实财务报告的先决条件和基础，只有完善的产权制度，才能使股东追求资本收益的最大化，形成与公司管理层之间经济的契约关系，进而形成真实财务报告的需求主体。可以从以下几个方面进行努力。

（1）健全董事会。公司董事会和董事要履行“委托人”职责，负责管好自己的执行机构。在董事会中引入独立董事，负责对董事提名、高级管理层的聘用、审计以及重大关联交易等事项表示意见。

（2）建立审计委员会。引入审计委员会这一机构，它主要由公司的非执行董事和监事组成，负责对公司活动进行监督，并拥有聘用注册会计师的决定权等，这一委员会直接隶属于董事会。

（3）建立股东对经营管理者的强力约束。股东会定期审议公司财务报告，严格评估经营管理者的经营业绩，并决定对经理的解聘撤换。

（4）建立董事会与经理层之间一种基于合约的委托代理关系，明文规定双方的责权利关系。

这4条措施将强化董事会、监事会监控工作的客观性，防止出现“内部人控制”，从而更好保护投资者的利益。

2. 完善业绩评价机制。为了解决目前对企业业绩的评价机制倚重于财务指标的缺陷，应增加考虑一些涉及企业持续经营能力等的财务和非财务会计指标，使代理人所得的利益与企业目标约束挂钩。如经营现金流量、生产经营活动的正常状态等。对此，美国董事协会曾对企业的业绩评价提出了如下因素：领导能力、战略规划、经营业绩、继任规划、人力资源管理与股东和所有当事人进行有效的沟通，与外部关系，与董事会、监事会的关系。

3. 改变激励措施，防止管理者的短期行为。为了防止经营管理者以损害公司长期利益和整体利益为代价追求短期利益和局部利益，对经营管理者的激励措施就是将长期绩效补偿与短期工薪支付分开。国际上现在通行的做法有延期支付奖金、对实现的超额利润按比例分成、以购股权证和赠送股票代替现金支付。

4. 完善会计准则和会计制度，压缩财务报告粉饰的空间。会计准则和会计制度留有过多的灵活性和真空地带是会计信息失真的重要前提。因此，防范会计信息失真，应对会计准则和会计制度加以完善。主要包括如下方面。

（1）适当增加财务报表附注，鼓励企业披露非财务信息。在会计发达国家，附注的长度已大大超过财务报表本身的长度，报表附注已构成财务报告体系十分重要的内容。由于附注对报表信息的可靠性和相关性都具有极其重要的影响，成为报表使用者正确理解报表数据和判断报表信息质量所不可或缺的组成部分。相比之下，我国现行财务附注的重要性和规范性显得不足，财务人员对此也不熟悉。还需指出的是，附注从形式到内容不应只限于财务信息，因为提示非财务信息是提高信息相关性的重要举措，而信息的可靠性也要通过附注加以检验。通过附注，企业还应揭示不确定性事项，以利报表使用者的决策。

（2）进一步完善与严格规范关联交易的披露。鉴于目前利用关联交易进行作假的现象，对于以不等价交换方式进行的所谓资产重组的关联交易，应当要求企业充分披露关系交易的定价依据、定价与公允价格的差异、账款结算方式和支付时间等。

（3）加强对现金流量信息的呈报和考核，增加财务数据的分析。现金流量可以反映企业的盈利质量、变现能力、偿债能力和财务弹性，其可靠性和相关性较高，现金流量已成为财务报告使用者日益关注的重要信息。而目前企业编制的现金流量表是年报，并且对此的考核与分析要求也不高，这就影响了可靠性和相关性，因此将“现金流量表”年报改为月报是必要的，也是可能的。

会计准则与会计制度的完善是一个长久的、渐进的过程，需要主管部门根据经济活动的发展及时调整。

5. 完善注册会计师制度。在确立财务报告可靠性、防范会计信息失真方面起着十分重要的作用。为此，我们需要在多方面予以完善。

（1）应加强法制及准则的建设，为注册会计师保持独立性和职业的应有谨慎提供技术标准。

（2）加强对注册会计师审计的监管，有利于提高审计质量。必须指出，业务监管是一项经常性工作，而不是突击性工作。因此，财政部门与注册会计师协会应加强监管，对发现的问题应依法及时处理。

（3）重新审视会计市场准入制度。由于当前会计市场存在的不正当竞争现象，一些事务所采用竞相压价的方法争夺市场，而事务所为了达到成本与收益的均衡，不惜降低审计质量。因此，应采用提高成本市场准入门槛的办法，促使会计师事务所兼并，达到上规模、上档次、上水平，净化执业环境，提高执业质量，发挥“经济警察”作用。

第四节　上市公司重组及其对报表的影响

随着我国市场经济的发展，企业内部及企业之间的资产重组、债务重组、资本重组、企业重组及债转股行为越来越多，涉及上市公司事项的报道更是屡见不鲜。不同的重组行为有区别也有联系。我国近年来资本市场上频频出现的资产重组，其内涵并不明确，更多情况下是指资本重组和企业重组。各种重组行为的动机及其对上市公司的影响是复杂和深远的。本节简单介绍有关重组的基本概念以及重组对上市公司报表的影响。

一、资产重组

从财务的角度来看，资产重组的目的在于企业资产的合理运用。因此，资产重组应当是指企业为了最大限度地发挥其各类资产的使用效能，对现有资产进行的存在形态、存在空间以及组合关系的调整。包括，改变企业现有资产不合理的空间组合，使之达到高效运营状态；将由于会计处理原因而在账面上不能反映其应有价值的资产，通过特定的交易来改变这种情况；将企业已经持有的股权变换为其他股权，以使企业持有股权的实际质量得到改善；将企业持有的债券转化为股权，以图企业相应资产的质量得到好转。

从报表角度讲，改变资产在上市公司内部的组合方式并不能直接使企业资产的账面价值提高，也就是说不存在对报表的影响。将由于会计处理原因而在账面上不能反映其应有价值的资产，通过一定的对外投资及转让过程，则可以使资产的账面价值得以调整并相应产生损益。

二、债务重组

债务重组的目的在于企业负债的偿还与转化。会计上，债务重组是指企业对其债务的偿还方式、偿还期限以及债务条件进行的重新安排。这个定义是一个广义概念上的债务重组。偿还方式的更改可以是由货币清偿改为实物清偿，或是将债务转化为资本（这又属于债转股）。偿还期限的更改，可以是将到期需要偿还的债务改变为延期偿还。债务条件的更改，可以是与债权人重新商谈利率条件。

我国现行会计准则对债务重组的定义是专指困境企业的债务重组。它是指债权人按照其与债务人达成的协议或法院的裁决同意债务人修改债务条件的事项。按现行会计准则，上市公司作为债务方或债权方，对债务重组的处理是不同的。

1. 债务人的会计处理。以低于债务账面价值的现金清偿某项债务的，债务人应将重组债务的账面价值与支付的现金之间的差额，确认为资本公积。以非现金资产清偿某项债务的，债务人应将重组债务的账面价值与转让的非现金资产账面价值和相关税费之和的差额，确认为资本公积或当期损失。以债务转为资本清偿某项债务的，债务人应将重组债务的账面价值与债权人因放弃债权而享有股权的份额之间的差额，确认为资本公积。以修改其他债务条件进行债务重组的，如果重组债务的账面价值大于将来应付金额，债务人应将重组债务的账面价值减记至将来应付金额，减记的金额确认为资本公积；如果重组债务的账面价值等于或小于将来应付金额，债务人不作账务处理。

如果修改后的债务条款涉及或有支出的，债务人应将或有支出包括在将来应付金额中。或有支出实际发生时，应冲减重组后债务的账面价值。结清债务时，或有支出如未发生，应将该或有支出的原估计金额确认为资本公积。

原来的债务重组会计准则允许债务方将债权人免除其部分的债务作为当期收益处理。然而，现行准则则不允许债务人将被免除的部分债务作为当期收益处理，仅能作为资本公积的增加。这样做的结果，使一些上市公司试图通过债务重组来粉饰利润的企图幻灭。

2. 债权人的会计处理。以低于债务账面价值的现金清偿某项债务的，债权人应将重组债权的账面价值与收到的现金之间的差额，确认为当期损失。以非现金资产清偿某项债务的，债权人应按重组债权的账面价值作为受让的非现金资产的入账价值。以债务转为资本清偿某项债务的，债权人应按重组债权的账面价值作为受让的股权的入账价值。

三、资本重组和企业重组

资本重组和企业重组是指上市公司对其现有资本在资本规模、股东之间的持股份额以及企业间资本组合的重新安排。其目的在于股东权益的改变。资本重组和企业重组的实际含义是一致的。

资本重组和企业重组的基本方式有：

1. 扩大股本，吸收新的股东入资；
2. 改变现有股东之间的持股比例；
3. 企业间的购并。包括吸收合并、创立合并、控股合并等。

四、债转股

债转股，就是原债权人、债务人双方的关系转变为投资人和被投资人的关系。对于债权人，债转股是指将其债权转化为对原债务企业的股权，在资产负债表上表现为应收款项减少，对外投资增加。对于债务人而言，债转股是指将其负债转化为本企业的股份，在资产负债表上表现为负债减少，股东权益增加。对上市公司来讲，正常情况下的债转股主要是发行可转化债券的企业的转股行为。概括地讲，债务方的上市公司在实施债转股后，如果因贷款规模导致计入利润表的总的财务费用下降，则企业会得以提高盈利能力。

对上市公司的重组行为的分析要注意重组公告和财务报告中披露的各种相关信息，特别是重组内容及方式；参与重组的各方及其关系；因重组而确认的损益、资本公积、资产、负债及股本的总额；或有支出和或有负债。另外，还有必要结合其他信息预测重组对上市公司的长远影响。

复习思考题

1. 财务会计报告粉饰的动机是什么？
2. 财务会计报告粉饰的类型有哪些？
3. 财务会计报告粉饰的常见手段有哪些？
4. 识别财务会计报告粉饰的方法有哪些？
5. 如何抑制财务会计报告粉饰？
6. 上市公司重组对报表有何影响？

第十章　上市公司内在价值的估计

第一节　内在价值与市场比率

一、公司估值

公司估值是指着眼于公司本身，对公司的内在价值进行评估。公司内在价值决定于公司的资产及其获利能力。公司估值是投融资、交易的前提。在当前中国企业收购、继任规划、私募股权投资或交易上市正在急剧增长的背景下，对于企业家而言，了解当前公司估值的“最佳实践方法”，以及各类方法的优势和不足，变得日益重要。在欧美发达市场经济国家的企业价值评估实务中，内在价值法在价值评估中占据核心地位；而基于有效市场理论的相对价值评估法由于其简洁和实用，一直成为企业价值评估中的主流方法。

公司估值主要在以下方面发挥作用：

（一）财务管理活动

股东财富最大化是上市公司的目标，财务决策会影响公司价值，而且正确的财务决策可以增加公司价值。意识到这一点，经理人就应该以股东财富最大化为目标，正确地做出财务决策，包括：接受什么样的项目，如何实现资本结构最优，实行什么样的股利政策等等，以保证自己决策的正确性，使这些决策能够增加企业价值。

（二）兼并与收购活动

公司价值评估对于一项收购中的收购企业和目标企业决定是否进行或者接受收购十分关键。合并与收购中的交易价格是收购企业和目标企业博弈的结果。在收购前，收购企业首先要估计目标公司的合理价格，并考虑公司合并会对两家公司的总价值产生什么影响。同理，对于目标公司而言，在接受或放弃某个标价之前，要对自己进行合理的定价。这就需要用到公司估值的知识。不仅如此，公司估值也广泛用于资产出售、资产重整和股份重购等重大交易的评价。

（三）投资活动

对于投资者而言，公司估值同样也具有重要的意义。价值评估对于不同投资者的作用是不一样的。相对于被动性投资者而言，价值评估对于主动性投资者的作用更大。例如，对于一个相信基础分析而非技术分析的基础分析师而言，价值评估的意义重大。基础分析师通过分析财务指标（包括成长预期、风险预测和现金流量）估计公司的内在价值，并寻找市场中被低估的证券和企业进行投资，以期望获得高于市场的收益率。

二、内在价值

内在价值又称为非使用价值，是指一家企业在其余下的寿命之中可以产生的现金流量的现值。内在价值是一个非常重要的概念，它是广大投资者进行投资决策的依据，也是市场管理者对上市公司进行监管的依据。

随着管理层对证券市场监管力度的加强，市场的投资理念发生了巨大的变化，以重视上市公司基本面，以价值发现、价值培育、价值提升和价值实现的价值投资理念逐渐成为市场的主流。因而，上市公司的内在价值越来越受到证券市场的投资者以及证券市场的管理层的极大关注。

企业的内在价值是未来现金流量的现值。决定企业内在价值的基本变量不是过去的账面资产价值和现在的账面盈余，而是企业未来获取自由现金流量的规模和速度。内在价值是估计值，而不是精确值，而且它还是在利率变化或者对未来现金流的预测修正、是必须改变的估计值。

由于公司内在价值是客观存在、动态变化的价值，并不存在一个能够精确计算出公司内在价值的公式，人们往往通过不同的估价方法和模型来衡量公司的内在价值。现有的估价方法包括现值法、可比公司比率法、期权估价法等。其中现值法又可分为现金流贴现法和会计收益贴现法；可比公司比率法又可分为市盈率法、股票价格/销售收入法、股票价格/账面价值法和股票价格/每股现金流法等。投资者可以根据行业发展及公司竞争地位等因素，构造出不同成长阶段和增长水平的多种估价模型；也可以根据股票市场可比公司的价格分布和构成，通过综合比较得出内在价值的评估值。由于各种估价方法各有利弊，评估结果往往呈现出一定的差异性。因此，投资者通常只能得到一个内在价值的分布区间，将公司的内在价值与公司的账面价值、清算价值和市场价值相比较，就可以基本确定公司股价的合理程度。

三、相对价值法与市场比率

估计企业的内在价值常用的模型是自由现金流量模型，该模型认为公司价值等于公司未来各年自由现金流量（这里的自由现金流量指的是实体自由现金流量）按照适当贴现率计算的现值之和，并由此扣除债权价值得出股权价值与股票价值。该模型假定公司面临一种相对完善的市场环境，即制度环境、经营环境是稳定的，公司持续经营，投资者具有理性一致预期等。如果难以得到为产生贴现率所需要的风险代用变量，就难以使用内在价值法。

以自由现金流量模型对公司进行估值的方法称为内在价值法，虽然在公司估值中理论界更加专注于内在价值法，然而在现实中，大多数上市公司估价都采用于相对价值评估法。因此我们要引入相对价值法与市场比率的概念。

与内在价值法不同的是，在进行公司估值时，相对价值法是利用可比企业的市场价值对自己进行估值。相对价值法的前提是该行业的其他公司和目标公司是可比较的，而且这些公司在一般情况下存在着合理的市场价格。

相对价值评估法通过使用各种乘数，把价格标准化后，任何资产的价值都能从相似的资产定价中得以确定。当大量的可比公司在资本市场上进行交易，并且市场对这些公司定价正确的话，相对价值评估就尤其有用。但是，如果市场是无效的，相对价值评估就缺乏市场基础；另外，如果市场对各种资产整体上的估价出现错误，那么以乘数为基础的估计将会有整体上被高估或低估的风险。相对价值法估算的结果是相对价值而非内在价值。由于其使用便利，在实务界得到了广泛应用。

这里所说的各种乘数，实际上就是相对价值法中一个重要的概念：市场比率。在进行估值时，可以选用不同的市场比率，包括 P/E ratios（市盈率）、P/BV ratios（市净率）和 P/S ratios（市销率）。选用不同的市场比率决定了采用不同的相对价值法，如市盈率估价法、市净率估价法、市销率估价法等等。

第二节　基于市场比率的内在价值估计方法

基于市场比率的内在价值估计方法也即是乘数估值法，它是利用类似企业的市场价来确定目标企业价值的一种评估方法。乘数估值法估算的结果是相对价值而非内在价值，由于这种方法便捷和实用，一直成为企业价值评估中的主流方法。乘数估值法根据价值驱动因素不同可以分为市盈率估价法（PE 估价法）、市净率估价法（PB 估价法）、市销率估价法（PS 估价法）、PEG 估值法与 EV/EBITDA 估值法等。在此我们介绍前 3 种最常用的股权市价比率模型。

一、乘数估值法的基本假设

（一）可比性假设

乘数估值法的前提是该行业的其他公司和目标公司是可比较的，而且这些公司在一般情况下存在着合理的市场价格，因为我们正是运用相关市场对另一相似企业支付的价格来估计自己的价值的。乘数估值法通过使用各种乘数，把价格标准化后，任何资产的价值都能从相似的资产定价中得以确定。当大量的可比公司在资本市场上进行交易，并且市场对这些公司定价正确的话，相对价值评估就尤其有用。但是，如果市场是无效的，相对价值评估就缺乏市场基础；另外，如果市场对各种资产整体上的估价出现错误，那么以乘数为基础的估计将会有整体上被高估或低估的风险。因此，这种方法的正确性依赖于目标公司与可比公司是否具有可比性，并且可比公司的定价是否正确。

（二）可比公司的选择①

选择可比公司最常用的方法是依靠行业分类。其理由是如果两个公司在同一行业，它们的现金流量将会反映类似的市场力量，将会高度相关。行业分类通常依据中国证券监督管理委员会（CSRC）行业分类和全球行业分类标准（GICS）。

① 参考布瑞特福特·康纳尔：《公司价值评估》，华夏出版社 2001 年版。

然而应该看到，行业分类只是一种粗糙的划分。同一行业的公司有可能千差万别。很可能两家公司都是制造企业，都有相同的行业分类编码。然而因为它们处于不同的生命周期，从而在公司规模、资本结构、产品结构、成长阶段以及管理模式等方面都可能相差甚远。因此，在行业分类的基础上，应该通过更多的信息来寻找可比企业。这些信息包括：产品、资本结构、管理深度、人事经验、竞争性质、盈利等等。评估师通常会利用证券分析师的报告，这可以克服零散地搜集信息所需要付出的成本。分析师的报告是比较权威的，除了提供有关目标公司的可靠数据，也详细列出了有关可比公司的情况。这类报告有时还会说明选择某些可比公司的原因，因此证券分析师的报告就比行业分类更有用。

当然，评估师还可以直接询问目标公司的经理来了解可比公司。因为经理们往往对自己以及自己的竞争对手和潜在的竞争对手最了解，在判断可比企业时有更丰富的经验。

最后，可比公司还会通过财务比率来寻找可比公司。这些作为评价标准的财务比率常常包括四类：变现能力比率、资产管理比率、负债比率以及盈利能力比率。相应的市价比率是除了四类财务比率之外的最重要的财务比率。如用市盈率法估价时一定要寻找市盈率相似的公司作为可比公司。若一个评估师通过一系列的研究为目标公司找出了一组可比公司样本。一般来说，预期这些可比公司与目标公司有着相类似的财务比率。但如果有的可比公司样本与目标公司表现出明显的差异，则剔除该公司作为可比公司样本。如果所选的可比公司样本的财务比率相差较大，则应重新选择可比公司样本，直到找到与目标公司财务比率相近的可比公司。

二、市盈率估价法

（一）方法介绍

市盈率法是指以行业平均市盈率（Price to Earnings ratio，简称 P/E ratios）来估计企业价值。该模型假设股票市价是每股净利的一定倍数，每股净利与股票价值同向变动，同类企业的市盈率相似，所以目标企业的每股价值等于每股净利乘以可比企业的平均市盈率计算。这里的“平均”通常是采用简单的算术平均。即：

$$目标企业的每股价值 = 可比企业平均市盈率 \times 目标企业的每股净利$$

需注意，市盈率 = 每股市价/每股净利，所以在计算目标企业的每股价值时，有两种选择：如果可比企业的市盈率的计算采用当期每股净利，得到的是本期市盈率，则目标企业的每股净利也要用当期的数据；如果可比企业的市盈率的计算采用的是预期每股净利，得到的是内在市盈率，则目标企业的每股净利也要采用预期的每股净利。从理论上说，如果目标企业的预期每股净利变动与可比企业相同，则根据本期市盈率和预期市盈率进行估价的结果是相同的。

（二）方法评价[①]

在应用市盈率法进行公司估值时，我们有必要了解该方法的优点和缺点。

① 参考中国注册会计师协会：《财务成本管理》，中国财政经济出版社 2011 年版。

市盈率估价法的优点如下：

（1）计算市盈率的数据容易取得，并且计算简单。

（2）市盈率把价格和收益联系起来，直观地反映投入和产出的关系。

（3）市盈率综合性高，涵盖了风险补偿率、增长率、股利支付率的影响。

市盈率估价法的缺点如下：

（1）如果收益是负值，市盈率就失去了意义。

（2）市盈率除了受企业本身基本面的影响以外，还受到整个经济景气程度的影响。在整个经济繁荣时市盈率上升，整个经济衰退时市盈率下降。如果企业的β值显著大于1，经济繁荣时评估价值被夸大，经济衰退时评估价值被缩小；如果β值明显小于1，经济繁荣时评估价值偏低，经济衰退时评估价值偏高。如果是一个周期性的企业，则企业价值可能被歪曲。只有目标企业的β值为1时，评估价值正确反映了对未来的预期。

（三）计算公式

$$目标企业每股价值=可比企业平均当期市盈率\times目标企业的当期每股净利$$

或：$$目标企业每股价值=可比企业平均内在市盈率\times目标企业的预期每股净利$$

其中，

$$\begin{aligned}当期市盈率&=\frac{股权价值P_0}{每股净利_0}=\frac{股利_1(股权资本成本-增长率)}{每股净利_0}\\&=\frac{[每股净利_0\times(1+增长率)\times股利支付率]/(股权资本成本-增长率)}{每股净利_0}\\&=\frac{股利支付率\times(1+增长率)}{股权资本成本-增长率}\end{aligned}$$

$$\begin{aligned}内在市盈率&=\frac{股权价值P_0}{每股净利_1}=\frac{股利_1/(股权资本成本-增长率)}{每股净利_1}\\&=\frac{[每股净利_1\times股利支付率]/(股权资本成本-增长率)}{每股净利_1}\\&=\frac{股利支付率}{股权资本成本-增长率}\end{aligned}$$

（四）计算实例

【例10-1】A企业2010年的每股净利是1.2元，分配股利0.6元，该企业的净利润和股利的增长率都保持11%，A企业的股权成本为15%，计算A企业的本期市盈率和内在市盈率分别是多少？

B企业和A企业是类似企业，2010年实际每股净利为2.0元，根据A企业的本期市盈率对B企业估价，其每股价值是多少？A企业预期明年净利为2.2元，根据A企业的预期市盈率对B企业估价，其每股价值是多少？

A企业的股利支付率=0.6/1.2=50%

A 企业本期市盈率 = 股利支付率 ×（1 + 增长率）/（股权资本成本 − 增长率）
= 50% ×（1 + 11%）/（15% − 11%）
= 13.875

A 企业内在市盈率 = 股利支付率/（股权资本成本 − 增长率）
= 50%/（15% − 11%）
= 12.5

B 企业每股价值 = 可比企业当期市盈率 × 目标企业当期每股净利
= 13.875 × 2.0 = 27.75（元/股）

B 企业每股价值 = 可比企业内在市盈率 × 目标企业预期每股净利
= 12.5 × 2.2 = 27.75（元/股）

三、市净率估价法

（一）方法介绍

市净率法是指以行业平均市净率（Price to book ratio，简称 P/B ratios）来估计企业价值。该模型假设每股市价是每股净资产的一定倍数，每股净资产与股票价值同向变动，同类企业的市净率相似，所以目标企业的每股价值等于每股净资产乘以可比企业的平均市净率计算。这里的平均通常是采用简单的算术平均。即：

目标企业的每股价值 = 可比企业平均市净率 × 目标企业的每股净资产

同样需要注意，因为市净率 = 每股市价/每股净资产，在计算目标企业的每股价值时，有两种选择：如果可比企业的市净率的计算采用当期每股净资产，得到的是本期市净率，则目标企业的每股净资产也要用当期的数据；如果可比企业的市净率的计算采用的是预期每股净资产，得到的是内在市净率，则目标企业的每股净资产也要采用预期的每股净资产。

（二）方法评价[①]

在应用市净率法进行公司估值时，我们有必要了解该方法的优点和缺点。

1. 市净率估价法的优点。

（1）可用于大多数企业的估值，因为市盈率可能为负，而市净率极少为负。

（2）净资产账面价值的数据容易取得，也容易理解。

（3）利润可能被操纵，而净资产账面价值相对比较稳定。

（4）如果会计标准合理并且各企业会计政策一致，市净率的变化可以反映企业价值的变化。

2. 市净率估价法的缺点。

（1）账面价值的计算受会计政策选择的影响，如果各企业执行不同的会计标准或会计政策，该方法将失去可比性。

（2）某些行业如服务型企业和高科技行业，其企业价值与净资产关系不大，市净率法

① 参考中国注册会计师协会：《财务成本管理》，中国财政经济出版社 2011 年版。

不适用这些企业进行估值。

（3）少数企业的净资产为负，市净率失去意义，无法用于比较。

（三）计算公式

目标企业每股价值 = 可比企业平均当期市净利率 × 目标企业的当期每股净资产

或：目标企业每股价值 = 可比企业平均内在市净率 × 目标企业的预期每股净资产

其中，

$$当期市净率=\frac{股权价值P_0}{每股净资产_0}=\frac{股权价值P_0}{每股净利_0}\times\frac{每股净利_0}{每股净资产_0}$$
$$=当期市盈率\times股东权益收益率_0$$
$$=\frac{股东权益收益率_0\times股利支付率\times(1+增长率)}{股权资本成本-增长率}$$

$$内在市净率=\frac{股权价值P_0}{每股净资产_1}=\frac{股权价值P_0}{每股净利_1}\times\frac{每股净利_1}{每股净资产_1}$$
$$=内在市盈率\times股东权益收益率_1$$
$$=\frac{股东权益收益率_1\times股利支付率}{股权资本成本-增长率}$$

（四）计算实例

【例 10-2】 佳美公司是一家家电制造企业，它的当期每股净资产为 3.10，佳美的 5 家可比企业的当期市净率分别为 2.12、2.67、3.10、2.55、2.59，请用市净率法估计佳美公司的股价。

可比企业平均当期市净率 = (2.12 + 2.67 + 3.10 + 2.55 + 2.59)/5 = 2.61

佳美企业的每股价值 = 可比企业平均当期市净率 × 当期每股净资产

= 2.61 × 3.10 = 8.09（元/股）

四、市销率估价法

（一）方法介绍

市销率法与上面两种方法类似，是指以行业平均市销率（Price-to-sales ratio，简称 P/S ratios）来估计企业价值。该模型假设每股市价是每股销售收入的一定倍数。销售收入与企业价值同向变动。同类企业的市销率相似，所以目标企业的每股价值等于每股销售收入乘以可比企业的平均市销率计算。这里的平均通常是采用简单的算术平均。即：

目标企业的每股价值 = 可比企业平均市销率 × 目标企业的每股销售收入

同样需要注意，因为市销率 = 每股市价/每股销售收入，在计算目标企业的每股价值时，有两种选择：如果可比企业的市销率的计算采用当期每股销售收入，得到的是本期市销率，则目标企业的每股销售收入也要用当期的数据；如果可比企业的市销率的计算采用的是预期每股销售收入，得到的是内在市销率，则目标企业的每股销售收入也要采用预期的每股销售收入。

（二）方法评价①

在应用市盈率法进行公司估值时，我们有必要了解该方法的优点和缺点。

1. 市销率估价法的优点。

（1）不会出现负值，比市盈率法和市净率法的使用范围广。

（2）稳定可靠，不容易被操纵。

（3）企业的价格政策以及战略直接反映在收入上，因此收入乘数可以反映它们变化的结果。

2. 市销率估价法的缺点如下：

收入乘数不能反映成本的变化，但事实上成本却影响企业的现金流和企业价值。因此，市销率法不适用于销售成本率较高的企业进行估值。

（三）计算公式

目标企业每股价值 = 可比企业平均当期市销率 × 目标企业的当期每股销售收入

或：目标企业每股价值 = 可比企业平均内在市销率 × 目标企业的预期每股销售收入

其中，

$$
\begin{aligned}
\text{当期市销率} &= \frac{\text{股权价值 } P_0}{\text{每股销售收入}_0} = \frac{\text{股权价值 } P_0}{\text{每股净利}_0} \times \frac{\text{每股净利}_0}{\text{每股销售收入}_0} \\
&= \text{当期市盈率} \times \text{销售净利率}_0 \\
&= \frac{\text{销售净利率}_0 \times \text{股利支付率} \times (1+\text{增长率})}{\text{股权资本成本} - \text{增长率}}
\end{aligned}
$$

$$
\begin{aligned}
\text{内在市销率} &= \frac{\text{股权价值 } P_0}{\text{每股销售收入}_1} = \frac{\text{股权价值 } P_0}{\text{每股净利}_1} \times \frac{\text{每股净利}_1}{\text{每股销售收入}_1} \\
&= \text{内在市盈率} \times \text{销售净利率}_1 \\
&= \frac{\text{销售净利率}_1 \times \text{股利支付率}}{\text{股权资本成本} - \text{增长率}}
\end{aligned}
$$

（四）计算实例

【例 10－3】 华泰公司本年的销售收入为 4 000 万元，净利润为 240 万元，留存收益率为 50%，预计年度增长率为 10%。国库券利率为 6%，该公司的 β 系数为 1.5，市场平均风险溢价 4%。巨能公司以华泰公司为可比公司，巨能公司本年每股销售收入为 60 元，用市销率法估计巨能公司的每股价值。

销售净利率 = 240/4 000 = 6%

① 参考中国注册会计师协会：《财务成本管理》，中国财政经济出版社 2011 年版。

股利支付率 = 1 - 50% = 50%

股权资本成本 = 6% + 1.5 × 4% = 12%

旅游公司的本期市销率 = 1.65

巨能公司的每股价值 = 可比企业当期市销率 × 目标企业当期每股销售收入

= 1.65 × 60 = 99（元/股）

第三节　上市公司资本成本的确定

一、资本成本及其构成要素

（一）资本成本的含义及构成要素

资本成本（Capital Cost）是指企业为筹集和使用资金而付出的代价。当企业选择是以债务融资还是权益融资来解决企业的融资来源时，其考虑的一项重要因素便是融资成本。公司的资本成本是由公司债权人和股东所要求的目标回报率确定的。一般来讲，上市公司的资本结构由普通股权益、优先股和债务等3个要素构成。我们可首先决定普通股、优先股和债务的各自的资本成本，然后将它们综合为总的资本成本。

（二）上市公司资本成本的特点

融资方式的多样化和便利性，正是企业追求成为上市公司的一种主要动因，也是上市公司较非上市公司的一大优势。现代财务管理理论认为，融资方式决定了公司的资本结构，通过发行股票和公司债券，以及借入银行贷款等方式筹集资本，上市公司能够优化资本结构，更好地降低资本成本。企业在选择融资方式时，一般都要遵循"啄食理论"，即公司首先偏好内源融资；在外源融资中，偏好低风险的债权融资；权益融资则是最后的选择。这是因为，公司的管理层受到股东的硬约束，经常面临分红派息的压力，股权融资成本并不低，而且由于债务的避税作用，债务成本往往低于股权融资成本。因此，上市公司在筹集资金时，一般先使用内部股权融资（即留存收益），其次是债务融资，最后才是股权融资。

二、资本各要素的资本成本的计算方法

（一）普通股资本成本的计算方法

1. 股利率法（Dividend Yield）。本方法将普通股资本成本的计算基于股利率之上。公式如下：

$$\text{普通股资本成本} = \frac{\text{每股股利}}{\text{每股股价}} \times 100\%$$

该计算方法的不足之处在于：

（1）仅仅考虑了当前的股利分派水平，没有考虑将来的股利分派水平；

（2）如果企业没有分派现金股利，那么资本成本无从计算；

（3）股东的投资收益将不仅仅是现金股利回报，因此，股利率法导出的普通股资本成本可能远低于股东要求的目标回报。

2. 收益率法（Earnings Yield）。收益率实际上就是市盈率的倒数，公式如下：

$$普通股资本成本 = \frac{每股收益}{每股股价} \times 100\%$$

当由于市场对企业的期望过高而导致市盈率过高时，收益率方法就将导致极低的普通股资本成本。这样会导致回报率很低的项目也可能被接受。

3. 股利增长模式。在该模式中，投资者原则上被视为相当于购买了一系列股利，这些股利的总和应正好等于股票的售价。如果我们把将来的一系列股利进行折现并假定股利按照一个固定速度增长，我们便可以得出下列公式：

$$普通股成本 = \frac{D(1+G)}{V} + G$$

式中：

D 为当前的股利；

V 为当前股价（不含股利）；

G 为预期股利的年增长率。

该模式的优点是既考虑了股东对股利增长的预期又考虑了这种预期所反映的结果——当前股价。但是，该公式的弱点是假定公司分派现金股利，现金股利按照常量增长。

【例 10－4】公司甲的资本结构如下：

	百万元
优先股：股利率 10%，面值每股 100 元	19
普通股：每股面值 1 元	30
留存收益：	75
不可赎回债券：利率 8%，面值每张 100 元	45
	169
当年净利润	7

优先股原始发行价为每股 95 元，当前市价（不含股利）为每股 97 元。普通股当前市价（含股利）为每股 1.32 元。当年的股利即将发放，预计每股 0.12 元。设定股利预计的每年增长率为 3%。利率为 8% 的债券目前市价为每张 92 元，利息刚刚发过。所得税税率为 33%。按以上介绍的 3 种方法计算普通股成本如下：

① 股利率法。

普通股成本 ＝0.12/1.20 ×100% ＝10%

此处，不含股利（除权后）的股价 ＝1.32 －0.12 ＝1.20（元），下同。

② 收益率法。

普通股成本 ＝0.2333/1.20 ×100% ＝19.44%

此处，每股收益 ＝净利润/普通股股数 ＝7/30 ＝0.2333（元/股）。

③ 股利增长模式。

普通股成本 =0.12(1+0.03)/1.20+0.03=0.133=13.3%

（二）优先股成本的计算方法

优先股同时兼有普通股与债券的双重性质。其特征表现为：投资报酬表现为股利形式，股利率同定，本金不需偿还。优先股的成本也包含两部分：筹资费用与预定的股利。

$$优先股成本 = \frac{年股利}{当前市价(除权)} \times 100\%$$

引用公司甲的数据，其优先股的成本 =10/97×100=10.31%。

（三）债务成本的计算方法

“不可赎回债务”资本的成本公司如下：

$$债务资本成本 = I \times (1-T)/V \times 100\%$$

式中：

I 为年利息；

T 为企业所得税税率；

V 为当前市价（减去到期利息）。

引用公司甲的例子，其债务资本成本 =8×(1-0.33)/92×100% =5.83%。

（四）加权平均资本成本

前面我们介绍了确定普通股、优先股和债务等资本要素的成本确定方法，我们现在可以把各要素的资本成本综合起来以获得公司的总资本成本——加权平均资本成本。计算加权平均资本成本的步骤如下：

步骤一：计算公司资本结构中每项要素的权数，该权数是由每项要素的市值占整个资本的总市值的比例决定的。

步骤二：计算每项要素的成本。

步骤三：把每项要素的成本和权数相乘以得到单项加权成本。

步骤四：将所有单项加权成本相加以得到加权平均资本成本。

继续公司甲的例子。

步骤一：基于各项资本要素的市场价值计算公司甲资本结构中每项要素的权数：

	百万元	权数（%）
债务（92×45/100）	=41.4	42.8
优先股（97×19/95）	=19.4	20.0
普通股（1.2×30）	=36.0	37.2
	96.8	100.0

步骤二：将先前计算的各要素的资本成本加入到步骤一的列表中。

	百万元	权数（%）	资本成本（%）
债务	41.4	42.8	5.83
优先股	19.4	20.0	10.31
普通股	36.0	37.2	13.3
	96.8	100.0	

普通股资本成本使用股利增长模式的计算结果。

步骤三：把各项要素的资本成本与权数相乘，可得到每项要素的加权资本成本。

	百万元	权数（%）	资本成本（%）	加权成本（%）
	（1）	（2）	（3）	（4）=（2）×（3）
债务	41.4	42.8	5.83	2.5
优先股	19.4	20.0	10.31	2.06
普通股	36.0	37.2	13.3	4.95
	96.8	100.0		

步骤四：把所有加权成本相加，即可得出基于市场价值的加权平均资本成本。

	百万元	权数（%）	资本成本（%）	加权成本（%）
	（1）	（2）	（3）	（4）=（2）×（3）
债务	41.4	42.8	5.83	2.5
优先股	9.4	20.0	10.31	2.06
普通股	36.0	37.2	13.3	4.95
	96.8	100.0		9.51

因此，公司甲的加权平均资本成本为9.51%。

（五）资本资产定价模型（Capital Asset Pricing Model，简称 CAPM）

CAPM 模型是美国财务学家 Treynor（1961），Sharpe（1964），Lintner（1965），Mossin（1966）等人于19世纪60年代所发展出来。按照 CAPM 模型，股票投资的风险分为两类：一类是市场风险，它们源于公司之外，不能用多元化投资来规避，表现为整个股市平均报酬率的变动；另一类是公司特有风险，它源于公司本身的商业活动和财务活动，可以通过多元化投资来分散，表现为个股报酬率的变动脱离整个股市平均报酬率的变动。贝塔系数β即是反映个股相对于平均风险股票（市场组合）的变动程度的指标。举例来说，如果β为1.1，这就说明在该时期内，在股票指数上涨了10%的情况下，该股票的价值将上涨11%。而如果股票指数下降，那股票价值也将相应下跌。企业的β越高，那么其波动性自然也就越大，而投资者面临的风险也就越高。然而企业也可通过提供及时透明信息的方式，对β产生积极影响。根据资本资产定价模型（CAPM），某项证券的预期收益率（也就是资本成本）可以由下列公式导出：

$$r_j = r_i + \beta_j(r_m - r_f)$$

式中：

r_j 为 j 项证券的预期收益率；

r_f 为无风险收益率，一般可以长期国债的利率为代表；

r_m 为含所有证券的市场组合的预期收益率；

β_j 为 j 项证券的 β 系数，β 系数是衡量一种证券或证券投资组合的收益率相对整个资本市场收益率变动的反应的一种量度标准；

（$r_m - r_f$）为市场风险溢价（风险补偿）；

$\beta_j(r_m - r_f)$ 为 j 项证券的风险收益。

【例 10－5】 假设某年某公司股票的 β 系数为 1.4，同年国债的年利率为 10%，市场收益率为 16.1%，市场风险补偿（$r_m - r_f$）为 16.1% －10% ＝6.1%。利用 CAPM 公式估计该公司的普通股资本成本如下：

$$r_j = r_i + \beta_j(r_m - r_f) = 10\% + 1.4 \times (16.1\% - 10\%) = 18.54\%$$

（六）资本成本在实际应用中的问题

前面的讨论告诉我们，要最终确定加权平均资本成本，首先要确定资本各要素的各自资本成本，然而我们在对国内上市公司计算资本成本时，往往会遇到下列问题：

1. 许多上市公司并无持续稳定的股利分配政策，基于股利分派的普通股成本计算模式很难使用；

2. β 系数很不稳定，使得 CAPM 模型的运用成为问题；

3. 市盈率普遍太高，根据收益率法计算的股本成本将低得毫无意义；

4. 长期债务市场不发达，利率并没有完全市场化，使得合理确定债务的市场价值有困难。

当然，我们可以以务实的态度对待上述问题：市值难以确定，可用账面值替代；普通股的资本成本可以用上市同行业的平均股东权益报酬率替代。

第四节　基于货币时间价值的估价方法

我们应了解对同一股票的内在价值估计可从多个角度进行，不同估计方法的结果形成一个价值的估计范围，这对我们判断股票的价值无疑是有很大帮助的。

一、货币的时间价值

货币时间价值是指货币随着时间的推移而发生的增值，也称为资金时间价值。

在商品经济条件下，即使不存在通货膨胀，等量货币在不同时点上，其价值也是不相等的。应当说，今天的 1 元钱要比将来的 1 元钱具有更大的经济价值。举个简单的例子，在没有风险和通货膨胀的条件下，假设银行存款年利率是 5%，将今天的 1 元钱存入银行，1 年以后就可以得到 1.05 元。这 1 元钱经过 1 年的时间增加了 0.05 元，这就是货币的时间价值。现在的 1 单位货币与未来的 1 单位货币的购买力之所以不同，是因为要节省现在的 1 单位货币不消费而改在未来消费，则在未来消费时必须有大于 1 单位的货币可供消费，作为弥补延迟消费的报酬。

货币的时间价值有两种表现形式，一种是相对数，即在没有风险和通货膨胀条件下的社会平均资金利润率，它不等同于利率，如果通货膨胀率很低，政府债券利率可以视同时间价值。另一种是绝对数，即时间价值额是资金在生产经营过程中带来的真实增值额，即一定数额的资金与时间价值率的乘积。

从货币时间价值的定义我们可以知道，如果要比较两个时间点上不同的货币收入，需要把它们换算到相同的时间基础上，再进行大小的比较。货币计息有两种方式，即单利计息和复利计息。货币随时间的增长过程与复利的计算过程在数学上相似，在换算时广泛使用复利计算的各种方法。

二、复利终值和现值

（一）复利终值

资金的时间价值一般都是按复利方式进行计算的。复利是计算利息的一种方法。按照这种方法，每经过一个计息期，要将所生利息加入本金再计利息，逐期滚算，俗称“利滚利”。这里所说的计息期是指相邻两次计息的时间间隔，如年、月、日等。除非特别指明，计息期为1年。

终值又称复利值，是指若干期以后包括本金和利息在内的未来价值，又称本利和。终值的一般计算公式为：

$$F = P \cdot (1+i)^n$$

式中：

F 为终值或本利和；

P 为现值或初始值；

i 为报酬率或利率；

n 为计息期数。

其中的 $(1+i)n$ 被称为复利终值系数或1元的复利终值，用符号（F/P，i，n）表示。

【例10-6】某人将100元投资于一个项目，年报酬率为12%，经过1年时间的终值为

$$\begin{aligned} F &= P + P \cdot i \\ &= P \cdot (1+i) \\ &= 100 \cdot (1+12\%) \\ &= 112 \text{（元）} \end{aligned}$$

若此人并不提走现金，将112元继续投资于该项目，则第二年的终值为

$$\begin{aligned} F &= [P + P \cdot i] \cdot (1+i) \\ &= P \cdot (1+i)^2 \\ &= 100 \cdot (1+12\%)^2 \\ &= 100 \times 1.2\,544 \\ &= 125.44 \text{（元）} \end{aligned}$$

同理，第三年的终值为

$$
\begin{aligned}
F &= P \cdot (1+i)^3 \\
&= 100 \cdot (1+9\%)^3 \\
&= 100 \times 1.4049 \\
&= 140.49 \text{（元）}
\end{aligned}
$$

（二）复利现值

复利现值是复利终值的逆运算，它是指今后某一规定时间收到或付出的一笔款项，按贴现率 i 所计算的货币的现在价值。

通过复利终值计算已知：

$$F = P \cdot (1+i)^n$$

所以

$$P = F \cdot (1+i)^{-n}$$

上式中的 $(1+i)^{-n}$ 是把终值折算为现值的系数，称为复利现值系数，用符号（P/F，i，n）表示。如（P/F，7%，5）表示利率为 7% 时 5 期的复利现值系数。为了便于计算，可编制“复利现值系数表”。该表的使用方法与“复利终值系数表”相同。

【例 10－7】某人拟在 5 年后获得本利和 50 000 元。假设投资报酬率为 12%，则他现在应投入多少元？

$$
\begin{aligned}
P &= F \cdot (P/F, i, n) \\
&= 50\,000 \cdot (P/F, 12\%, 5) \\
&= 50\,000 \times 0.5674 \\
&= 28\,370 \text{（元）}
\end{aligned}
$$

（三）名义利率与实际年利率

上面的计算均假设按年计息，也就是 1 年是 1 个计息期。在现实生活中，复利的计息期可能是半年、1 个月或 1 天。如按年复利计息，1 年就是 1 个计息期；如按季复利计算，1 季就是 1 个计息期，1 年就有 4 个计息期。计息的次数越多，计息期越短，利息额也就越大。

当每年复利次数超过一次时，给定的年利率为名义利率。而每年只复利 1 次的利率为实际利率。若 1 年的复利次数超过 1 次，计算复利终值或复利现值时需要将名义利率调整为实际年利率。

若名义利率为 r，每年复利 M 次，则实际年利率 i 的计算公式为：

$$\text{实际年利率 } i = \left(1 + \frac{r}{M}\right)^M - 1$$

式中：

r 为名义利率；

M 为每年复利次数；

i 为实际年利率。

【例 10－8】一项 500 万元的借款，借款期 3 年，年利率为 12%，若每半年复利 1 次，求其实际年利率。

已知：$M=2r=12\%$，根据实际年利率和名义利率之间关系式：

$$i=\left(1+\frac{12\%}{2}\right)^2-1=12.36\%$$

可见此例中实际年利率比名义利率高出了0.36%。当1年内复利几次时，实际得到的利息要比按名义利率计算的利息高。

三、年金终值和现值

年金是指一定时期内等额、定期的收付款项。如折旧、利息、租金、保险都属于年金形式。年金按付款方式可分为普通年金（或后付年金）、先付年金、延期年金和永续年金。在这里我们着重介绍前两种年金。

（一）普通年金

普通年金是指每期期末等额的系列收付款项，它在现实经济生活中最为常见，也称为后付年金。

1. 普通年金终值。普通年金终值是一定时期内每期期末等额的系列首付款项的复利终值之和。

设每年的支付金额为A，利率为i，期数为n，则按复利计算的普通年金终值F为：

$$\begin{aligned}F&=A+A(1+i)+A(1+i)^2+\cdots+A(1+i)^{n-1}\\&=A\cdot\frac{(1+i)^n-1}{i}\end{aligned}$$

式中的$\frac{(1+i)^n-1}{i}$是普通年金为1元、利率为i、经过n期的年金终值，记作（F/A，i，n）。可据此编制“年金终值系数表”。

【例10－9】某人在5年中的每年年末将2 000元存入银行，存款利率为7%，求第5年年末的年金终值。

$$F=A\cdot(F/A,\ 7\%,\ 5)=2\,000\times5.7507=11\,501.4\ （元）$$

2. 后付年金现值。后付年金现值，是指一定期间内每期期末等额的系列收付款项的现值之和。

$$\begin{aligned}P&=A(1+i)^{-1}+A(1+i)^{-2}+\cdots+A(1+i)^{-n}\\&=A\cdot\frac{1-(1+i)^{-n}}{i}\end{aligned}$$

式中的$\frac{1-(1+i)^{-n}}{i}$是普通年金为1元、利率为i、经过n期的年金现值，记作（P/A，i，n）。可据此编制“年金现值系数表”。

【例10－10】张虎现在存入银行一笔钱，准备在未来的10年每年获得1 200元，存款利率为 6%，现在应存入多少钱?

$$P = A \cdot (P/A, 6\%, 10) = 1\,200 \times 7.3601 = 52\,992.72(\text{元})$$

（二）先付年金

先付年金是指每期期初等额的系列收付款项，又称即付年金或预付年金。先付年金和后付年金的区别仅仅在于付款时间不同。因为后付年金是最常用的，所以年金终值和现值系数表是按后付年金编制的。计算先付年金的终值和现值时，往往是在后付年金的基础上用终值和现值的计算公式进行调整。

1. 先付年金终值

$$\begin{aligned} F &= A(1+i) + A(1+i)^2 + \cdots + A(1+i)^n \\ &= A \cdot \left[\frac{(1+i)^{n+1} - 1}{i} - 1\right] \end{aligned}$$

式中的 $\left[\frac{(1+i)^{n+1} - 1}{i} - 1\right]$ 是先付年金终值系数，或称 1 元的先付年金终值。它与普通年金终值系数 $\left[\frac{(1+i)^n - 1}{i}\right]$ 相比，期数加 1，而系数减 1，可记作 $[(F/A, i, n+1) - 1]$，并可利用“年金终值系数表”查得（$n+1$）期的值，减去 1 后得出 1 元先付年金终值。

【例 10 - 11】某人每年年初存入银行 800 元，银行存款利率为 6%，第 10 年末的本利和应为多少?

$$\begin{aligned} F &= A \cdot [(F/A, i, n+1) - 1] = 800 \cdot [(F/A, 6\%, 11) - 1] \\ &= 800 \cdot (14.9716 - 1) = 11\,177.28(\text{元}) \end{aligned}$$

2. 先付年金现值

$$\begin{aligned} P &= A + A(1+i)^{-1} + A(1+i)^{-2} + \cdots + A(1+i)^{-(n-1)} \\ &= A \cdot \left[\frac{1 - (1+i)^{-(n-1)}}{i} + 1\right] \end{aligned}$$

式中的 $\left[\frac{1 - (1+i)^{-(n-1)}}{i} + 1\right]$ 是先付年金现值系数，或称 1 元的先付年金现值。它和普通年金现值系数 $\left[\frac{1 - (1+i)^{-n}}{i}\right]$ 相比，期数要减 1，而系数要加 1，可记作 $[(P/A, i, n-1) + 1]$。可利用“年金现值系数表”查得（$n-1$）期的值，然后加 1，得出 1 元的先付年金现值。

【例 10 - 12】某企业租用一套设备，在 5 年中每年年初要支付租金 8 000 元，利息率为 12%。如果购买需要 38 000 元，问租赁是否划算?

$$P = A \cdot [(P/A, 12\%, 4) + 1] = 8\,000 \times (3.0373 + 1) = 32\,298.4\ (\text{元})$$

由于 32 298.4 < 38 000，故租赁划算。

四、基于货币时间价值的股票估价模型[①]

（一）贴现现金流量法（实体现金流）

1. 方法介绍。贴现现金流量法是公司估值实践中最为普及的方法。该方法以实际现金盈余（现金流）为重要数值基础，而不是受财务报告影响的会计年度盈余。该现金流最终将体现在企业用于（重新）投资、偿还债务以及向股东支付股息的现金持有量的变化中。贴现现金流量法包括 3 种方法，可按毛方法和净方法进行区分，分别为实体现金流法、股权现金流法和调整现值法，其主要差异在用于计算的现金流量和贴现系数。在原始条件不变、未来资本结构统一的情况下，上述 3 种方法理论上可得出同样结果。本书着重介绍前两种即实体现金流量法和股权现值法。

实体现金流法，首先从全部投资方角度出发，对企业进行评估。这也就意味着，供投资方支配的、企业的未来自由现金流（税后），其中包括基于对未来自由现金流量的精确估计（所谓的终值）的余值，将在估值日进行折现，采用加权平均资本成本法。为了确定自有资本的市值，将扣除债务资本（上市公司的债券采用市值，否则采用账面值）。

2. 方法评价。贴现现金流量法（实体现金流）的优点如下：

（1）现金流不受会计准则的影响，因此最适合做公司估值的基础。

（2）它是国际公认的方法。

贴现现金流量法（实体现金流）的缺点如下：

（1）对于未来自由现金流的预估，在实际操作中有时会很复杂。

（2）余值可对企业的总价值产生很大影响（一般为总值的 80%）。

3. 计算公式。

$$股权价值 = \sum_{t=1}^{n} \frac{自由现金流_t}{(1+i)^t} + \frac{余值_n}{(1+i)^n} - 净债务 - 退休准备金$$

其中，

$$\begin{aligned}自由现金流量 = {} & 息税前利润(EBIT) - 税金 + \Delta 折旧摊销 \\ & \pm \Delta 准备金 - 投资 \pm \Delta 营运资金 \pm \Delta 其他资产\end{aligned}$$

$$净债务 = 付息债务 - 流动资产 - 流动资产的有价证券$$

4. 计算实例。

【例 10 - 13】 企业本年假设未来 5 年中，自由现金流量（为 1 891 万元）将每年增长 10%。余值的计算，将采用企业规划期最后一年的自由现金流量，企业本年净债务为 9 210 万元，退休准备金为 2 860 万元，且没有任何增长假设，试计算公司的股权价值（假设贴现系数 WACC 等于 6.23%）。

① 参考 Ulrich Wiehle、Michael Diegelmann 等著：《企业价值评估》，德意志交易所集团特殊版本。

$$股权价值=\frac{2\ 080}{(1+6.23\%)^1}+\frac{2\ 288}{(1+6.23\%)^2}+\frac{2\ 517}{(1+6.23\%)^3}+\frac{2\ 769}{(1+6.23\%)^4}+\frac{3\ 045}{(1+6.23\%)^5}+\frac{3\ 045/6.23\%}{(1+6.23\%)^5}-9\ 210-2\ 860=34\ 570（万元）$$

（二）贴现现金流量法（股权现金流）

1. 方法介绍。股权现金流和上面描述的实体现金流法不同，在评估时只考虑股权投资方应得的现金流入盈余，因此不用扣除债务资本就可以得出自有资本值。通过所谓的股权现金流方法，可计算出用于贴现的现金流量，再从自由现金流中扣除债务利息，因为债务利息属于借贷投资方，因此无法作为股权现金流法的计算基础。由于加权平均资本成本，也同样将债务利息的“税盾效应”（Tax Shield）考虑在内，因此也不适合作为贴现系数。在计算股权资本的市值时，例如根据资本资产定价模型，只将股权资本成本作为贴现系数考虑在内。为了确定股权资本的市值（股东价值），最后总还须添加非经营资产（例如流动资产中的有价证券）。

2. 方法评价。贴现现金流量法（股权现金流）的优点如下：

（1）考虑到债务利息和债务资本持有量的变化。

（2）非常适用于企业对比。

（3）是股东价值计算的直接途径。

贴现现金流量法（股权现金流）的缺点如下：

（1）由于外部融资的变化影响股权现金流量，因此对股权现金流的预估需要精确规划。

（2）计算时，未来债务资本的变动必须是已知情况。

3. 实体现金流法和股权现金流法理论上应可获得相同结果，而在实践中却很难实现。

（三）计算公式

$$股权价值=\sum_{t=1}^{n}\frac{股权现金流_t}{(1+i_{EC})^t}+\frac{余值_n}{(1+i_{EC})^n}+非经营资产$$

其中，

$$股权现金流\ t_0=自由现金流\ t_0-债务利息+税盾效应增值+借进贷款-清偿贷款$$

（四）计算实例

【例10－14】假设企业未来5年中，股权现金流（为：1 218万元）增长率为10%，非经营资产为2 500万元，试计算公司的股权价值。

$$股权价值=\frac{1\ 340}{(1+8.35\%)^1}+\frac{1\ 474}{(1+8.35\%)^2}+\frac{1\ 621}{(1+8.35\%)^3}+\frac{1\ 783}{(1+8.35\%)^4}+\frac{1\ 962}{(1+8.35\%)^5}+\frac{1\ 962/8.35\%}{(1+8.35\%)^5}+2\ 500=24\ 609（万元）$$

第五节　格雷厄姆关于股票内在价值的论述

一、本杰明·格雷厄姆简介

股市向来被人视为精英聚集之地，华尔街则是衡量一个人智慧与胆识的决定性场所。本杰明·格雷厄姆作为证券投资一代宗师，他的金融分析学说和思想在投资领域产生了极为巨大的震动，影响了几乎三代重要的投资者，如今活跃在华尔街的数十位上亿的投资管理人都自称为格雷厄姆的信徒，他享有“华尔街教父”的美誉。

本杰明·格雷厄姆于1894年出生于一个在商业经营和金融投资上都完全失败的英国商人家庭。9岁的时候就失去了父亲，这直接导致了格雷厄姆家族经营的陶瓷生意的破产；13岁的时候，他的母亲不仅在美国钢铁公司的股票上亏掉了所有积蓄，而且欠下了巨额保证金。本杰明·格雷厄姆依靠自己打工赚的钱，艰难地读完了哥伦比亚大学的本科学位。1914年夏天，格雷厄姆来到纽伯格—亨德森—劳伯公司做了一名信息员，由此开始了他在华尔街传奇性的投资生活。1920年，格雷厄姆又荣升为纽伯格—亨德森—劳伯公司的合伙人。1923年年初，格雷厄姆离开了纽伯格—亨德森—劳伯公司，决定自立门户。他成立了格兰赫私人基金，资金规模为50万美元。1934年年底，格雷厄姆终于完成他酝酿已久的《有价证券分析》这部划时代的著作，并由此奠定了他作为一个证券分析大师和“华尔街教父”的不朽地位。

二、格雷厄姆关于股票内在价值的论述

价值投资是当今世界被广大个人投资者和投资组合的管理者所广泛使用的方法。该方法源于60年前格雷厄姆和多德所著的大学教科书《有价证券分析》一书。回顾这些创始者的哲学常常能达到启发智慧之功效。格雷厄姆方法的核心为内在价值的概念，该价值是由公司的资产、利润、股利和财务的稳健所确定的。他觉得注重此价值将防止投资者在股市深度的悲观或乐观期间被市场经常的错误判断所误导。

如果投资者想获取高于平均回报的机会，他们应遵循内在稳健而富有期望的投资政策，尽管这些投资政策与大多数投资者或投机商所遵循的政策不同。格雷厄姆警告买下被人忽略然而价值被低估的证券图利通常证明是一种考验人的耐性的过程。然而，超额利润获取的可能仅仅当投资者的意见与市场的不一致时才存在。

尽管本书仅仅讨论股票的分析和选择，然而我们需要牢记的是格雷厄姆对股票的分析是在构造和平衡股票和债券的投资组合的框架内进行的。一个中性的投资组合将持有股票和债券各一半。股票在投资组合中的比例可由最低的25%上浮至最高的75%，取决于股票相对于债券的吸引力。

格雷厄姆在他于1947年所著和此后又不断再版的《聪明的投资者》一书中为普通投资者列出了他的投资哲学。

格雷厄姆认为投资者想“打败市场”，也就是找到股市表现比整个市场长期的平均水平

好得多的股票是困难的。长期能打败市场平均回报水平的股票是那些具有较大增长潜力的股票，但是问题是难以提前发现这样的股票。

他推理道：投资者面临的问题是两方面的。首先，即使有明显的增长潜力的股票也不一定能让投资者赚取额外的利润，这是因为那些增长潜能也许已反映在股票的当前价格中。其次，存在投资者对某公司增长潜能的判断出现错误的风险。格雷厄姆认为这一风险被代表整个市场大多数人的哲学所加大。此时“横扫股市的悲观和乐观的潮汐”可能将投资者引入低估或高估某一股票的歧途。总而言之，长期来讲，大多数投资者仅能指望平均的回报，但却存在着由于判断失误而造成的低于平均回报的风险。

格雷厄姆建议与其寻求产生高于平均回报的方法，不如使用一个能减少错误判断风险的方法。他建议首先确定某只股票的独立于市场的“内在价值”。格雷厄姆从来没有全面地解释过如何决定“内在价值”，并且坦承这需要相当的投资判断能力。然而，他觉得一个公司的有形资产是特别重要的因素；其他因素包括利润、股利、财务稳健。格雷厄姆认为投资者应将他们的购买限于售价没有偏离其“内在价值”过高的股票，而售价低于其内在价值的股票将提供投资者更好的安全保障范围。

格雷厄姆觉得投资者应将他们自己视为企业的所有者，目的是以合理的价格买到一项稳健而发展的生意，而无须去理会股市的态度。他说，一项成功的投资是股票产生的股利和其市场的平均价值的长期趋势共同作用的结果。

复习思考题

1. 什么是公司估值，有何作用？
2. 什么是内在价值，如何估计企业的内在价值？
3. 如何运用基于市场比率的内在价值估计方法？
4. 如何确定上市公司资本成本？
5. 如何运用基于货币时间价值的估价方法？
6. 格雷厄姆关于股票内在价值有哪些论述？
7. 某公司是从事房地产开发与经营的上市公司，该公司的有关数据如下：

科　目	数　值
2011年6月20日收盘价（元）	13.97
2010年加权每股收益（元）	0.4884
2005年加权每股收益（元）	0.3342
2010年加权每股销售（元）	6.135
2010年销售收入（元）	3 783 668 674.18
2005年销售收入（元）	2 872 795 896.07

要求：

（1）计算该公司的当前市盈率和市销率；

（2）计算加权每股收益和销售收入的5年年均复利增长率；

（3）根据每股收益和销售收入的5年年均增长率估计未来的加权每股收益和每股销售；

（4）根据当前市盈率、市销率和估计的每股收益和每股销售价，分别估计该公司的内在价值。